# ज्योतिष और भारतीय पर्व

## ASTROLOGY AND INDIAN FESTIVAL



रनवीर सिंह

Made with ♥ on the Notion Press Platform
www.notionpress.com

## समर्पण

मातृ पितृ आचार्य और अथिति देव तुल्यों को सर्मपित ।

माता पिता के घर के आंगन में, नीले गगन के तले, बाल्यकाल में रात्रिकालीन समय में चन्द्र प्रकाश (चन्द्र की विभिन्न स्थिति) में आकाश स्थिति को देखना, जानना, प्रातःकालीन बेला में सूर्य निकलने से पहले शुक्र और अन्य की स्थिति से सूर्य निकलने के अनुमान से हल बैल लेकर खेतों की जुताई के लिए जाना, दिन के समय अपनी परछाई (छाया) से समय का अनुमान लगाना, सूर्य ग्रहण और चन्द्र ग्रहण की स्थिति देखना आदि, शिक्षण और सेवाकाल में अध्ययन पुस्तकों, समाचार पत्रों, टीवी चेनलों के द्वारा ज्योतिषीय और भारतीय पर्वों के विषय की जानकारी जिनसे प्राप्त हुई उन सब को समर्पित ।

# क्रम-सूची

# क्रम-सूची

# क्रम-सूची

# प्रस्तावना

## प्रस्तावना

### *ज्योतिष उतनी ही प्राचीन है जितने कि वेद, पुराण और उपनिषद : -*

उपनिषद या वेदान्त – आरण्यकों के पश्चात वेदों के अंतिम भाग में संकलित ब्रह्म विषयक दार्शनिक चर्चा को उपनिषद या वेदान्त कहा जाता है । वेदान्त का अर्थ है वेदों का अंत या समापन । इसके पश्चात वेदों का अन्य कोई साहित्यिक विभाजन नहीं होता, इसलिए वेदान्त को उपनिषद कहते हैं । एकम सत विप्राः बहुधा वदन्ति (सत्य एक है, यद्यपि साधु अनेक नाम लेते हैं) ।

उपनिषद – उप (निकट - नि - नीचे, षट - बैठना) निकट या नीचे (चरणों) बैठकर अध्ययन करना, समीप बैठने वाला ब्रह्म के निराकार स्वरूप की उपासना ही उपनिषद है । उपनिषद 108 हैं ।

वेद - ऋग्वेद, यजुर्वेद, सामवेद, अथर्ववेद

वेद ज्ञान ऋषि - अग्नि, वायु, आदित्य, अंगिरा

वेद विषय - ज्ञान, कर्म, उपासना, विज्ञान

वेदमंत्र (20349) – (10522), (1975), (1875), (5977)

मंत्र के ऋषि, देवता, छंद, स्वर होते हैं । वेदशास्त्र, संहिता, ब्राह्मण, आरण्यक व उपनिषद (वेदांग) भक्ति संबंधी ऋचाएँ, अनुसंधान, पर्यावरण, सत्य, वेदान्त ।

वेदांग – वेदांग में शिक्षा, कल्प, व्याकरण, निरुक्त, छंद व ज्योतिष आते है ।

उपवेद – उपवेद में आयुर्वेद, धनुर्वेद, गंधर्ववेद व अर्थ वेद आते है ।

वैदिक दर्शन (वैदिक लेखक) - योग (पतंजलि), सांख्य (कपिल), वैशेषिक (कणादि), न्याय (गौतम), वेदान्त (व्यास) और मीमांसा (जैमिनी) हैं ।

### ज्योतिष –

यद्वत शिखा मयूराणाम नागानाम मदयो यथा ।

तव्दद वेदाङ्ग शास्त्रानाम ज्योतिष मुर्ध्नि तिष्ठहि ।।

जिस प्रकार मयूर के सिर पर शिखा, नाग के फण पर मणि, उसी प्रकार वेद के छः अंगों में ज्योति शास्त्र नेत्र होने के कारण सर्वश्रेष्ठ माना गया है ।

वेद के 6 अंग हैं – शिक्षा, छंद, व्याकरण, निरुक्त, ज्योतिष व कल्प हैं ।

विद्या 14 कही गई हैं – 6 वेदाङ्ग, 4 वेद (ऋग्वेद, यजुर्वेद, सामवेद, व अथर्व वेद), पूर्व मीमांसा, उत्तर मीमांसा, न्याय (तर्क), और पुराण ।

पुराण – 18 (18 - ब्रह्म, पदम, विष्णु, शिव, श्रीमद भागवत, वायु, नारद, मार्कण्डेय, अग्नि, ब्रह्म वैवर्त, लिंग, वराह, स्कन्द, वामन, कूर्म, मत्स्य, गरुड़, ब्रह्माण्ड)।

मनुष्य शरीर केवल कर्म करने का साधन है और कर्म केवल संसार के लिए ही होता है । मनुष्य योनि ही कर्म योनि है, पुराने कर्मों का फल भोग, नया पुरुषार्थ ।

राम और रावण दोनों के नाम "र" से शुरू होते हैं, कृष्ण और कंस दोनों के नाम "क" से शुरू होते हैं फिर भी कर्तव्य कर्म भिन्न थे ।

ज्ञान योग से अहम मिटता है, कर्म योग से अहम शुद्ध होता है, भक्ति योग से अहम परिवर्तन होता है ।

सूर्य और चन्द्र ग्रहण की घटनाओं को वैज्ञानिक और ज्योतिष गणनाओं से उचित पाया जाता रहा है । इससे यह स्पष्ट है कि ये एक शुद्ध गणितीय गणनायें हैं, जो सदियों से सही/उचित चली आ रहीं हैं, फिर कैसे कहें कि ज्योतिष एक गणितीय विद्या नहीं है ?

अतः ज्योतिष ज्ञान और उसके अनुसार भारतीय पर्वों की जानकारी आवश्यक है , न कि अंग्रेजी कलैंडर के अनुसार ।

# भूमिका

## भूमिका

ज्योतिष की गणितीय गणना के आधार पर महीने की जानकारी का पंचांग तिथि, वार, नक्षत्र, योग और करण देखते हैं और उसी अनुसार भारतीय पर्व निर्धारित भारतीय तिथियों के अनुसार मनाए जाते हैं। हर धर्म के अपने अपने महीनों के नाम हैं और उनके महीनों के दिन भी अलग – अलग हैं। इस विचार पर प्रश्न से पहले यह तो सभी मानते हैं कि एक वर्ष में 12 माह ही होते हैं। इनके अध्ययन से पता चलता है कि भारतीय महीने चन्द्र की गति से सम्बन्धित हैं जबकि अंग्रेजी का एक वर्ष सूर्य की गति से सम्बन्धित है। ब्रह्माण्ड में सूर्य, चन्द्र, मंगल, बुध, गुरु (बृहस्पति), शुक्र और शनि तथा पृथ्वी विशेषत: हैं, जबकि अन्य राहू, केतू, यम (प्लूटो), अरुण (युरेनस) और वरुण (नेपच्यून) आदि भी हैं। विज्ञान का अध्ययन यह कहता है कि जो सूर्य के चक्र लगाते हैं उन्हें ग्रह (सेटेलाइट) कहते हैं और इससे पृथ्वी, मंगल, बुध, गुरु (बृहस्पति), शुक्र और शनि सूर्य के ग्रह हैं। परन्तु मानव जीवन विशेषकर पृथ्वी पर ही है, अन्य ग्रहों पर नहीं। इस कारण से ज्योतिष में पृथ्वी पर सभी ग्रहों के प्रभाव का अध्ययन ज्योतिष अध्ययन है। जहां तक गणितीय गणना दोनों पद्यति में एक ही है। और यही कारण है कि सूर्य ग्रहण और चन्द्र ग्रहण की जानकारी दोनों से एक ही निकलती है। एक दूसरा विशेष कारण ज्योतिष में चन्द्र को पृथ्वी का ग्रह माना गया है जबकि वैज्ञानिक पद्यति से चन्द्र को पृथ्वी का उपग्रह माना गया है।

1 - वर्ष, 2 - मास, 3 - दिन, 4 - लग्न और 5 - मुहूर्त।

वर्ष – भू - चक्र में भ्रमण करता हुआ सूर्य जब एक चक्र पूरा कर लेता है तब उसे वर्ष की संज्ञा दी जाती है। वर्ष का भी दो भागों में विभाजन किया गया है, एक - सौर वर्ष, दूसरा – चन्द्र वर्ष।

सौर वर्ष – पृथ्वी को सूर्य की एक परिक्रमा पूर्ण करने के लिए 365 दिन 5 घंटे 48 मिनट (365-1/4 दिन) का जो समय लगता है, उसे सौर वर्ष कहते हैं।

चन्द्र वर्ष – चंद्रमा को पृथ्वी की परिक्रमा करने के लिए 354 दिन का जो समय लगता है चन्द्र वर्ष कहते हैं। चन्द्र वर्ष, सौर वर्ष से सामान्यत: 11 दिन कम का होता है।

अयन - सूर्य एक साल में पृथ्वी के चक्कर/परिक्रमा लगता है। परंतु 6 माह उत्तरायन और 6 माह दक्षिणायन रहता है। उत्तरायन का समय जब सूर्य मकर राशि से मिथुन राशि तक (मकर, कुम्भ, मीन, मेष, वृषभ, मिथुन) 6 राशि में होता है इसे सौम्यायन भी कहते हैं। तथा जब सूर्य कर्क से धनु 6 राशि (कर्क, सिंह, कन्या, तुला, वृश्चिक, धनु) में होता है उसे दक्षिणायन या याम्यायन कहते हैं।

ग्रह- वैज्ञानिक मतानुसार जो सूर्य के चक्कर लगाते हैं उन्हें ग्रह कहते हैं । सूर्य के चक्कर लगाने वाले हैं - शुक्र, बुध, पृथ्वी, मंगल, गुरु (बृहस्पति), शनि और राहू, केतू । यहाँ यह स्पष्ट करना आवश्यक है कि चंद्रमा पृथ्वी का उपग्रह है ।

ज्योतिष - परंतु ज्योतिष शास्त्र में ग्रहों का असर, मानव जीवन जो पृथ्वी पर रह रहा है, के ऊपर अध्ययन करते हैं तब ग्रह सूर्य, चन्द्र, मंगल, बुध, गुरु (बृहस्पति), शुक्र और शनि तथा राहू केतू को मानते हैं । सातों ग्रह (सूर्य, चंद्र, मंगल, बुद्ध, गुरु (बृहस्पति), शुक्र, शनि) के नाम से ही सप्ताह के सात दिन होते हैं ।

बाद की प्रगति के अनुसार यम (प्लूटो), अरुण (यूरेनस), वरुण (नेपच्यून) आदि की खोज हुई ।

उपग्रह – जो ग्रहों के चक्कर लगाते हैं उन्हें उपग्रह कहते हैं – पृथ्वी का उपग्रह एक – चंद्रमा, मंगल - के दो उपग्रह (फोबोस, डिमोस), बृहस्पति (जुपीटर) के - 67, शनि (सैटर्न) के 62, यम (प्लूटो) के 5, वरुण (नेपच्यून) के 14 तथा अरुण (यूरेनस) के 27 हैं ।

बुध और शुक्र का कोई उपग्रह नहीं है ।

कृत्रिम उपग्रह – मानव द्वारा विभिन्न देशों के मानव निर्मित उपग्रह भी छोड़े गये हैं जिनसे इन्टरनेट आदि जैसी अनेकों जानकारियों के विश्लेषण से विभिन्न प्रकार के आंकड़े एकत्र किए जाते हैं ।

**नक्षत्र - 'न' मायने नहीं, 'क्ष' मायने क्षय, 'त्र' मायने तीनों काल में (भूतकाल, वर्तमानकाल, भविष्यकाल) जिनका तीनों काल में क्षय नहीं होता है, 'नक्षत्र' कहलाते हैं । नभ (आकाश) ही जिनका क्षत्र है उन्हें 'नक्षत्र' कहते हैं । कई ताराओं के समूह को 'नक्षत्र' कहते हैं । समय आकाश मण्डल को ज्योतिष शास्त्र ने 27 भागों में विभक्त कर प्रत्येक भाग का नाम एकेक (एक – एक) नक्षत्र रखा है । सूक्ष्मता से समझने के लिए प्रत्येक नक्षत्र के 4 भाग (चरण) किए हैं जो 108 चरण कहलाते हैं ।**

मास/माह: - भारतीय संस्कृति के अनुसार मासों का तीन प्रकार का वर्गीकरण है – 1 - नक्षत्रों के आधार पर चन्द्र मास, 2 - संक्रांतियों के आधार पर सौर मास तथा 3 - ऋतुओं के आधार पर आर्तव मास (बसंत, ग्रीष्म, वर्षा, शरद, हेमंत और शिशिर)

भारतीय पद्यति में ऐसा कहा गया है कि माह आरम्भ होता है उस दिन चन्द्र की स्थित निम्नानुसार नक्षत्रों में होने से माहों के नाम नक्षत्र से पड़े : - यथा -

***चैत्र – (चित्रा नक्षत्र), वैशाख – (विशाखा नक्षत्र), ज्येष्ठ – (ज्येष्ठा नक्षत्र), आषाढ़ – (पूर्व आषाढ़ा नक्षत्र), श्रावण/सावन - (श्रवण नक्षत्र), भाद्रपद/भादों – (पूर्व भाद्रपदा नक्षत्र), आश्विन/क्वार –***

***(अश्विणी नक्षत्र), कार्तिक – (कृतिका नक्षत्र), मार्गशीष/अगहन – (मृगशिरा नक्षत्र), पौष/पूष – (पुष्प नक्षत्र), माघ – (मघा नक्षत्र) और फाल्गुन/फागुन – (पूर्व फाल्गुनी नक्षत्र) ।***

अंग्रेजी माहों के नाम ग्रीक, रोमन देवताओं पुराकथाओं और अंकों के आधार पर हैं यथा - अंग्रेजी माहों के नाम जनवरी (दरवाजों और रास्तों के देवता जोनस), फरवरी (विशेष समयावधि 'फेवरू एलिया' - पाप धोने के लिए बलि देना), मार्च (युद्ध के देव 'मार्स'), अप्रैल (अपेरिरे - किसी काम की शुरुआत करना), मई (पौधों की समृद्धि की देवी –'मोईया'), जून ('जूनियस' लेटिन भाषा में 'जूनों देवी'), जुलाई (जूलियस सीजर के नाम से 44 ईसा पूर्व लिया), अगस्त (अगस्टस के नाम पर 8 ईसा पूर्व लिया), सितंबर (सेप्टम, लेटिन भाषा में यह '7' के लिए प्रयोग होता है), अक्टूबर (ओक्टो यह '8' के लिए प्रयोग होता है), नवम्बर (नोवेम यह '9' का अंक है), दिसम्बर (डिसेम - यह लेटिन भाषा का '10' का अंक है) ।

इस्लाम माहों के नाम –

मुहर्रम, सफर, रवीउल - अव्वल, रवीउल - आखिर (सानी), जुमादिल - अव्वल, जुमादिल – आखिर, (सानी) रज्जव, शाअबाना, रमजान, शव्वाल, जिल का अदह, जिल - हिज्जा ।

तिथि: - जिसमें चंद्रमा उगता है और अस्त होता है उसे तिथि कहते हैं । तिथियां निम्नानुसार है – 1 - प्रतिपदा/पड़वा, 2 - द्वितीया/दयौज, 3 - तृतीया/तीज, 4 - चतुर्थी/चौथ, 5 - पंचमी/पांचें, 6 - षष्ठी/छट, 7 - सप्तमी/सातें, 8 - अष्टमी/आठें, 9 - नवमी/नौमी, 10 - दशमी/दशवी, 11 - एकादशी/ग्यारस, 12 - द्वादशी/बारहवी, 13 – त्रयोदशी/तेरस , 14 – चतुर्दशी/चौदश, 15 – अमावस्या (मावस - 30), या पूर्णिमा/पूर्णमासी ।

लग्न – इसका मूलभूत अर्थ है - लगा रहना । दिन का उतना अंश जितने में एक राशि का उदय (लगा रहना) रहता है । सामान्यत: दिन रात के 24 घंटे अनुसार एक राशि (12 राशि) का एक दिनरात में लगभग 2 घंटे का लग्न (लगा रहना) समय होता है । वास्तविक समय राशि के कोष्टक (ब्रेकिट) में घंटा - मिनट में लिखा गया है जिसका जोड़/योग भी 23 घंटा 57 मिनट होता है जो 24 घंटे के ही बराबर गानते है ।

मुहूर्त – काल का एक मान जो 48 मिनट का होता है, दिनरात का तीसवाँ भाग मुहूर्त कहलाता है । दिन - रात्रि के कुल 30 मुहूर्त होते हैं । अतएव दिनमान को बराबर 15 भागों में बाटने से एक मुहूर्त की अवधि ज्ञात है, इसी प्रकार रात्रिमान के विभाजन से ।

राशि – आकाश में क्रांतिवृत में पड़ने वाले तारों के 12 समूह हैं, जिन्हें राशि कहते हैं, यह ग्रहों की एक पट्टी है जो 12 राशियों में विभक्त है । नभोमंडल में यह जो आकृति बनाते हैं उन्हीं के अनुरूप इनके नाम हैं ।

योग – सूर्य और चंद्र के राशि कला - विकला के जोड़ को योग कहते हैं । ये योग 27 योग हैं ।

करण - तिथि के भोगकाल के आधे भाग को 'करण' कहते हैं। एक तिथि के दो करण होते हैं। तिथियों के अनुसार दोनों पक्षों में 11 करण होते हैं। इनमें से 7 करण व चार स्थिर करण हैं।

अंत सामग्री में लेखक परिचय के अतिरिक्त, अध्ययन, अभ्यास हेतु कुछ जन्म कुंडलियां भी प्रदर्शित की गई हैं।

# पावती (स्वीकृति)

## पावती (स्वीकृति)

माता पिता के घर के आंगन में,खुले गगन के तले, बाल्यकाल में रात्रिकालीन समय में चन्द्र प्रकाश (चन्द्र की विभिन्न स्थिति) में आकाश स्थिति को देखना, जानना, प्रातःकालीन बेला में सूर्य निकलने से पहले शुक्र और अन्य की स्थिति से सूर्य निकलने के अनुमान से हल बैल लेकर खेतों की जुताई के लिए जाना, दिन के समय अपनी परछाई (छाया) से समय का अनुमान लगाना, सूर्य ग्रहण और चन्द्र ग्रहण की स्थिति देखना आदि, शिक्षण और सेवाकाल में अध्ययन पुस्तकों, समाचार पत्रों, टीवी चेनलों के द्‌वारा ज्योतिषीय और भारतीय पर्वों के विषय की जानकारी जिनसे प्राप्त हुई उन सभी का आभार।

पंचामृत – (दूध, दही, घी, शहद, शक्कर/गुड़) - पूजा के बाद पंचामृत के सेवन से इम्यून सिस्टम (प्रति रक्षा तंत्र) होता मजबूत है। चरणामृत का अर्थ होता है भगवान के चरणों का अमृत और पंचामृत का अर्थ पाँच अमृत यानी पाँच पवित्र वस्तुओं से बना। दोनों को ही पीने से व्यक्ति के भीतर जहां सकारात्मक भाव पैदा होता हैं, वहीं यह सेहत से जुड़ा मामला भी है। दरअसल, पंचामृत का अर्थ है 'पांच अमृत'। जानते है पंचामृत के धार्मिक और वैज्ञानिक महत्व को।

चन्द्र ग्रहण – सामान्य जानकारी से चन्द्र ग्रहण पूर्णिमा/पूर्णमासी के दिन रात्रिकालीन समय में ही पड़ता है क्योंकि चंद्र केवल पूर्णिमा की रात्रि को ही पूरा दिखता है और शेष तो चन्द्र, वह स्वयं ही अपूर्ण दिखता है। ज्योतिष कुंडली में जब सूर्य चंद्र एक - दूसरे के आमने - सामने अर्थात 180 डिग्री/अंश का अंतर होता है उस दिन पूर्णिमा का दिन होता है। यह स्थिति प्रत्येक माह में एक बार आती है। इन स्थितियों में जब पृथ्वी दोनों के बीच हो अर्थात एक तरफ सूर्य और दूसरी तरफ चन्द्र तो उस दिन चंद्र ग्रहण होता है क्योंकि पृथ्वी की छाया सूर्य की किरणों के रुकने से चंद्रमा पर पड़ती हैं ऐसी स्थिति में चन्द्र ग्रहण होता है।

सूर्य ग्रहण – जब सूर्य और चन्द्र एक ही राशि, भाव/स्थान/खाना में होते है तब अमावस्या का दिन होता है। यह वर्ष में 12 बार होता है। सूर्य ग्रहण केवल अमावस्या के दिन ही पड़ता है क्योंकि उस दिन चन्द्र नहीं दिखता है फिर भी सूर्य पर असर पड़ता है, यह स्थिति तब होती है जब चन्द्र, पृथ्वी और सूर्य के बीच (मध्य) हो ऐसी स्थिति में चंद्र के बीच में आने से सूर्य पूरा नहीं दिखता है और सूर्य ग्रहण होता है।

सूर्य और चन्द्र ग्रहण की घटनाओं को वैज्ञानिक और ज्योतिष गणनाओं से उचित पाया जाता रहा है इससे यह स्पष्ट है कि ये एक शुद्‌ध गणितीय गणनायें हैं, जो सदियों से सही/उचित चली आ रहीं हैं, फिर कैसे कहें कि ज्योतिष एक गणितीय विद्‌या नहीं है ?

एक घटना – महाभारत युद्ध कालीन, जब श्रीकृष्ण ने अर्जुन से जयद्रथ वध कराया तब कहते हैं कि श्रीकृष्ण ने कुछ समय के लिए सूर्य को छिपा लिया था। बात समझ से दूर हो जाती है कि क्या एक व्यक्ति इतने बड़े सूर्य को कैसे छिपा सकता है?, घटना पर तरह तरह के विचार उत्पन्न होते हैं। सत्यता – श्रीकृष्ण एक विद्वान व्यक्ति थे। उन्हें ज्योतिषीय और खगोलीय जानकारी थी। महाभारत का युद्ध 18 का दिन का था जो मार्गशीर्ष (अगहन) महीने की कृष्ण पक्ष की द्वितीया (दयौज) तिथि से प्रारम्भ होकर शुक्ल पक्ष की चतुर्थी (चौथ) तिथि तक चला था। इस युद्ध के दौरान 14वां दिन अमावस्या का दिन था और उस अमावस्या को सायंकालीन समय में सूर्य ग्रहण पड़ना था, यह जानकारी श्रीकृष्ण जानते थे। उसके अनुरूप श्रीकृष्ण ने अर्जुन से जयद्रथ वध की प्रतिज्ञा कराई थी और ग्रहण की घटना का लाभ लिया था। यह एक शुद्ध ज्योतिषीय गणना की खगोलीय घटना से सम्बन्धित हैं। किसी का कोई दुराभाव नहीं, केवल परिस्थितियां अनुरूप कार्यवाही है।

कुण्डली की ग्रह स्थिति से सूर्य जिस राशि में स्थित है उससे उस महीने का, और कौन से खाने में स्थिति है, उससे समय का पता चलता है। चन्द्र स्थिति और सूर्य स्थिति से तिथि का पता चलता है। गुरु (बृहस्पति) स्थिति से वर्ष का पता चलता है। कुण्डली में सूर्य के आसपास के 2 खाने आगे या पीछे की स्थिति में बुध और शुक्र ग्रह स्थिति होते हैं, तो कुण्डली उचित बनी है, अन्यथा की स्थिति में वह कुण्डली हर हालत में गलत बनी हुई है, क्योंकि सूर्य से बुध और शुक्र क्रमश: 24 अंश और 48 अंश की ही दूरी पर रहते हैं।

दैनिक समाचार पत्र में प्रकाशित "आज का पंचांग" टीवी चेनलों पर दिखाए गए दैनिक ग्रह स्थिति केवल उस दिन सम्बन्धित ग्रह की स्थिति को दर्शाते हैं। इस तरह से प्राप्त जानकारियों के प्रति सभी का आभार।

# आमुख

## आमुख

वेदांग और ज्योतिष – वेदांग में शिक्षा, कल्प, व्याकरण, निरुक्त, छंद व ज्योतिष आते है। इससे से यह स्पष्ट है कि ज्योतिष वेदांग का एक हिस्सा है।

सूर्य और चन्द्र ग्रहण की घटनाओं को वैज्ञानिक और ज्योतिष गणनाओं से उचित पाया जाता रहा है इससे यह स्पष्ट है कि ये एक शुद्ध गणितीय गणनायें हैं, जो सदियों से सही/उचित चली आ रहीं हैं, फिर कैसे कहें कि ज्योतिष एक गणितीय विद्या नहीं है ?

ज्योतिष के भी तीन स्कन्ध हैं – 1 - गणित सिद्धांत, 2 - संहिता, 3 - जातक।

गणित सिद्धांत – किस ग्रह का किस नक्षत्र से और किस ग्रह का किस ग्रह से कब योग (मिलना) होगा। भूगोल, खगोल आदि विषयों के जानने की पद्यति गणित या सिद्धांत कहलाती है।

संहिता – किस - किस ग्रह और नक्षत्र के योग से किस देश - स्थान पर कैसा शुभ - अशुभ प्रभाव पड़ता है, इत्यादि फलों के वर्णन की पद्यति को संहिता कहते हैं।

जातक – प्राणी के जन्म कालिक ग्रह नक्षत्रों के योगवश किस प्रकार का स्वरूप, स्वभाव, सुख - दुख, भाग्य, आयु आदि होते हैं। इस प्रकार प्रत्येक व्यक्ति के जीवन भर के शुभ - अशुभफल जिस पद्यति में रहते है उसे जातक कहा गया है। जातक में भी भिन्न - भिन्न ऋषि – प्रणीत अनेक जातक ग्रंथ हैं, यथा होरा (पाराशर होरा) बृहज्जातक आदि।

भारतीय ज्योतिष शास्त्र में अलग - अलग तरीके से भाग्य या भविष्य बताया जाता है। माना जाता है कि भारत में लगभग 150 से ज्यादा ज्योतिष विद्या प्रचलित हैं। प्रत्येक विद्या आपके भविष्य को बताने का दावा करती है। माना यह भी जाता है कि प्रत्येक विद्या भविष्य बताने में सक्षम है, लेकिन उक्त विद्या के जानकार कम ही मिलते हैं, जबकि भटकाने वाले ज्यादा। मन में प्रश्न यह उठता है कि आखिर किस विद्या से जानें हम अपना भविष्य, तो यहां इस पुस्तक में प्रस्तुत हैं कुछ प्रचलित ज्योतिष विद्याओं की जानकारी।

कुंडली ज्योतिष: – यह कुंडली पर आधारित विद्या है। इसके तीन भाग हैं – सिद्धांत ज्योतिष, संहिता ज्योतिष और होरा शास्त्र। इस विद्या के अनुसार व्यक्ति के जन्म के समय में आकाश में जो ग्रह, तारा या नक्षत्र जहां था उस पर आधारित कुंडली बनाई जाती है।

कुण्डली ज्योतिष के अतिरिक्त लाल किताब की विद्या, गणितीय ज्योतिष, नंदी नाड़ी ज्योतिष, पाँच पक्षी सिद्धांत, हस्त रेखा ज्योतिष, नक्षत्र ज्योतिष, अंगूठा शास्त्र, सामुद्रिक विद्या, चीनी ज्योतिष, वैदिक ज्योतिष, टैरो कार्ड आदि मुख्य हैं।

भारतीय पर्व – भारतीय चन्द्र वर्ष अनुसार निर्धारित तिथियों को ही मनाये जाते हैं, अंग्रेजी माह की तिथियों के अनुसार नहीं, यद्यपि जिस तिथि को भारतीय तिथि अनुसार पर्व आता उस दिन अंग्रेजी तिथि को उस पर्व की तिथि कह देते हैं जो हमेशा उस अग्रेजी तिथि को नहीं होता है।

होलाष्टक – ज्योतिष दृष्टि से होलाष्टक का महत्व – ज्योतिषाचार्य के अनुसार शुक्ल पक्ष अष्टमी को चन्द्रमा, नवमी को सूर्य, दसवीं को शनि, एकादशी को शुक्र, द्वादशी को गुरु (बृहस्पति), त्रयोदशी को बुध, चतुर्दशी को मंगल और पूर्णिमा को राहू उग्र रूप में रहते हैं, इसलिए इन आठ दिनों में मनुष्य का मस्तिष्क अनेक सुखद व दुखद आकांक्षाओं से ग्रसित हो जाता है। अतः इन दिनों शुभ कार्य व शुभ निर्णय नहीं लेते हैं।

कृत्रिम उपग्रह – मानव द्वारा विभिन्न देशों के मानव निर्मित उपग्रह भी छोड़े गये हैं जिनसे इन्टरनेट आदि जैसी अनेकों जानकारियों के विश्लेषण से विभिन्न प्रकार के आंकड़े एकत्र किए जाते हैं।

ग्रह का एक राशि - भोग चक्र समय –

जो ग्रह एक राशि में जितने समय रहता है उसे उस ग्रह का उस राशि का भोग समय कहते हैं। सूर्य (पृथ्वी आधार मानकर) एक राशि में एक माह, चंद्रमा - 2.25 (सवा दो) दिन, मंगल 1.5 (डेढ़) महीना, बुध - 0.75 (3/4, पौन)/एक महीना, बृहस्पति/गुरु – 13 महीने, शुक्र – 0.75 (3/4, पौन)/एक महीना, शनि 2.5 (ढाई) वर्ष, राहू – केतू – 1.5 (डेढ़) वर्ष/18 माह भ्रमण काल/समय रहता है।

# 1

# ज्योतिष - विज्ञान

## ज्योतिष – विज्ञान

ज्योतिष उतनी ही प्राचीन है जितने कि वेद, पुराण और उपनिषद : -

### *वेद : -*

वेद शब्द संस्कृत की 'विद' धातु से बना है, जिसका अर्थ है जानना या ज्ञान । यहां पर यह स्पष्ट कर देना आवश्यक है कि वेद शब्द से तात्पर्य एक अकेली पुस्तक मात्र से न होकर एक लम्बे समय अंतराल में संकलित वांगमय या विपुल साहित्य से है, जो संयुक्त रूप से वेदों के नाम से जाना जाता है ।

### *श्रुति - स्मृति -*

सम्पूर्ण वैदिक संहिता की रचना लिखित रूप से न होकर मौखिक रूप से गुरु - शिष्य एवं पिता - पुत्र परम्परा के अंतर्गत पीढ़ी दर पीढ़ी स्थानांतरित होती रही है । मंत्रों व ऋचाओं में आबद्ध यह ज्ञान मनुष्यों द्वारा संकलित नहीं हुआ, अपितु ब्रह्म से प्राप्त उपदेश सुनकर उसे ही ऋषियों ने कंठस्थ कर लिया, यही कारण है कि सम्पूर्ण वैदिक साहित्य श्रुति (श्रुत - सुनना) भी कहलाता है और शेष सम्पूर्ण धार्मिक साहित्य चाहे वह रामायण हो, या महाभारत, गीता हो या पुराण, बाइबिल हो या कुरान, स्मृति कहलाते हैं । क्योंकि ये साहित्य अपनी स्मरण शक्ति के आधार पर बीती हुई घटनाओं का संकलन है । इसी कारण श्रुति साहित्य अपौरुषेय, नित्य, श्वाश्वत व दैवीय माना गया है ।

## पुराणः-

पूर्वकाल में होने वाले को पुराण कहते है, प्राचीनकाल से प्रवाहमान होते हुए भी नया रहने वाला पुराण है ।

वेद अनादि व अपौरुषेय है, पुराण पौरुषेयव अपौरुषेय दो प्रकार के भेंदों से युक्त हैं ।

पुराणों और वेदों में दूसरा प्रमुख अंतर यह है कि ब्रह्मा जी के मुख से प्रकट होने पर भी वैदिक मंत्रों का दृष्टा ऋषियों को कहा गया है । जैसे कि मृत्युंजय महामंत्र के दृष्टा - ऋषि वशिष्ठ और गायत्री मंत्र के दृष्टा - ऋषि विश्वामित्र कहलाते हैं । जबकि पौराणिक ज्ञान धारा को ग्रहण करने वाले मुनि कहलाए । अर्थात वैदिक ज्ञान धारा, यज्ञ व कर्मकांडीय संस्कृतियों का वहन ऋषि कुल परम्परा ने किया जबकि पौराणिक ज्ञान की लौकिक व्रत, उपासना, तीर्थ व अनुष्ठान संस्कृति के वाहक मुनि बने । ऋषि दृष्टा हैं व मुनि प्रवक्ता । पुराण व वेदों के विशिष्ट अंतरसंबंध की भांति ऋषि व मुनि शब्दों को लेकर जन सामान्य में यह भ्रांति प्रचलित है कि ऋषि व मुनि तो समानार्थक शब्द हैं । इनमे क्या अंतर है ? इस अंतर को आचार्य शंकर ने सनत्सुजातीय भाष्य में स्पष्टतः व्यक्त किया है :-

न केवलं वेदा अपितु मनुयोपि तद ब्रह्म विश्ववैरूपं विश्वरूप विपरीत स्वरूप मुदाहरन्ति॥

## ऋषिः-

वस्तुतः ऋषि शब्द के चार प्रमुख अर्थ है – 1 - गति, 2 - श्रुति, 3 - सत्य, 4 - तपस । ब्रह्मा जी के कथानुसार जिस मनुष्य में ये चारों गुण एक साथ हों, वह ऋषि कहलाने योग्य हैं । इसके पश्चात मुनियों के लक्षणों की चर्चा करते हुए कहा गया है कि जो तप करने वाला हो, शून्यागार में निवास करता हो और भ्रमण करते - करते या चलते - चलते सायंकाल में किसी स्थान पर विश्राम के लिए रुक जाये वही मुनि है । कुछ के अनुसार अनुसंधान (रिसर्च) करने वाले ऋषि हैं तो संबन्धित विषय में मनन (अध्ययन) करने वाले मुनि कहलाए । वेद -निगम और पुराण – आगम कहे गए हैं ।

संहिता – प्रत्येक वेद की रचना में सर्वप्रथम ऋषियों द्वारा सूक्तों या ऋचाओं का संकलन किया जाता था, जो संहिता कहलाती थी । संहिता में भक्ति संबन्धित ज्ञान है ।

ब्राह्मण – संहिता अधिकांशतः पद्यात्मक रूप या मन्त्र रूप में होती थी । इस पद्यात्मक भाग या मंत्रों की कर्मकांड विषयक गद्यात्मक व्याख्या ब्राह्मण कहलाती है । ब्राह्मण में अनुसंधान संबन्धित जानकारियों का उल्लेख है ।

आरण्यक – ब्राह्मण साहित्य के पश्चात विकास क्रम में आरण्यकों का स्थान है । वेद के वे मंत्र जिनका चिंतन, मनन, पाठन या गायन तिर्जन (एकान्त) में अरण्यों अर्थात वनों में हुआ, वे आरण्यक कहे गए । आरण्यक में पर्यावरण संबन्धित ज्ञान का उल्लेख है ।

उपनिषद या वेदान्त – आरण्यकों के पश्चात वेदों के अंतिम भाग में संकलित ब्रह्म विषयक दार्शनिक चर्चा को उपनिषद या वेदान्त कहा जाता है । वेदान्त का अर्थ है वेदों का अंत या समापन । इसके पश्चात वेदों का अन्य कोई साहित्यिक विभाजन नहीं होता, इसलिए वेदान्त को उपनिषद कहते हैं । एकम सत विप्राः बहुधा वदन्ति (सत्य एक है, यद्यपि साधु अनेक नाम लेते हैं) ।

उपनिषद – उप (निकट - नि - नीचे, षट - बैठना) निकट या नीचे (चरणों) बैठकर अध्ययन करना, समीप बैठने वाला ब्रह्म के निराकार स्वरूप की उपासना ही उपनिषद है । उपनिषद 108 हैं ।

***वेद - ऋग्वेद, यजुर्वेद, सामवेद, अथर्ववेद***

***वेद ज्ञान ऋषि - अग्नि, वायु, आदित्य, अंगिरा***

***वेद विषय - ज्ञान, कर्म, उपासना, विज्ञान***

वेद महावाक्य -

ऋग्वेद - प्रज्ञानमब्रह्म , यजुर्वेद - अहम ब्रह्मास्मि,
सामवेद- तत्वमसि, अथर्ववेद - अयमात्मा ब्रह्म

***वेदमंत्र (20349) – (10522), (1975), (1875), (5977)***

मंत्र के ऋषि, देवता, छंद, स्वर होते हैं । वेदशास्त्र, संहिता, ब्राह्मण, आरण्यक व उपनिषद (वेदांग) भक्ति संबंधी ऋचाएँ, अनुसंधान, पर्यावरण, सत्य, वेदान्त ।

***वेदांग – वेदांग मे शिक्षा, कल्प, व्याकरण, निरुक्त, छंद व ज्योतिष आते है ।***

***उपवेद – उपवेद में आयुर्वेद, धनुर्वेद, गंधर्ववेद व अर्थ वेद आते है ।***

***वैदिक दर्शन (वैदिक लेखक) - योग (पतंजलि), सांख्य (कपिल), वैशेषिक (कणादि), न्याय (गौतम), वेदान्त (व्यास) और मीमांसा***

*(जैमिनी) हैं ।*

*उपरोक्त से यह स्पष्ट है कि ज्योतिष वेदांग का एक हिस्सा है ।*

**ज्योतिष –**

यद्वत शिखा मयूराणाम नागानाम मदयो यथा ।

तव्दद वेदाङ्ग शास्त्रानाम ज्योतिष मुर्ध्नि तिष्ठहि ।।

जिस प्रकार मयूर के सिर पर शिखा, नाग के फण पर मणि, उसी प्रकार वेद के छः अंगों में ज्योति शास्त्र नेत्र होने के कारण सर्वश्रेष्ठ माना गया है ।

वेद के 6 अंग हैं – शिक्षा, छंद, व्याकरण, निरुक्त, ज्योतिष व कल्प हैं ।

विद्या 14 कही गई हैं – 6 वेदाङ्ग, 4 वेद (ऋग्वेद, यजुर्वेद, सामवेद, व अथर्व वेद), पूर्व मीमांसा, उत्तर मीमांसा, न्याय (तर्क), और पुराण ।

पुराण – 18 (18 - ब्रह्म, पदम, विष्णु, शिव, श्रीमद भागवत, वायु, नारद, मार्कण्डेय, अग्नि, ब्रह्म वैवर्त, लिंग, वराह, स्कन्द, वामन, कूर्म, मत्स्य, गरुड़, ब्रह्माण्ड)।

***ज्योतिष के भी तीन स्कन्ध हैं – 1 - गणित सिद्धांत, 2 - संहिता, 3 - जातक ।***

गणित सिद्धांत – किस ग्रह का किस नक्षत्र से और किस ग्रह का किस ग्रह से कब योग (मिलना) होगा । भूगोल, खगोल आदि विषयों के जानने की पद्यति गणित या सिद्धांत कहलाती है ।

संहिता – किस - किस ग्रह और नक्षत्र के योग से किस देश - स्थान पर कैसा शुभ - अशुभ प्रभाव पड़ता है, इत्यादि फलों के वर्णन की पद्यति को संहिता कहते हैं ।

जातक – प्राणी के जन्म कालिक ग्रह नक्षत्रों के योगवश किस प्रकार का स्वरूप, स्वभाव, सुख - दुख, भाग्य, आयु आदि होते हैं । इस प्रकार प्रत्येक व्यक्ति के जीवन भर के शुभ - अशुभफल जिस पद्यति में रहते है उसे जातक कहा गया है । जातक में भी भिन्न - भिन्न ऋषि – प्रणीत अनेक जातक ग्रंथ हैं, यथा होरा (पाराशर होरा) बृहज्जातक आदि ।

# 2

# भारतीय ज्योतिष शास्त्र

## भारतीय ज्योतिष शास्त्र

भारतीय ज्योतिष शास्त्र में अलग - अलग तरीके से भाग्य या भविष्य बताया जाता है। माना जाता है कि भारत में लगभग 150 से ज्यादा ज्योतिष विद्या प्रचलित हैं। प्रत्येक विद्या आपके भविष्य को बताने का दावा करती है। माना यह भी जाता है कि प्रत्येक विद्या भविष्य बताने में सक्षम है, लेकिन उक्त विद्या के जानकार कम ही मिलते हैं, जबकि भटकाने वाले ज्यादा। मन में प्रश्न यह उठता है कि आखिर किस विद्या से जानें हम अपना भविष्य, तो यहां प्रस्तुत हैं कुछ प्रचलित ज्योतिष विद्याओं की जानकारी –

1. - कुंडली ज्योतिष: – यह कुंडली पर आधारित विद्या है। इसके तीन भाग हैं – सिद्धांत ज्योतिष, संहिता ज्योतिष और होरा शास्त्र। इस विद्या के अनुसार व्यक्ति के जन्म के समय में आकाश में जो ग्रह, तारा या नक्षत्र जहां था उस पर आधारित कुंडली बनाई जाती है। 12 राशियों पर आधारित 9 ग्रह और 27 (28 अभिजित नक्षत्र को जोड़कर) नक्षत्रों का अध्ययन कर जातक का भविष्य बताया जाता है। उक्त विद्या को बहुत से भागों में विभक्त किया गया है, लेकिन आधुनिक दौर में मुख्यत: चार माने जाते हैं। ये चार हैं – नवजात ज्योतिष, कतार्चिक ज्योतिष, प्रतिघंटा या प्रश्न कुंडली और विश्व ज्योतिष विद्या।
2. - लाल किताब की विद्या: - यह मूलत: उत्तरांचल, हिमाचल और कश्मीर क्षेत्र की विद्या है। इसे ज्योतिष के परंपरागत सिद्धांत से हटकर 'व्यावहारिक ज्ञान' माना जाता है। इसके अच्छे जानकार बगैर कुंडली को देखे उपाय बता कर समस्या का समाधान कर सकते हैं। उक्त विद्या के सिद्धांत को एकत्र कर सर्वप्रथम एक पुस्तक प्रकाशित की थी जिसका नाम था 'लाल किताब के फरमान'। मान्यता अनुसार उक्त किताब को उर्दू में लिखा गया था इससे इसके बारे में भ्रम उत्पन्न हो गया।

3. - गणितीय ज्योतिष; - इस भारतीय विद्या को अंक ज्योतिष भी कहते हैं । इसके अंतर्गत प्रत्येक ग्रह, नक्षत्र, राशि आदि के अंक निर्धारित हैं । फिर जन्म दिनांक, वर्ष आदि के जोड़ अनुसार भाग्यशाली अंक और भाग्य निकाला जाता है ।
4. - नंदी नाड़ी ज्योतिष: - यह मूल रूप से दक्षिण भारत में प्रचलित विद्या है जिसमें ताड़ पत्र के द्वारा भविष्य जाना जाता है । इस विद्या के जन्मदाता भगवान शंकर के गण नंदी हैं, इसी कारण इसे नंदी नाड़ी ज्योतिष विद्या कहा जाता है ।
5. - पाँच पक्षी सिद्धांत:- यह भी दक्षिण भारत में प्रचलित है । इस ज्योतिष सिद्धांत के अंतर्गत समय को पांच भागों में बांटकर प्रत्येक भाग का नाम एक विशेष पक्षी पर रखा गया है । इस सिद्धांत के अनुसार जब कोई कार्य किया जाता है उस समय जिस पक्षी की स्थिति होती है उसी के अनुरूप उसका फल मिलता है । पाँच पक्षी सिद्धांत के अंतर्गत आने वाले पांच पक्षी के नाम हैं – गिद्ध, उल्लू, कौआ, मुर्गा और मोर । आपके लग्न, नक्षत्र, जन्म स्थान के आधार पर आपका पक्षी ज्ञात कर आपका भविष्य बताया जाता है ।
6. - हस्त रेखा ज्योतिष:- हाथों की आड़ी - तिरछी और सीधी रेखाओं के अलावा, हाथों के चक्र, द्वीप, क्रॉस आदि का अध्ययन कर व्यक्ति का भूत और भविष्य बताया जाता है । यह बहुत ही प्राचीन विद्या है और भारत के सभी राज्यों में प्रचलित है ।
7. - नक्षत्र ज्योतिष: - वैदिक काल में नक्षत्रों पर आधारित विज्ञान ज्यादा प्रचलित था । जो व्यक्ति जिस नक्षत्र में जन्म लेता था उसके उस नक्षत्र अनुसार भविष्य बताया जाता था । नक्षत्र 27 (अभिजित नक्षत्र को छोड़कर) होते हैं, कुछ 28 भी मानते हैं ।
8. - अंगूठा शास्त्र: - यह विद्या भी दक्षिण भारत में प्रचलित है । इसके अनुसार अंगूठे की छाप लेकर उस पर उभरी रेखाओं का अध्ययन कर बताया जाता हैं कि जातक का भविष्य कैसा है ।
9. - सामुद्रिक विद्या: - यह विद्या भी भारत की सबसे प्राचीन विद्या है । इसके अंतर्गत व्यक्ति के चेहरे, नाक - नक्शा और माथे की रेखा सहित सम्पूर्ण शरीर की बनावट का अध्ययन कर व्यक्ति के चरित्र और भविष्य को बताया जाता है ।
10. - चीनी ज्योतिष: - चीनी ज्योतिष में 12 वर्ष को पशुओं के नाम पर नामांकित किया गया है । इसे 'पशु – नामांकित राशि -चक्र' कहते हैं । यही उनकी 12 राशियां हैं, जिन्हें 'वर्ष' या 'संबन्धित पशु - वर्ष' के नाम से जानते हैं । यह वर्ष निम्न हैं – चूहा, बैल, चीता, बिल्ली, ड्रैगन, सर्प, अश्व, बकरी, वानर, मुर्गा, कुत्ता और सूअर । जो व्यक्ति जिस वर्ष में जन्मा उसकी राशि वर्ष अनुसार होती है और उसके चरित्र, गुण, और भाग्य का निर्माण भी उसी वर्ष गणना अनुसार माना जाता है ।
11. - वैदिक ज्योतिष: - वैदिक ज्योतिष अनुसार राशि चक्र, नवग्रह, जन्म राशि के आधार पर गणना की जाती है । मूलत: नक्षत्रों की गणना और गति को आधार बनाया जाता है । मान्यता अनुसार वेदों का ज्योतिष किसी व्यक्ति के भविष्य कथक के लिए नहीं,

खगोलीय गणना तथा काल को विभक्त करने के लिए था।

12. - टैरो कार्ड: - टैरो कार्ड में ताश की तरह पत्ते होते हैं। जब भी कोई व्यक्ति अपना भविष्य या भाग्य जानने के लिए टैरो कार्ड के जानकार के पास जाता है तो वह जानकर एक कार्ड निकालकर उसमें लिखा उसका भविष्य बताता है।

यह उसी तरह हो सकता है जैसा कि पिंजरे के तोते से कार्ड निकलवाकर भविष्य जाना जाता है। यह उस तरह भी है जैसे कि बस स्टॉप या रेलवे स्टेशन पर एक मशीन लगी होती है जिसमें एक रुपए का सिक्का डालो और जान लो भविष्य। किसी मेले या यात्रा में एक कंप्यूटर होता है जो आपका भविष्य बताता है।

उपरोक्त विद्या जुए - सट्टे जैसी है यदि अच्छा कार्ड लग गया तो अच्छी भविष्यवाणी, बुरा लगा तो बुरी और सामान्य। हालांकि टैरो एक्सपर्ट मनोविज्ञान को आधार बनाकर व्यक्ति का चरित्र और भविष्य बताते हैं। अब इसमें कितनी सच्चाई होती है यह कहना मुश्किल है।

इसके अलावा माया, हेलेनिस्टिक, सेल्टिक, पर्शियन या इस्लामिक, बेबीलोनी आदि अनेक ज्योतिष धारणाएँ हैं। हर देश की अपनी अलग - अलग ज्योतिष धारणाएँ और अलग - अलग भविष्यवाणियाँ।

***ऋषियों, मुनियों द्वारा संकलित किए गए ग्रंथ जैसे पञ्च सिद्धांत कोश, सूर्य सिद्धांत, नित्यानन्द, बृहतजातक, आर्यभट्ट, भृगु संहिता, मानसागरी, रणवीर और लघु पराशर की वैज्ञानिक और प्रामाणिक बातें आज भी लोंगों को पढ़ने के लिए आकर्षित करती हैं।***

# 3

# समय (काल)

## समय (काल)

समय (काल):- काल गणना के विषय में गीता के 8 वें अध्याय में काफी विस्तृत व्याख्या की गयी है।

अव्यत्या द्वव्यत्यः सर्वाः प्रभवन्त्यहरागमे।
रात्र्यागमे प्रलीयन्तेतत्रैवाव्यत्य संज्ञके ।। 18 ।।

काल गणना में परमाणु, अणु, त्रसरेणु, त्रुटि, वेध, लव, निमेष, क्षण, काष्ठा, लघु, नाड़िका, प्रहर, दिन, रात, पक्ष, मास, अयन, वर्ष आदि का उल्लेख होता है।

इनका आपसी सम्बंध इस प्रकार है : -

2 परमाणु = 1 अणु, 3 अणु = 1 त्रसरेणु (किरण)
3 त्रसरेणु = 1 त्रुटि, 100 त्रुटि = 1 वेध
3 वेध = 1 लव, 3 लव = 1 निमेष
3 निमेष = 1 क्षण, 5 क्षण = 1 काष्ठा
15 काष्ठा = 1 लघु, 15 लघु = 1 नाड़िका
6 नाड़िका = 1 प्रहर, 8 प्रहर = 1 दिनरात
15 दिन/दिवस = 1 पक्ष (कृष्ण पक्ष/सुदी, शुक्ल पक्ष/वदी)
2 पक्ष = 1 माह, 6 माह = 1 अयन, 2 अयन = 1 वर्ष
मनुष्य 1 वर्ष = 1 सर्ग कल्प (देवताओं का 1 दिनरात)
मनुष्य 30 वर्ष = 1 माह देवताओं का,
मनुष्य 360 वर्ष = 1 दिव्य वर्ष

अन्य काल गणना इस प्रकार भी है –

15 मात्रा (पल) = 1 काष्ठा, 30 काष्ठा = 1 कला
20 कला = 1 घटी (नाड़िका), 1 सेकंड = 2.5 विपल

24 सेकेंड = 1 पल = 60 विपल,
1 मिनट = 2.5 पल = 60 सेकेंड
1 घटी (घड़ी) = 60 पल = 24 मिनट
1 घंटा = 2.5 घड़ी, 1 प्रहर = 3 घंटा
8 प्रहर = 1 दिनरात = 24 घंटा
1 सप्ताह/हफ्ता = 7 दिन, 1 पक्ष = 15 दिन
1 मास/माह = 30 दिन = 2 पक्ष (शुक्ल पक्ष, कृष्ण पक्ष)
1 अयन = 6 माह (उत्तरायन, दक्षिणायन),
1 वर्ष = 12 माह

काल और महाकाल – काल और महाकाल में बहुत अंतर है । 'काल' शब्द समय वाची है, सूर्य और पृथ्वी के पारस्परिक दिन सम्बंध का बोध होता है, उसे समय या काल कहते हैं । किन्तु 'महाकाल' की सत्ता इससे भिन्न है, इसमें उत्पत्ति, स्थिति और लय, इन तीनों कायकि अवस्थाओं का आंकलन होता है । महर्षियों ने काल को मुख्यत: 5 भागों में विभाजित किया है: -

1 - वर्ष, 2 - मास, 3 - दिन, 4 - लग्न और 5 - मुहूर्त ।

वर्ष – भू - चक्र में भ्रमण करता हुआ सूर्य जब एक चक्र पूरा कर लेता है तब उसे वर्ष की संज्ञा दी जाती है । वर्ष का भी दो भागों में विभाजन किया गया है, एक - सौर वर्ष, दूसरा – चन्द्र वर्ष ।

सौर वर्ष – पृथ्वी को सूर्य की एक परिक्रमा पूर्ण करने के लिए 365 दिन 5 घंटे 48 मिनट (365-1/4 दिन) का जो समय लगता है उसे सौर वर्ष कहते हैं ।

चन्द्र वर्ष – चंद्रमा को पृथ्वी की परिक्रमा करने के लिए 354 दिन का जो समय लगता है चन्द्र वर्ष कहते हैं । चन्द्र वर्ष, सौर वर्ष से सामान्यत: 11 दिन कम का होता है ।

अयन - सूर्य एक साल में पृथ्वी के चक्कर/परिक्रमा लगता है । परंतु 6 माह उत्तरायन और 6 माह दक्षिणायन रहता है । उत्तरायन का समय जब सूर्य मकर राशि से मिथुन राशि तक (मकर, कुम्भ, मीन, मेष, वृषभ, मिथुन) 6 राशि में होता है इसे सौम्यायन भी कहते हैं । तथा जब सूर्य कर्क से धनु 6 राशि (कर्क, सिंह, कन्या, तुला, वृश्चिक, धनु) में होता है उसे दक्षिणायन या याम्यायन कहते हैं ।

उत्तरायन/सौम्यायन जन्म फल - उत्तरायन में जन्म लेने वाला सर्वदा प्रसन्न, पुत्र और स्त्री से सुखी, दीर्घायु, सदाचारी, उदार और धैर्यवान होता है ।

दक्षिणायन – जन्म फल – दक्षिणायन में जन्म लेने वाला महागर्व रखने वाला, कृषिकर्त्ता, गाय, भैंस आदि रखने वाला, कठोर हृदय, शठ, असहनशील होता है ।

# 4

# मास/माह

## मास/माह

मास/माहः - भारतीय संस्कृति के अनुसार मासों का तीन प्रकार का वर्गीकरण है – 1 - नक्षत्रों के आधार पर चन्द्रमास, 2 - संक्रांतियों के आधार पर सौर मास तथा 3 - ऋतुओं के आधार पर आर्तव मास (बसंत, ग्रीष्म, वर्षा, शरद, हेमंत और शिशिर)।

भारतीय पद्यति में ऐसा कहा गया है कि माह आरम्भ होता है उस दिन चन्द्र की स्थित निम्नानुसार नक्षत्रों में होने से माहों के नाम नक्षत्र से पड़े : - यथा -

1. *चैत्र – (चित्रा नक्षत्र),*

2. *वैशाख – (विशाखा नक्षत्र),*

3. *ज्येष्ठ – (ज्येष्ठा नक्षत्र),*

4. *आषाढ़ – (पूर्व आषाढ़ा नक्षत्र),*

5. *श्रावण/सावन - (श्रवण नक्षत्र),*

6.
***भाद्रपद/भादों – (पूर्व भाद्रपदा नक्षत्र),***

7.
***आश्विन/क्वार – (अश्विणी नक्षत्र),***

8.
***कार्तिक – (कृतिका नक्षत्र),***

9.
***मार्गशीष/अगहन – (मृगशिरा नक्षत्र),***

10.
***पौष/पूष – (पुष्प नक्षत्र),***

11.
***माघ – (मघा नक्षत्र) और***

12.
***फाल्गुन/फागुन – (पूर्व फाल्गुनी नक्षत्र)***

अंग्रेजी माहों के नाम ग्रीक, रोमन देवताओं पुराकथाओं और अंकों के आधार पर हैं यथा -

अंग्रेजी माहों के नाम जनवरी (दरवाजों और रास्तों के देवता जोनस), फरवरी (विशेष समयावधि 'फेवरू एलिया' - पाप धोने के लिए बलि देना), मार्च (युद्ध के देव 'मार्स'), अप्रैल (अपेरिरे - किसी काम की शुरुआत करना), मई (पौधों की समृद्धि की देवी –'मोईया'), जून ('जूनियस' लेटिन भाषा में 'जूनों देवी'), जुलाई (जूलियस सीजर के नाम से 44 ईसा पूर्व लिया), अगस्त (अगस्टस के नाम पर 8 ईसा पूर्व लिया), सितंबर (सेप्टम, लेटिन भाषा में यह '7' के लिए प्रयोग होता है), अक्टूबर (ओक्टो यह '8' के लिए प्रयोग होता है), नवम्बर (नोवेम यह '9' का अंक है), दिसम्बर (डिसेम - यह लेटिन भाषा का '10' का अंक है) ।

इस्लाम माहों के नाम –

मुहर्रम, सफर, रवीउल - अव्वल, रवीउल - आखिर (सानी), जुमादिल - अव्वल, जुमादिल – आखिर, (सानी) रज्जव, शाअबाना, रमजान, शव्वाल, जिल का अदह, जिल - हिज्जा ।

ऋतुओं के अनुसार फल –

बसंत जन्म फल – बसंत ऋतु में जन्म लेने वाला अत्यन्त सुंदर, बुद्धिमान, प्रतापी, संगीत और गणित में निपुण, शास्त्राभ्यासी, स्वच्छ वस्त्र और निर्मल हृदय वाला होता है।

ग्रीष्म – ग्रीष्म ऋतु में जन्म लेने वाला ऐश्वर्य, विद्या, धन - धान्य से युक्त, प्रवक्ता, लंबे केश वाला, भोगी, जलक्रीड़ा का प्रेमी होता है।

बर्षा ऋतु – बर्षा ऋतु में जन्म हो तो व रण में विजयी, बुद्धिमान, प्रतापी, घोड़े की सवारी का प्रेमी, सुंदर स्वरूप, कफ प्रवृति, वात प्रवृति, स्त्री प्रिय और आनदयुक्त होता है।

शरद ऋतु फल – शरद ऋतु मीन उत्पन्न मनुष्य थोड़े रोष वाला, वात प्रकृति, मानी, धनी, कार्य में तत्पर, पवित्र हृदय, युद्धप्रिय और वाहनों से युक्त होता है।

हेमंत ऋतु – हेमंत ऋतु में जन्म लेने वाला – राजमंत्री, चतुर, उदार, गुणवान, उत्तम कार्य कर्त्ता, धर्मात्मा तथा मनस्वी होता है।

शिशिर ऋतु – शिशिर ऋतु में जन्म हो तो वह मनुष्य मिष्ठान प्रेमी, क्षुधा से आतुर, पुत्र, स्त्री से सुखी, सुकर्म करने वाला, सुंदर, क्रोधी और बलवान होता है।

ऋतु ज्ञान – सूर्य यदि मीन और मेष में हो तो बसंत, वृषभ और मिथुन में हो तो ग्रीष्म, कर्क और सिंह में हो तो बर्षा, कन्या और तुला में तो शरद, वृश्चिक और धनु में हो तो हेमंत, मकर और कुम्भ में हो तो शिशिर ऋतु समझना चाहिए।

ऋतु - बसंत , ग्रीष्म , बर्षा , शरद , हेमंत , शिशिर।

सूर्य राशि - मीन - मेष, वृषभ - मिथुन, कर्क - सिंह, कन्या - तुला, वृश्चिक - धनु, मकर - कुम्भ।

# 5

# मास (माह/महीना) के अनुसार फल

## मास (माह/महीना) के अनुसार फल

चैत्र – चैत्र में जन्म लेने वाला सत्कार्य कर्त्ता, विद्वान, विनयी, भोगी, मधुर, प्रिय साधु और मित्रों से प्रेम रखने वाला, राजमंत्री और विवेकी होता है।

वैशाख - वैशाख मास में जन्म हो तो उत्तम लक्षण वाला, पुण्यवान, गुणी, सुशील, बली, ब्राह्मण और देवता भक्त, कामी, दीर्घायु, जलयात्रा का प्रेमी और बंधुओं से सुखी होता है।

ज्येष्ठ मास – ज्येष्ठ मास में जन्म हो तो वह क्षमावान, चंचल चित्त, परदेश वास प्रिय, तेजस्वी, विचित्र बुद्धि वाला, दीर्घसूत्री और श्रेष्ठ पुरुष होता है।

आषाढ़ मास – आषाढ़ मास में जन्म लेने वाला - बहुत खर्च करने वाला, अधिक वोलने वाला, असावधान, गुरु का भक्त और कृपापात्र, मंद जठराग्नि वाला, सत्कर्मरत और महाभिमानी होता है।

श्रावण मास - श्रावण मास में जन्म हो तो स्त्री, पुत्र, पौत्र, और मित्रों से सुखी, पिता का आज्ञापालक, लोक - विख्यात, कफ प्रकृति, दाता और गुणी होता हैं।

भाद्रपद मास – भाद्रपद मास में जन्म लेने वाला धनी, कृशदेह, दाता, स्त्री - पुत्रादि से सुखी, सुख और दुख में विकारहीन होता हैं।

आश्विन (क्वार) मास - आश्विन मास में जन्म हो तो विद्वान, धनवान, राजमान्य, सत्कर्मकर्त्ता, बहुत नौकर वाला, डाटा, गुणग्राही, बहुत पुत्र - संपत्ति वाला तथा घोडा आदि सवारी रखने वाला होता है।

कार्तिक मास – कार्तिक मास में जन्म हो तो वह मनुष्य सत्कार्य करने वाला, बहुत बोलने वाला, धनवान, औठिया केशवाला, अतिकामी, क्रय - विक्रय और उत्तम कीर्ति वाला होता है।

मार्गशीर्ष (अगहन) मास – मार्गशीर्ष मास में जन्म लेने वाला - तीर्थ यात्रा करने वाला, सुशील, कलाओं में कुशल, विलासी, परोपकारी, सन्मार्गगामी और धनी होता है ।

पौष मास – पौष मास में जन्म हो तो परोपकारी, पैतृक धन से हीन, कष्ट से धन उपार्जन करके भी खर्च करने वाला, कार्यों को जानने वाला, गुप्त विचार रखने वाला, शास्त्र का अभ्यासी और दुर्बल शरीर वाला होता है ।

माघ मास – माघ मास में जन्म हो तो मंत्र शास्त्र ज्ञाता, वैदिक और साधुओं से मिलने वाला, योगाभ्यासी, बुद्धिबल से शत्रु को जीतने वाला और पापहीन होता है ।

फाल्गुन मास – फाल्गुन में जन्म हो तो परोपकारी, कार्य में कुशल, दयावान, बली, कोमल देह वाला स्त्रियॉ के साथ क्रीडा में निपुण और निष्प्रयोजन वचन बोलने वाला होता है ।

अधिक (मल/लोंध) मास – अधिक मास में जन्म हो तो विषय भोग से विरक्त, सच्चरित, अनेक तीर्थ यात्रा करने वाला, रोगहीन, सबों का प्रिय और अपना कल्याण करने वाला होता है ।

शुक्ल पक्ष - शुक्ल पक्ष में जन्म हो तो - वह मनुष्य सदा सुखी, चिरायु सुशील, स्त्री - पुत्रादि से सुखी, कोमल शरीर वाला, सर्वदा आनंद से समय बिताने वाला होता हैं ।

कृष्ण पक्ष - कृष्ण पक्ष में जन्म होने से मनुष्य प्रतापी, विकल, चंचल, झगड़ालू, अपने कुल में उदण्ड और अत्यन्तकामी होता है ।

# 6

# वार (दिन) फल

## वार (दिन) फल

वार (दिन) फलम - दिन के अनुसार फल – जातक जिस दिन जन्म लेता उसके अनुसार आचार्यों ने फल कहे है –

रविवार – रविवार में जन्म हो तो शूर - वीर, थोड़े केश वाला, रण में विजयी, रक्त श्याम वर्ण, पित्त प्रकृति, दाता, उत्साही और महा तेजस्वी होता है ।

सोमवार – सोमवार में जन्म लेने वाला मनुष्य पंडित, शांत स्वभाव, प्रिय वक्ता, व्यवहार जानने वाला, सदा राजा का आश्रित तथा सुख – दुख में समान बुद्धि रखता है ।

मंगलवार/भोमवार – मंगलवार में जन्म हो तो कटाक्ष सहित बोलने वाला, युद्धप्रिय, राजमंत्री, भूमि से जीविका करने वाला, सत्व गुणी तथा तीक्ष्ण स्वभाव का होता है ।

बुधवार – बुधवार में जन्म हो तो सुंदर स्वरूप कोमल वचनभाषी, संपत्तियुक्त, कलाओं में कुशल, व्यापार में अभिज्ञ, पंडित और गुणज्ञ होता है ।

बृहस्पति वार/गुरुवार – बृहस्पति वार में जन्म हो तो वह मनुष्य विद्वान, धनी, गुणवान, सुंदर शरीर वाला, राजा से मनोवांछित सिद्धि को प्राप्त करने वाला, गुरुजनों का प्रिय तथा लोकमान्य होता है ।

शुक्रवार – शुक्रवार में जन्म लेनेवाला जातक काले घुंघराले बालों से युक्त, प्रसन्नमुख, अतिबुद्धिमान, श्वेत (स्वच्छ) वस्त्र को चाहने वाला तथा सन्मार्गगामी होता है ।

शनिवार – शनिवार को जन्म हो तो असमय में ही बुढ़ापे से युक्त अर्थात (जवानी में ही शिथिलता के लक्षण वाला) दुर्बल देह, तामसी और दुष्ट स्वभाव वाला होता है ।

दिवा (दिवस) जन्म फल – दिन में जन्म हो तो मनुष्य तेजस्वी, पिता तुल्य, धन - प्रतिष्ठा वाला, सुंदर नेत्र वाला, राजा का प्रिय, बंधुओं में मान्य और धनी होता है ।

रात्रि - जन्म फल – राते में जन्म हो तो मंद दृष्टि, बहुत कामी, रोगी, मलिन, क्रूर तथा गुप्त पाप करने वाला होता है ।

वार/दिवस – सूर्योदय से दूसरे दिन सूर्योदय तक के समय को वार (दिवस/दिन) कहते हैं। सूर्योदय से सूर्यास्त तक के समय को दिनमान कहते हैं और सूर्यास्त से सूर्योदय तक के समय को रात्रिमान कहते हैं।

# 7

# जन्म कुंडली

## जन्म कुंडली

जन्मकुंडली में भाव 1 से भाव 7 तक (भाव 1, 2, 3, 4, 5, 6, 7) यदि सूर्य है तो वह समय रात्रि कालीन है तथा जब सूर्य भाव 7 से भाव 1 तक (भाव 7, 8, 9, 10, 11, 12, 1) दिन काल समय होता हैं । यहां यह भी स्पष्ट करना आवश्यक है कि प्रात:काल भाव एक का आधा समय रात्रि एवं आधा समय दिन का होता है उसी प्रकार सायंकालीन भाव 7 का आधा समय दिन और आधा रात्रि का होता है ।

कुंडली मानचित्र –

| | | | | |
|---|---|---|---|---|
| तृतीय | द्वितीय | प्रथम | द्वादशम | एकादशम |
| चतुर्थ | | | | दशम |
| पंचम | षष्टम | सप्तम | अष्टम | नवम |

कुण्डली मानचित्र - अ

कुंडली मानचित्र - आ -

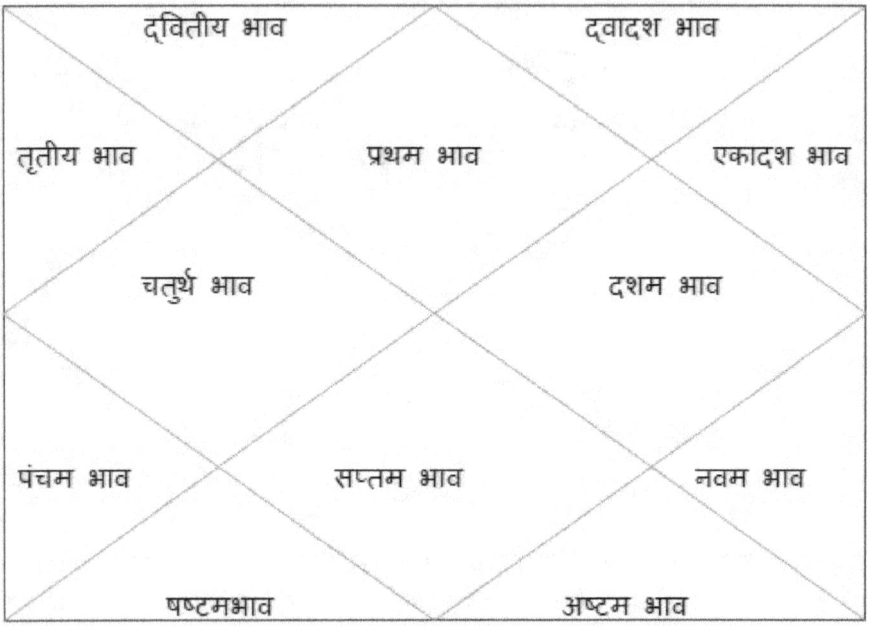


कुंडली मानचित्र

## मांगलिक कुण्डली

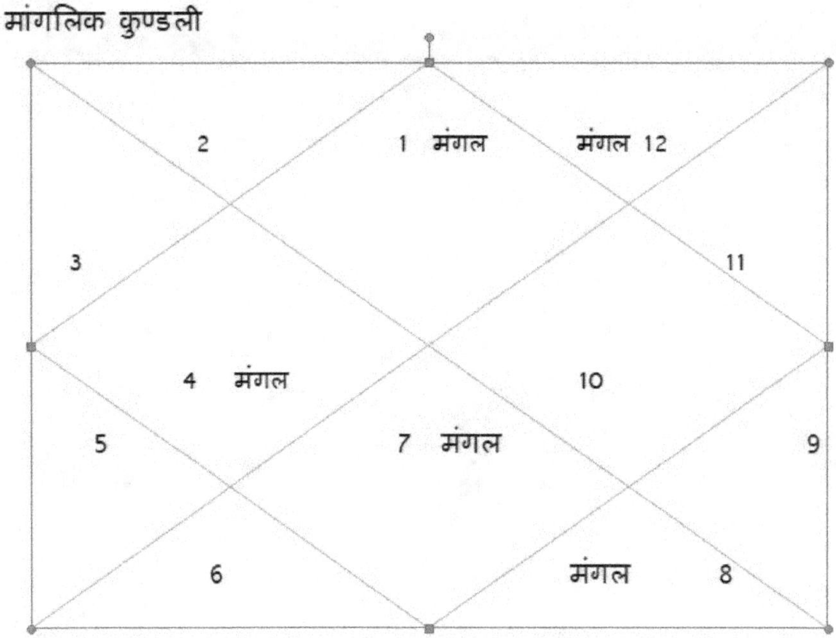


मांगलिक कुण्डली

मांगलिक कुण्डली –

जन्म कुण्डली में जब मंगल प्रथम, चतुर्थ, सप्तम, अष्टम, द्वादश (1,4,7,8,12) भाव में स्थिति होता है तब कुण्डली मांगलिक कहलाती है। यदि किसी को ये भाव याद रखने में असुविधा होती हो तो वे गणित का चिह्न 'से कम' (Less than <) का चिह्न कुण्डली में निन्मानुसार बनाने से मांगलिक स्थिति स्पष्ट हो जाती है।

## मांगलिक कुण्डली

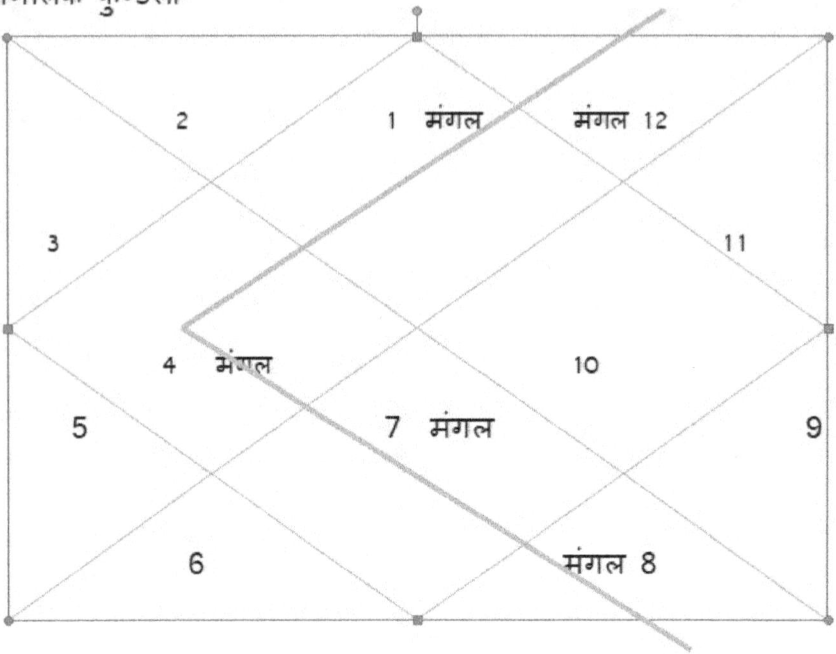


मांगलिक पहचान < चिह्न

मंगल दोष दूर करने के लिए प्रत्येक मंगलवार को वट वृक्ष की जड़ में मीठा दूध चढ़ाएं। इसके बाद जहां जल चढ़ाया है, वहां की भीगी मिट्टी से माथे में तिलक लगाएं।

मंगलवार को मीठी रोटी गाय को खिलाएं, लाल कपड़ा न पहने।

कुण्डली भाव (1, 4, 7, 9, 12) में शनि हो तो मंगल दोष नहीं रहता।

यदि – मंगल के साथ राहू होने पर, मंगल दोष नहीं रहता।

यदि – मंगल के साथ (आसपास) सूर्य होने पर, मंगल दोष नहीं रहता।

यदि – मंगल शुक्र की राशि में स्थित हो तथा सप्तमेश बलवान होकर केंद्र त्रिकोण में हो तो मंगल दोष नहीं रहता।

यदि – गुरु या शुक्र बलवान उच्च के होकर सप्तम में हो तथा मंगल निर्बल या नीच राशि में हो तो मंगल दोष नहीं रहता।

यदि - मेष या वृश्चिक का मंगल चतुर्थ में, कर्क या मकर का मंगल सप्तम में, मीन का मंगल अष्टम में, तथा मेष या कर्क का मंगल द्वादश भाव में हो तो मंगल दोष नहीं रहता।

यदि – मंगल स्वराशि मूल त्रिकोण राशि, या अपनी उच्च राशि में हो तो मंगल दोष नहीं रहता ।

गुरु केन्द्र भी मंगल दोष को नष्ट करता है ।

## वर कन्या गुण मिलान -

वर कन्या के जन्म कुण्डली मिलान में 36 गुण होते हैं। 18 गुण से ऊपर मिलने पर शुभ, 27 से ऊपर अत्यंत शुभ मानते हैं । अन्य बातों पर भी विचार किया जाता है ।

***36 गुण में – वर्ण के गुण 1, वश्य के गुण 2, तारा के गुण 3, योनि के गुण 4, ग्रह मैत्री के गुण 5, गण मैत्री के गुण 6, भकूट के गुण 7 और नाड़ी के गुण 8 कुल योग 36 होता है ।***

विवाह मुहूर्त्त तालिका

विवाह मुहूर्त्त तालिका

| वर का सूर्य | दोनों का चन्द्र | कन्या का गुरु | विवाह तिथि |
|---|---|---|---|
| 3, 6, 10, 11. | 3, 6, 7, 10, 11. | 2, 5, 7, 9, 11. | शुभ |
| 1, 2, 5, 7, 9. | 1, 2, 5, 9, 12. | 1, 3, 6, 10. | पूज्य |
| 4, 8, 12. | 4, 8. | 4, 8, 12. | अपूज्य, निषेध |

विवाह मुहूर्त्त तालिका

विवाह मुहूर्त वर का सूर्य जब मेष, वृषभ, मिथुन, वृश्चिक, मकर, कुम्भ में हो ।
कन्या का गुरु, चन्द्र, सूर्य जब कर्क, सिंह, कन्या, तुला, धनु, मीन में हो ।

# 8

# तिथि - फल

## तिथि

तिथिः - जिसमें चंद्रमा उगता है और अस्त होता है उसे तिथि कहते हैं। तिथियां निम्नानुसार है – 1 - प्रतिपदा/पड़वा, 2 - द्वितीया/द्यौज, 3 - तृतीया/तीज, 4 - चतुर्थी/चौथ, 5 - पंचमी/पांचें, 6 - षष्ठी/छट, 7 - सप्तमी/सातें, 8 - अष्टमी/आठें, 9 - नवमी/नौमी, 10 - दशमी/दशवी, 11 - एकादशी/ग्यारस, 12 - द्वादशी/बारहवी, 13 – त्रयोदशी/तेरस , 14 – चतुर्दशी/चौदश, 15 – अमावस्या (मावस - 30), या पूर्णिमा/पूर्णमासी।

## तिथि फल – तिथियों के अनुसार फल

प्रतिपदा (प्रथम) तिथि जन्म फल –

प्रतिपदा तिथि में जन्म हो तो - बहुत परिवार वाला, उत्तम विद्वान, विवेकी, सुवाएँ, मणि आदि धन से युक्त, सुशील, सुंदर स्वरूप, राजा से धन प्राप्त करने वाला मनुष्य होता है।

द्वितीया तिथि फल –

द्वितीया तिथि में जन्म लेने वाला दाता, दयालु, गुणी, विवेकी, सदाचारी, प्रसन्नमुख तथा विख्यात यश वाला होता है।

तृतीया तिथि फल –

तृतीया में जन्म हो तो – अत्यंत कामी, उत्तम विद्वान, बली, राजा से धन लाभ करने वाला, विदेश वासी, चतुर, विलासी और अभिमानी होता है।

चतुर्थी तिथि फल –

चतुर्थी में जन्म लेने वाला मनुष्य ऋण लेने में प्रवृत्त, बहुत साहसी, संग्राम में प्रवीण, कृपण स्वभाव, जुआरी, चंचल और वादी होता है।

पंचमी तिथि फल –

जन्म समय में पंचमी तिथि हो तो – सम्पूर्ण अंगों से युक्त, स्त्री – मित्रादि से सुखी, प्राणियों पर दया करने वाला, राजा का मान्य और दानी होता है ।

षष्ठी तिथि फल –

षष्ठी तिथि में जन्म हो तो - सत्य प्रतिज्ञा वाला, धन - पुत्र - मित्रादि से युत, लम्बी जांघ वाला, महापराक्रमी, विख्यात यश, चतुर, श्रेष्ठ और वर्ण से युक्त देह वाला होता है ।

सप्तमी तिथि फल –

सप्तमी में जन्म लेने वाला ज्ञानी, गुणग्राही, बड़ी आँख वाला, साधु और देवता का आदर करने वाला, कन्या संतान वाला, दूसरों के धन को हरने वाला और शत्रु को जीतने वाला होता है ।

अष्टमी तिथि फल –

अष्टमी में जन्म हो तो वह मनुष्य अनेक प्रकार की संपत्ति और पुत्रों से सुखी, दयालु, राजा के द्वारा विद्याधिकार प्राप्त करने वाला, स्त्री से प्रीति करने वाला और चंचल चित्त प्रकृति वाला होता है ।

नवमी तिथि फल -

नवमी में जन्म लेने वाला बंधुओं के कार्य से विमुख, कठोर भाषी, पंडितों का विरोधी और आचारहीन होता है ।

दशमी तिथि फल –

दशमी में जन्म लेने वाला धर्म में बुद्धि रखने वाला, संसारी सम्पत्तियों से युक्त, दीर्घ गर्दन वाला, बहुत शास्त्रों का ज्ञाता, उदार ह्रदय, अत्यंत नम्र, सुंदर और कामी होता है ।

एकादशी तिथि फल -

एकादशी में जन्म हो तो देव और ब्राह्मण का पूजक, दानी, पवित्र ह्रदय, चतुर, पुण्यात्मा, उत्तम क्रिया करने वाला और सदा प्रसन्न रहता है ।

द्वादशी तिथि फल -

द्वादशी तिथि में जन्म हो तो जल का प्रेमी, व्यवहारज्ञ, अपने बनाए घर में सुख से रहने वाला, सदा अन्नदान करने वाला, राजा से धन पाने वाला और संतानयुक्त होता है ।

त्रयोदशी तिथि फल –

त्रयोदशी में जन्म हो तो सुन्दर स्वरूप, सत्वगुणी, दीर्घ गर्दन वाला, पुत्र - संतान वाला, शूर - वीर और चतुर होता है ।

चतुर्दशी तिथि फल –

चतुर्दशी में जन्म लेने वाला मनुष्य - क्रूर, शूरवीर, चतुर, हास्यप्रिय, कामातुर, असहनशील, सबके विरुद्ध बोलने वाला और क्रोधी होता है ।

शुक्ल पक्ष पूर्णिमा जन्म फल –

शुक्ल पक्ष की पंचदशी (पूर्णिमा) तिथि में जन्म हो तो सुंदर शरीर, न्याय से धनार्जन करने वाला, बहुत स्त्रियॉ से युक्त, आनंद सहित अत्यंत विलासी, दयालु और गुण से युक्त

होता है ।

कृष्ण पक्ष पंचदशी (अमावस्या - 30) फल -

कृष्ण पक्ष की पंचदशी (अमावस्या) में जन्म हो तो वह मनुष्य शांत स्वभाव, माता पिता का भक्त, मनस्वी, क्लेश से धन उपार्जक, चलने फिरने वाला, लोंगों में मान्य, कान्ति - हर्ष से हीन और कृश शरीर होता है ।

तिथि ज्ञान – शुक्ल पक्ष व कृष्ण पक्ष की दोनों तिथियों को पांच संज्ञाएं दी गई हैं जो इस प्रकार हैं – 1, 6, 11 नंदा, 2, 7, 12 भद्रा, 3, 8, 13 जया, 4, 9, 14 रिक्ता, 5, 10, 15 या 30 पूर्णा जिनकी सारिणी हैं –

| तिथि संज्ञा | शुक्ल पक्ष | तिथि संज्ञा | कृष्ण पक्ष |
|---|---|---|---|
| नंदा | 1, 6, 11 | नंदा | 1, 6, 11 |
| भद्रा | 2, 7, 12 | भद्रा | 2, 7, 12 |
| जया | 3, 8, 13 | जया | 3, 8, 13 |
| रिक्ता | 4, 9, 14 | रिक्ता | 4, 9, 14 |
| पूर्णा | 5, 10, 15 पूर्णमासी | पूर्णा | 5, 10, 30 अमावस्या |

तिथि संज्ञा

# 9

# लग्न

## लग्न

लग्न – इसका मूलभूत अर्थ है - लगा रहना। दिन का उतना अंश जितने में एक राशि का उदय (लगा रहना) रहता है। सामान्यतः दिन रात के 24 घंटे अनुसार एक राशि (12 राशि) का एक दिनरात में लगभग 2 घंटे का लग्न (लगा रहना) समय होता है। वास्तविक समय राशि के कोष्टक (ब्रेकिट) में घंटा - मिनट में लिखा गया है जिसका जोड़/योग भी 23 घंटा 57 मिनट होता है जो 24 घंटे के ही बराबर मानते है।

1. मेष (01 घंटा – 40 मिनट),
2. वृषभ (01 घंटा – 58 मिनट),
3. मिथुन (02 घंटा – 13 मिनट),
4. कर्क (02 घंटा – 16 मिनट),
5. सिंह (02 घंटा – 12 मिनट),
6. कन्या (02 घंटा – 11 मिनट),
7. तुला (02 घंटा – 15 मिनट),
8. वृश्चिक (02 घंटा - 16 मिनट),
9. धनु (02 घंटा – 05 मिनट),
10. मकर (01 घंटा – 42 मिनट),
11. कुम्भ (01 घंटा – 34 मिनट) और
12. मीन (01 घंटा – 30 मिनट)।

इससे यह स्पष्ट हो रहा है कि सबसे छोटी लग्न मीन राशि की है, और सबसे बड़ी लग्न कर्क और वृश्चिक राशि की हैं। 2 घंटे से अधिक समय की लग्न 7 राशि – (मिथुन, कर्क,

सिंह, कन्या, तुला, वृश्चिक, धनु) की है और 2 घंटे से कम समय की लग्न 5 राशि – (मेष, वृषभ, मकर, कुम्भ, मीन) की हैं ।

# 10

# मुहूर्त

## मुहूर्त

मुहूर्त – काल का एक मान जो 48 मिनट का होता है, दिनरात का तीसवाँ भाग मुहूर्त कहलाता है। दिन - रात्रि के कुल 30 मुहूर्त होते हैं। अतएव दिनमान को बराबर 15 भागों में बाटने से एक मुहूर्त की अवधि ज्ञात है, इसी प्रकार रात्रिमान के विभाजन से।

दिवस मुहूर्त के स्वामी निम्नानुसार हैं – 1 - गिरीश, 2 - भुजंग, 3 - मित्र, 4 - पितृ, 5 - वसु, 6 - अंबु, 7 - विश्वदेव, 8 - अभिजीत, 9 - विधाता, 10 - इन्द्र, 11 - इंद्रानल, 12 - विकृति, 13 - वरुण, 14 - अर्यमा, 15 – भग तथा

रात्रि मुहूर्त हैं – 1 - शिव, 2 - अजेकपाद, 3 - अहिर्वुध्न्य, 4 - पूषा, 5 - अश्विनी, 6 - यम, 7 - अग्नि, 8 - धान्ट, 9 - शाशमृद, 10 - अदिति, 11 - जीव, 12 - विष्णु, 13 - सूर्य, 14 - विश्वकर्मा, 15 - पवन

# 11

# राशि

## राशि

राशि – आकाश में क्रांतिवृत में पड़ने वाले तारों के 12 समूह हैं, जिन्हें राशि कहते हैं, यह ग्रहों की एक पट्टी है जो 12 राशियों में विभक्त है। नभोमंडल में यह जो आकृति बनाते हैं उन्हीं के अनुरूप इनके नाम हैं। यथा –

राशि के क्रमांक, नाम एवं उनकी आकृति -

| क्र | राशि का नाम | आकृति | क्र | राशि का नाम | आकृति | क्र | राशि का नाम | आकृति |
|---|---|---|---|---|---|---|---|---|
| 1 | मेष | मेढ़ा | 2 | बृषभ | बैल | 3 | मिथुन | जुड़वा |
| 4 | कर्क | केकड़ा | 5 | सिंह | शेर | 6 | कन्या | कुमारी |
| 7 | तुला | तराजू | 8 | वृश्चिक | विच्छु | 9 | धनु | धनुष |
| 10 | मकर | मृग | 11 | कुम्भ | घड़ा | 12 | मीन | मछली |

राशि के क्रमांक, नाम एवं उनकी आकृति -

आकाश मण्डल 360 डिग्री से एक राशि का क्षेत्र 30 डिग्री के अंतर्गत होता है।

पंचांग – पंचांग वह व्यवस्था है जिसमें पाँच अंगों पर विचार किया जाता है – पाँच अंग इस प्रकार हैं – 1 - तिथि, 2 - वार (दिन), 3 - नक्षत्र, 4 - योग और 5 - करण। तिथि और

वार पर पहले चर्चा हो चुकी है, आगे नक्षत्र, योग और करण पर करेगें, उससे पहले ग्रह पर चर्चा करते हैं -

ग्रह- वैज्ञानिक मतानुसार जो सूर्य के चक्कर लगाते हैं उन्हें ग्रह कहते हैं। सूर्य के चक्कर लगाने वाले हैं शुक्र, बुध, पृथ्वी, मंगल, गुरु (बृहस्पति), शनि और राहू, केतू। यहाँ यह स्पष्ट करना आवश्यक है कि चंद्रमा पृथ्वी का उपग्रह है।

ज्योतिष - परंतु ज्योतिष शास्त्र में ग्रहों का असर, मानव जीवन जो पृथ्वी पर रह रहा है, के ऊपर अध्ययन करते हैं तब ग्रह सूर्य, चन्द्र, मंगल, बुध, गुरु (बृहस्पति), शुक्र और शनि तथा राहू केतू को मानते हैं। सातों ग्रह (सूर्य, चंद्र, मंगल, बुद्ध, गुरु (बृहस्पति), शुक्र, शनि) के नाम से ही सप्ताह के सात दिन होते हैं। जब दो व्यक्ति - राम और श्याम एक दूसरे के आमने - सामने खड़े हों और तब एक (राम) का मुंह पूर्व दिशा की तरफ तो दूसरे (श्याम) का मुंह पश्चिम दिशा की तरफ होगा, यदि दोनों के स्थान परिवर्तन कर पुन: एक दूसरे के आमने - सामने खड़े होने पर पहले की स्थिति से बदलकर एक (राम) का मुंह पश्चिम दिशा और दूसरे (श्याम) का मुंह पूर्व दिशा की तरफ होगा। केवल यही दृष्टिकोण वैज्ञानिक और ज्योतिष विचार धारा में हैं, ज्योतिष में पृथ्वी पर मानव व अन्य जीवन प्रभाव का अध्ययन किया जाता है तब पृथ्वी के सापेक्ष में ग्रह सूर्य, चंद्र, मंगल, बुध, गुरु, शुक्र, शनि, राहू - केतू और अन्य (यम/प्लूटो, वरुण/नेपच्यून, अरुण/यूरेनस आदि) होते हैं।

विभिन्न मान्यताओं के अनुसार इनके आपसी संबंध हैं –

ग्रह कहा जाता है कि ब्रह्मा के मन में जल सृष्टि निर्माण करने की इच्छा प्रकट हुई तब प्रथम उनके मन से चन्द्र और आकाश, नेत्रों से सूर्य, आकाश से वायु, वायु से अग्नि, ध्वनि, स्पर्श, रंग व गुण, अग्नि से जल, स्वाद इत्यादि, जल से भूमि, सुगंध, स्पर्श, ध्वनि इत्यादि। इसी क्रम से दो ग्रह और पाँच तत्व निर्माण हुए। अग्नि से मंगल, भूमि से बुध, जल से शुक्र, वायु से शनि, आकाश से गुरु ऐसे पाँच ग्रहों को जन्म मिला, अर्थात सूर्य, चंद्रमा, मंगल, बुध, गुरु, शुक्र, शनि, राहू और केतू। अन्य मतानुसार, बुध चंद्रमा का पुत्र (गुरु पत्नि), मंगल - पृथ्वी पुत्र, गुरु - देव गुरु, शुक्र – दैत्य/दानव गुरु, शनि – सूर्य पुत्र तथा राहू – केतू, पृथ्वी की छाया पुत्र कहे गये हैं। मत्स्य पुराण के अनुसार – सूर्य –प्रतिपितामह (परदादा), जल - पितामह (दादा), वायु - पिता, पृथ्वी - माता बताई गयी हैं। चंद्रमा के उत्तरी और दक्षिणी कटान बिन्दुओं को राहू - केतू मानते हैं। यहा यह भी स्पष्ट करना आवश्यक है कि पृथ्वी को ही माता का स्थान क्यों प्राप्त है? क्योंकि मानव, पशु जीवन के अतिरिक्त सभी वनस्पति, ठोस (लोहा, सोना, चांदी, तांबा, सभी प्रकार के खाद्य पदार्थ आदि), द्रव (जल - नदियां, प्रकृतिक तेल, तिलहन आदि), गैस (ऑक्सीज़न, नाइट्रोजन, मीथेन आदि) पृथ्वी पर ही जीवन के कारण जीवित रहते है। इस संबंध में तुलसी कृत रामचरित मानस के बालकांड में यह चौपाई काफी अधिक जानकारी प्रदर्शित करती है –

आकर चारि, लाख चौरासी, जाति जीव जल थल नभ वासी।
सिय राम मय सब जग जानी, करऊँ प्रनाम ज़ोरि जुग पानी।।

। 1/7/6 – बाल काण्ड ।

जीवन चार प्रकार से आता है – जेरज (स्तनधारी - मेमल्स - मानव, पशु), अंडज (पक्षी), उभिदज (भूमि के गर्भ से - वनस्पति, ठोस, द्रव, गैस, अनाज, फल, शाक - भाजी, दलहन, तिलहन, खाध्य तेल, जल आदि) तथा यही कारण है कि भूमि (जमीन, धरती) को माँ कहा गया है और स्वेदज (कीट - पतंग, जूएं, मक्खी, मच्छर, घुन, अल्पायु जीव आदि) जो चौरासी लाख (9 - जलचर, 10 - नभचर/पक्षी, 11 कीट - पतंग, 20 पशु, 30 स्थावर और 4 - मानव) योनियों में आता है । ये योनिया थल चर, जल चर या नभ चर के साथ संयुक्त भी होती हैं ।

कुछ लोग जीवन के अन्य चार आयाम यह भी कह लेते हैं यथा नीति (साम, दाम, दण्ड, भेद), (धर्म, अर्थ, काम, मोक्ष), आश्रम (ब्रह्मचर्य, वानप्रस्थ, सन्यास), दिशा (पूरब, पश्चिम, उत्तर, दक्षिण), वर्ण (ब्राह्मण, क्षत्रिय, वैश्य, शूद्र), युग (सतयुग, त्रेता युग, द्वापर युग, कलियुग), वेद (ऋग्वेद, यजुर्वेद, अथर्ववेद, सामवेद), देव (माता, पिता, आचार्य, अतिथि), शक्ति (क्रिया शक्ति, द्रव्य शक्ति, इच्छा शक्ति, ज्ञान शक्ति), अन्न (1/4 मन, 1/4 रक्त, 1/4 शुक्र, 1/4 मल), भोजन (भोज्य – खाना, पेय – पीना, लेह्य – चाटना, चौष्य – चूसना), वाणी (परा – नाभि स्थान, पश्यन्ति – हृदय स्थान, मध्यमा – कंठ स्थान, वैखरनी - मुख, जिव्हा स्थान), योग (कर्म योग, ज्ञान योग, ध्यान योग, भक्ति योग), कर्म (नित्य, नैमेत्तिक, निषेध, निष्काम), वृद्धि (आयु, विद्या, यश, बल) आदि चार प्रकार से उत्पन्न जीवन चौरासी लाख योनियों में आता है । इसका विस्तृत विवरण श्री बाल गंगाधर तिलक द्वारा लिखित पुस्तक “गीता रहस्य “ में लिखा है – 4 मानव, 9 कृमि, 10 नभचर, 11 जलचर, 20 पशु, 30 स्थावर (वनस्पति, ठोस, द्रव, गैसादि) कुल 84 लक्ष (लाख) ।

श्री बाल गंगाधर तिलक द्वारा लिखित पुस्तक गीता रहस्य में शिवाजी गुरु समर्थ रामदास जी द्वारा लिखित "दास बोध“ का उल्लेख किया है । यही विवरण पुराणों में भी मिलता है ।

धार्मिक पुस्तक रामचरित मानस के अनुसार सभी जीवन सीताराम मय है । यही वैज्ञानिक दृष्टिकोण अणु, परमाणु (इलेक्ट्रॉन, प्रोटोन, न्यूटरोन), (लक्ष्मण, सीता, राम) से जीवन है । इसलिए तुलसीदास कहते हैं कि सभी को हाथ (पाणी) जोड़कर प्रणाम करता हूँ । 84 लाख योनि के अतिरिक्त 84 सिद्धि, आसन, अंगुल, मुद्रायें सूर्य की 12 माह में सात स्थितियां आदि भी कही गई हैं । प्रत्येक मानव अपने साढ़े तीन हाथ की लम्बाई का होता है । एक हाथ (कोहनी से लेकर मध्यमा उंगली का बाहरी किनारा) में 24 अंगुल होते हैं तब मानव लम्बाई 84 अंगुल होती है । रीढ़ की हड्डियाँ भी 84 बताई गई हैं । इन सब में मानव जीवन श्रेष्ठ है ।

समर्थ गुरु रामदास रचित पुस्तक “दास बोध" और अन्य लेख (संत गंगा दास आदि) मानव शरीर की 84 स्थितियों का वर्णन करते हैं - यथा – मानव शरीर के 5 तत्व से 25 स्थूल और 25 सूक्ष्म की जानकारी, 32 तत्व तथा जीव और ब्रह्म कुल 84 कहते हैं –

5 तत्व के 25 स्थूल -

| क्रमांक | तत्व | आकाश | वायु | ज्ञान इंद्रियाँ | कर्म इंद्रियाँ | विषय इंद्रियाँ |
|---|---|---|---|---|---|---|
| 1 | आकाश | अंतः करण | व्यान | श्रवण - कान | वाचा | शब्द |
| 2 | वायु | मन | समान | त्वचा - खाल | पाणि | स्पर्श |
| 3 | अग्नि | बुद्धि | उदान | नयन- आँख | चरण | रूप |
| 4 | जल | चित्त | अपान | जिव्हा - जीभ | शिश्न/ लिंग | रस |
| 5 | पृथ्वी | अहंकार | प्राण | घ्राण - नाक | गुदा | गंध |

5 तत्व के 25 स्थूल -

5 तत्व के 25 सूक्ष्म

| | | | | | | |
|---|---|---|---|---|---|---|
| 1 | आकाश | काम | क्रोध | लोभ/शोक | मोह | भय |
| 2 | वायु | दौड़ना – धावना | उछलना - बल करना | प्रसारण – बोलना | निरोधन – संकोचन | आकुंचन – सिकुड़ना |
| 3 | अग्नि | क्षुधा – भूख | तृष्णा - प्यास | आलस्य | निंद्रा | मैथुन |
| 4 | जल | शुक्र, रज | शोणित - खून - रक्त | लार | मूत्र | स्वेद - पसीना |
| 5 | पृथ्वी | अस्थि - हड्डी | मांस | त्वचा - चमड़ी | नाड़ी | रोम |

5 तत्व के 25 सूक्ष्म

32 तत्व – 8 के 32

| | | | | | |
|---|---|---|---|---|---|
| 1 | शरीर | स्थूल | सूक्ष्म | कारण | महाकारण |
| 2 | अवस्था | जागृति | स्वप्न | सुषुप्ति | तुरीहा |
| 3 | अभिमान | विश्व | तेजस | प्राज्ञ | प्रत्यगात्या |
| 4 | स्थान | नैत्र | कंठ | हृदय | मूर्धा |
| 5 | भोग | स्थूल भोग | प्रविग्ति | आनन्द | आनन्द मिलन |
| 6 | मात्रा | आकार | उकार | मकार | उर्ध मात्रा |
| 7 | गुण | सत्व | तम | रज | शुद्ध सत्व |
| 8 | शक्ति | क्रिया | द्रव्य | इच्छा | ज्ञान |

## 32 तत्व – 8 के 32

मानव शरीर के 5 तत्व से 25 स्थूल और 25 सूक्ष्म की जानकारी कुल 50 और इनका आना – जाना (शांस लेना – छोड़ना, इंगला – पिंगला नाड़ी, दायां – बायां स्वर नाक के) ही 100 होता है । इन 100 का दस इंद्रियों (5 कर्म इंद्रियाँ, 5 ज्ञान इंद्रियाँ) से संपर्क ही सहस्त्राधार कहलाता है ।

# 12

# भाषा और मानव

## भाषा

भाषा – इन सब जीवों में श्रेष्ठ मानव ने भाषा (वाणी) का प्रयोग किया है ।

जहां ज्ञान शिक्षा की परम्परा कायम रहती है, वहाँ ज्ञान कायम रहता है और जहां परम्परा टूट जाती है वहाँ ज्ञान नष्ट हो जाता है । इसलिए बिना सीखे ज्ञान नहीं होता । ज्ञान के लिए भाषा भी अपेक्षित होती है, क्योंकि ऐसा कोई भी ज्ञान नहीं होता जिसमें सूक्ष्म का अनुवेधनन हो, भाषा भी सीखकर बोली जाती है । माता – पिता, कुटुम्बियों की बोलचाल सुनकर ही प्राणी बोलता है । गुरु बिन ज्ञान न होई, गुरु शिष्य परम्परा । वाणी को ध्वनित्माक व वर्णनात्मक कहा गया है । साकार मानव वाणी (ध्वनि) जो निराकार है बोलता है और उसी निराकार वाणी को साकार दूसरा मानव सुनता है, पुनः साकार (दूसरा मानव) निराकार वाणी बोलता है जिसे पहला मानव सुनता है । कहने का आशय यह ही है मानव ही साकार है और उसकी वाणी ही निराकार है । यही साकार – निराकार है । ध्वनित्माक वाणी – परा (नाभि स्थान), पश्यन्ति (हृदय स्थान), मध्यमा (कण्ठ स्थान) तथा वैखरनी (मुख जिव्हा स्थान) कहा गया है । अन्य मतानुसार संत ऋषि मुनियों ने मानव के विभिन्न स्थान (मूलाधार, स्वाधिष्ठान, मणिपुर, अनाहत, विशुद्ध, आज्ञा व सहस्त्राधार) चक्रों से उत्पन्न ध्वनि से अक्षर बने हैं । महर्षि पार्णिनि द्वारा संस्कृत भाषा में व्याकरण के 14 सूत्रों का उल्लेख किया है । कुछ इन्हीं को शंकर जी के डमरू से उत्पन्न कहते हैं । श्रुति को याद करना – स्मृति कहा है । यही श्रुति स्मृति है । ध्वनित्माक भाषा को आकारित करने को ही वर्णनात्मक (रूपात्मक) कहते हैं । यही लिपि है, ब्रह्म लिपि (देवनागरी) लिपि द्वारा ही भाषा को ध्वनित्माक निराकार से वर्णनात्मक साकार किया गया है ।

मानव चक्र –

| क्र मां क | चक्र का नाम | मूलाधार | स्वाधिष्ठा न | मणिपुर | अनाहत | विशु द्धि | आज्ञा | सह स्त्राधा र |
|---|---|---|---|---|---|---|---|---|
| 1 | स्थान | मल मूत्र द्वार के मध्य | मेरु दण्ड के निचले हिस्से में | नाभि | हृदय | कंठ | भ्रू - मध्य | मस्ति ष्क |
| 2 | केंद्र | | काम वासना केंद्र | भय केंद्र | राग (भक्ति ) केंद्र | क्रिया केंद्र | ध्यान केंद्र | ब्रह्म केंद्र |
| 3 | शक्ति | ऋणात्म क/ शिवा (देवी) - व्यष्ठि (इंडीवि जुल) | प्रसुप्त - रजो बिन्दु | ज्ञान - शक्ति | इच्छा - शक्ति | विचार - शक्ति | संक ल्प - शक्ति | धना त्मक/ शिव शक्ति, सम ष्ठि(यू नीवर्स ल) |
| 4 | शब्द | लं | वं | रं | य | ह | ॐ | ॐ |
| 5 | आका र | चौकोर | चंद्राकार | त्रिभुज | ऊपर नीचे त्रिभुज | गोल | प्रश्न वाचक | विस्य मय वोदक |

मानव चक्र

| | | | | | | | | |
|---|---|---|---|---|---|---|---|---|
| 6 | रंग | लाल | नारंगी | पीला | हरा | आसमानी (श्याम) | गहरा नीला | बैंगनी |
| 7 | देव स्थान | गणेश | ब्रह्मा - सरस्वती | विष्णु - लक्ष्मी | महेश - काली | | दृश्य - चित्र एकाग्रता | - |
| 8 | गुण | सत | सत | तम | रज | शून्य | - | - |
| 9 | आहार | खाना | मैथुन/ संगम | लोभ/ मोह | गंध - सुगंध | शब्द | - | - |
| 10 | तत्व | पृथ्वी | जल | अग्नि | वायु | आकाश | - | - |
| 11 | कमल - दल | 4 | 6 | 10 | 12 | 16 | 2 | 1000 |
| 12 | अक्षर | क, ख, ग, घ | ड़, च, छ, ज, झ, ञ् | ट, ठ, ड, ढ ण, त थ, द ध, न | प, फ ब, भ म, य र, ल व, श ष, स | 16 स्वर अ से अः तक | ह, क्ष | ॐ |

मानव चक्र

अक्ष माला में केवल 50 अक्षरों का उपयोग आया है इसमें त्र को त और र से, तथा ज्ञ को ग और य से माना है। ये 50 अक्षरों का आना जाना (स्वांस लेना – छोड़ना) 100 हो जाता है तथा यही 10 इंद्रियों से सम्पर्क के कारण सहस्त्राधार (1000) कहा है।

रुद्र ग्रन्थि – मस्तिष्क से शुरू, कंठ के पास जहां जीभ समाप्त होती है उसमें गांठ पड़ी होती है। इसी गांठ को रुद्र ग्रन्थि कहते हैं।

विष्णु ग्रन्थि – रुद्र ग्रन्थि से आगे चलकर हृदय में पहुँचती है।

ब्रह्म ग्रन्थि – विष्णु ग्रन्थि से आगे चलकर नाभि में पहुँचती है ।

72 ग्रंथियां (72 गांठ) – 16 कंडराएं, 16 जाल, 4 रज्जु, 7 सेवनी, 14 अस्थि संघात, 14 सीमन्त, 1 त्वचा ।

इन 72 ग्रन्थियों से एक – एक हजार नाड़ियाँ इस तरह 72 000 नाड़ियाँ कही गयीं हैं ।

एक अन्य मतानुसार –

इंगला, पिंगला और सुषुम्ना तीन प्रमुख नाड़ियाँ कही हैं । इनके अतिरिक्त 24 नाड़ियाँ (नाभि से 10 ऊपर, 10 नीचे, 2 उत्तर, 2 दक्षिण) इन 24 नाड़ियों का 3 नाड़ियों से सम्पर्क 72 होना कहा हैं और इनका सहस्त्राधार (1000) से सम्पर्क 72000 होता है ।

मुख्य नाड़ी –

1. इंगला (उत्तर दिशा) – बायां नाक छिद्र, ठंडा स्वर, चन्द्र स्वर ।
2. पिंगला (दक्षिण दिशा) – दायां नाक का छिद्र, गर्म स्वर, सूर्य स्वर
3. सुषुम्ना (मध्य) - नाक का मध्य – अग्नि
4. गांधारी (बायां चक्षु)
5. हस्तिनी – हस्तजिव्हा – मनमानबहुरि (दायां चक्षु)
6. पूषा - पहुषा (दायां कान)
7. यशस्वनी – पुनि जस्वनी – पयस्विनी (वायां कान)
8. अलनुषा – अलम्बुशा (नाभि - मुख)
9. कुहू (जननांग – लिंग/योनि)
10. संखिनी (मलस्थान)
11. वारुणी (दायां हाथ)
12. गणेशिनी (वायां हाथ)
13. गुहना – मस्तिष्क से शुरू कंठ के पास
14. वज्रा –
15. सरस्वती
16. विश्वोदरी

सुषुम्रेड़ा पिंगला च गांधारी हस्तिजिव्हका,।
कुहू सरस्वती पूषा शंखिनी च पयस्विनी,।
वारुण्यलम्बुषा चैव विश्वोर्दरी यशस्विनी, ।
एतासु त्रिस्त्रो मुख्यारु स्यु पिंगलेड़ासुषुम्निंका ॥
(शिव संहिता 2/14 - 15)

नाम – पांच शुद्धि कही है –

1. धर्म खंड (भूत काल) शुद्धि,

2. ज्ञान खंड (आत्म) शुद्धि,
3. सरम/श्रम (द्रव्य) खंड शुद्धि ,
4. कर्म (मंत्र) खंड शुद्धि और
5. सच (देव) खंड शुद्धि

मानव शरीर –

मानव – एक, व्यष्ठि (व्यक्तिगत), सीमाबद्ध, एकता, मर्यादित, मानव शरीर अनेकता से एकता, गणित की भाषा में समाकलन (इंट्रीगल कैलकुलस), जो ब्रह्म में है वह पिंड में है।

संसार – एक, समष्ठि (समावेशित), व्यापक, अनेकता, असीम, संसार एकता से अनेकता, गणित की भाषा में विकलन (डिफरेंशियल कैलकुलस), जो पिंड में है वह ब्रह्म में है।

मनुष्य शरीर केवल कर्म करने का साधन है और कर्म केवल संसार के लिए ही होता है। मनुष्य योनि ही कर्म योनि है, पुराने कर्मों का फल भोग, नया पुरुषार्थ।

ज्ञान योग से अहम मिटता है, कर्म योग से अहम शुद्ध होता है, भक्ति योग से अहम परिवर्तन होता है।

कर्म प्रधानता – इसलिए कहा गया है कि –

1. रामचरित मानस में कहा है – "कर्म प्रधान विश्व करि राखा"
2. श्रीमद भगवत गीता में कहा है –

"कर्मण्यवाधिकारस्ते मा फलेषू कदाचन"

1. संस्कृत में कहा है -

"उध्यमेन हि कार्याणि सिद्धन्ति न मनोरथे, नहि सुप्तस्य सिंहस्य प्रविशन्ति मुखै मृगा।"

4- हिन्दी में कहा है – "कर्म ही पूजा है"

5- अंग्रेजी में कहा है – "वर्क इज वरशिप"

मनुष्य को वर्ण धर्म (ब्राह्मण, क्षत्रिय, वैश्य और शूद्र) है जब वह विद्या/ज्ञान की कहता है ब्राह्मण वर्ण, दूसरे की रक्षा की कहता है क्षत्रिय वर्ण, व्यापार की कहता है वैश्य वर्ण और स्वच्छता/सफाई की कहता है शूद्र वर्ण। और आश्रम (ब्रह्मचर्य, गृहस्थ, वानप्रस्थ और सन्यास), वर्ण धर्म बदलता नहीं (बकरी का बकरी पन, स्त्री का स्त्रीपन, पुरुष का पुरुष पन, जाति आदि) आश्रम धर्म बदलता है। ब्रह्मचर्य से गृहस्थ से वानप्रस्थ से सन्यास, व्यवसाय शिक्षा आदि।

मानव शरीर चर्म, मांस, नाड़ी, अस्थि, शुक्र (वीर्य)/रज से संयुक्त रूप से बनी संरचना है, पुन: -

1 - स्थूल/जाग्रत शरीर – जल, औषधि, वनस्पति, आकाश, अन्नमय स्थूल शरीर कहलाते है । इसे ही साकार कहते हैं । जाग्रत अवस्था में अनुभव

2 – ज्योतिर्मय/प्राणमय/स्वप्न शरीर – अग्नि, वायु, सूर्य, चन्द्र, समस्त नक्षत्र तथा प्राणमय शरीर कहलाता है । स्वप्न में भी अनुभव

3 – कारण/सुषुप्ति शरीर – नैत्र, कान, वाणी, त्वचा, मन तथा जिसकी अनुभूति सुषुप्ति में होती है ।

मानव शरीर के भी चेतना की दृष्टि से दो भाग हैं –

1 – कंठ के ऊपर का भाग – ज्ञान खंड – नाम मार्ग (नाम – ज्ञान खंड, कर्म खंड, श्रम खंड को पार करता हुआ सच खंड तक चला जाता है, सच खंड – अकाल, सतलोक, सतनाम कहलाता है)

2 – कंठ के नीचे का भाग – कर्म खंड – मन मार्ग, मानव शरीर से कर्म योग होता है हृदय से भक्ति योग तथा मस्तिष्क से ज्ञान योग होता है । साकार जिसे दृश्य कहते है उसे नैत्रों के द्‌वारा देखा जाता है, निराकार को हृदय से स्मरण किया जाता है, ध्वनि जो निराकार है उसे कानों के द्‌वारा सुना जाता है ।

# 13

# कला

## कला

कला - कला मानव की विशेषतायें होती हैं - और उन्हीं के स्वरूप विभिन्न कला कही गयी हैं – यथा –

1 - कला – अन्नमय शरीर, उभिदज (जमीन से उत्पन्न वस्तु – वनस्पति - पेड़, खनिज, ठोस, द्रव, जल, गैस आदि), कर्म योग, जाग्रत अवस्था

2 - कला - प्राणमय शरीर – सूक्ष्म शरीर - स्वेदज (मक्खी, मच्छर, जूएँ, कीट - पतंग, घुन आदि), ज्ञान योग, स्वप्न अवस्था।

3 – कला – मनोमय शरीर – इंद्रियों का नियन्त्रण (बहिर्मुखी) अंडज (पक्षी), मनोयोग

4 – विज्ञानमय शरीर – इंद्रियों का नियन्त्रण (अंतर्मुखी), जेरज (स्तनधारी – मेमल्स – पशु और मानव), विवेक बुद्धि योग,

5 – आनन्दमय शरीर – मनुष्य – परब्रह्म से एकाकार, अद्वैत, एक (5 ज्ञान/5 कर्म इंद्रियाँ) – मानव

6 – कला शरीर – 5 ज्ञान इन्द्रिय (नाक, कान, आँख, त्वचा, जिव्हा) और मन

7 – कला शरीर – मांस, रक्त, मेद, यकृत - प्लीहा, आंत, अग्नि और शुक्र/रज

8 – कला शरीर – छिति (पृथ्वी), जल (पानी), पावक (अग्नि), गगन (आकाश), समीर (वायु), सत, तम, रज (रक्त, मांस, मेद, रस, मज्जा, चमड़ी, अस्थि और शुक्र)

9 – कला शरीर – 5 - ज्ञान इंद्रियाँ, 4 - अन्तःकरण (मन, बुद्धि, चित्त और अहंकार)

10 - कला शरीर – 5 कर्म (हाथ, पैर, लिग/योनि, गुदा, और वाणी) और 5 ज्ञान (नाक, कान, आँख, त्वचा और जिव्हा) इंद्रियाँ

11 – कला शरीर – 5 कर्म, 5 ज्ञान इंद्रियाँ और मन

12 - कला शरीर - 5 कर्म, 5 ज्ञान इंद्रियाँ, मन और बुद्धि तथा सूर्य की 12 माह की कला के अनुसार (अंश – मार्गशीर्ष (अगहन), भग – पौष, त्वष्टा – माघ, विष्णु – फाल्गुन,

धाता – चैत्र, अर्यमा – वैशाख, मित्र – ज्येष्ठ, वरुण – आषाढ़, इन्द्र – श्रावण, भास्कर (विवस्वान) – भाद्रपद, पूषा – पुषण – अश्विनी (क्वार), पर्जन्य (सविता) – कार्तिक)

14 - कला शरीर – 5 ज्ञान, 5 कर्म, 4 अंतःकरण (मन, बुद्धि, चित्त और अहंकार)

15 - कला शरीर – 5 कर्म, 5 ज्ञान और 5 विषय (रूप, रस, गंध, स्पर्श, शब्द) इंद्रियाँ

16 - कला शरीर – 5 कर्म, 5 ज्ञान, 5 महाभूत (छित, जल, पावक, गगन, समीर) और 1 मन तथा –

16 - कला – कृष्ण चन्द्र वंश के चंद्रमा की (अमृत, मनदा, पुष्प, पुष्टि, तुष्टि, रुति, शाशनी, चन्द्रिका, कान्ति, ज्योत्सना, श्री, प्रीति, अंगदा, पूर्ण, पूर्णामृत, अमावस्या)

16 – सोम कलाएं – (पूषा, रमा, सुमना, रति, प्रीति, धृति, शुद्धि, सौम्या, मारीचि, शैलजा, अशुमालिनी, अंगिरा, वशिनी, छाया, सम्पूर्ण मंडला, तुष्टय अमृता)

16 - तत्व - (प्राण, श्रद्धा, आकाश, वायु, तेज, पृथ्वी, जल, इन्द्रिय, मन, अन्न, वीर्य, तप, मंत्र, कर्म, लोक, नाम)

16 – काम कलाएं - (श्रद्धा, प्रीति, रति, भूति, कान्ति, मनोभवा, मनोहारिणी, मनोरमा, मदनोत्यादी, मोहिनी, दीप, रोषिणी, वंशकारी, रञ्जनी, षोडशी, देवेशी)

(श्री, भू, कीर्ति, इला, लीला, कान्ति, विद्या, विमला, उत्कर्शिनी, ज्ञान, क्रिया, योग, प्रहवि, सत्य, ईष्णा, अनुग्रह)

16 - तिथि - (तिथि 1 से 15 दोनों अमावस्या और पूर्णमासी)

(अन्नमया, प्राणमया, मनोमया, विज्ञानमया, आनन्दमया, अतिशायनी, विपरिणाभिनी, संक्रमणी, प्रभवि, कुंठनि, विकासनी, मर्यादिनी, संहालदिनी, आहवादिनी, परिपूर्ण, स्वरूपवस्थित)

16 - स्वर – (अ, आ, इ, ई, उ, ऊ, ऋ, ॠ, ळ, ऌ, ए, ऐ, ओ, औ, अं, अः)

16 – श्रंगार – (उबटन, स्नान, स्वच्छ वस्त्र धारण करना, मांग भरना, महावर लगाना, केश संभालना, तिलक/टीका/बिन्दी – लगाना, ठोढ़ी पर तिल लगाना, आभूषण धारण करना, मेहंदी रचना, दातों में मिस्सी, आँखों में काजल, सुगंधित द्रव्यों का प्रयोग, पान खाना, माला पहनना, नीला कमल धारण करना)

16 - संस्कार - (गर्भाधान, पुंसवन, सीमान्तोन्नायन, जातकर्म, नामकरण, निष्क्रमण, अन्नप्राशन, चूड़ाकर्म, विद्यारम्भ, कर्णभेद, यज्ञोपवीत, वेदारम्भ, केशान्त, समावर्तन, विवाह, अत्येष्टि)

16 – षोडश उपचार – (आसान, स्वागत, पाध्य, अर्ध्य, मधुपर्क, आचमन, स्नान, वस्त्र, आभूषण, गन्ध, अक्षत, पुष्प, धूप, दीप, नैवेध, वन्दना)

16 – स्त्री सुन्दरता गुण –

चार लघु (छोटे) – माथा, दन्त, कुचि, नाभि

चार दीर्घ (लम्बे) – केश, आँख, उंगली, गर्दन

चार उभरे (उठे हुए) – कपोल, कलाई, नितिम्ब, जांघ

चार क्षीण (पतले) – नाक, अधर, कटि, कमर

16 – विकार – 5 कर्म, 5 ज्ञान इंद्रियाँ, काम, क्रोध, लोभ, मोह, अहंकार और मन

16 – दुर्गा जी के नाम (दुर्गा, नारायणी, ईशाना, विष्णुमाया, शिवा, सती, नित्या, सत्या, भगवती, सर्वाणी, सर्वमंगला, अम्बिका, वैष्णवी, गौरी, पार्वती, सनातनी)

19 - कला शरीर – 5 कर्म, 5 ज्ञान, 5 प्राण (प्राण, अपान, समान, उदान, व्यान), 4 अन्तःकरण

20 - कला शरीर – 5 कर्म, 5 ज्ञान, 5 प्राण, 5 उप प्राण (नाग/छींक, कूर्म/संकोच, कृकल/खांसी, धनन्जय/सर्व व्यापी फूलना, देवदत्त/जमाही/डकार/निन्द्रा)

24 - कला शरीर – 5 कर्म, 5 ज्ञान, 5 प्राण, 5 उप प्राण, 4 अन्तःकरण

# 14

# शरीर

शरीर – शरीर जन्म से ह्रास/नष्ट –

दस वर्ष बाद - बालपन नष्ट

बीस वर्ष बाद – शरीर का बढ़ना नष्ट

तीस वर्ष बाद – रौनक नष्ट

चालीस वर्ष बाद – ग्रंथ याद करने की शक्ति नष्ट

पचास वर्ष बाद – चमड़ी का तनना नष्ट

साठ वर्ष बाद – दृष्टि नष्ट

नब्बे वर्ष बाद – बुद्धि शक्ति नष्ट

सौ वर्ष बाद – कर्मेन्द्रियां नष्ट

110 वर्ष बाद – मन नष्ट

120 वर्ष जीवन ह्रास

संस्कृति – सूर्य, ऋषि, कृषि, गौ, और गाँव स्वभाव और स्वकर्म पर निर्भर करती है।

याददास्त – 25 प्रतिशत पढ़ने से, 35 प्रतिशत सुनने से, 50 प्रतिशत देखने से, 60 प्रतिशत बोलने से, 75 प्रतिशत करने से होती है।

अन्न - से एक चौथाई - रस, एक चौथाई रक्त, एक चौथाई शुक्र और एक चौथाई मल बनता हैं। तभी कहते हैं – जैसा खाओ अन्न, वैसा रहेगा मन।

भोजन – भोजन के प्रकार - भोज्य - खाना, पेय - पीना, लेह्य – चाटना, चौष्य – चूसना होते हैं।

लोक/तल – सात ऊपर, सात नीचे इस प्रकार 14 लोक –

लोक ऊपर - 7 – ओउम, भू, भुव, स्व, मह, तप और सत्य

लोक नीचे – 7 – अतल, वितल, अनुतल, तलातल, महातल, रसातल और पाताल

आत्मा - चेतन है उसकी आवश्यकता धर्म के सहारे उपलब्ध होगी, शरीर भौतिक है उसके सुविधा साधन भौतिक विज्ञान के सहारे जुटाए जा सकते हैं।

# 15

# ग्रह - उपग्रह

रामचरित मानस यह चौपाई भी जीवन के विषय में कहती है –

'छिति जल पावक गगन समीरा। पंच रचित यह अधम शरीरा ॥' (4/10/2)

सम्पूर्ण शरीर पृथ्वी, जल, अग्नि, गगन और वायु इन्हीं पांचों अवयवों से युक्त है।

बाद की प्रगति के अनुसार यम (प्लूटो), अरुण (यूरेनस), वरुण (नेपच्यून) आदि की खोज हुई ।

उपग्रह – जो ग्रहों के चक्कर लगाते हैं उन्हें उपग्रह कहते हैं – पृथ्वी का उपग्रह एक - चंद्रमा,

मंगल - के दो उपग्रह (फोबोस, डिमोस),

बृहस्पति (जुपीटर) के - 67, मेटिस, हिमालिया, लो, इलारा, लिस्विया, ऐनोक, कारमे, केलस्टो, लेडा, यूरोपा, पासीफाई, गैनीमोड, थेवे, श्यालिविया, आयो, अद्रटेय, 51 मून आदि

शनि (सैटर्न) के 62, - एटलस, जेनस, मिमास, टाइटन, हाइपेरियोन, टेलेस्टो, डायोनी, पंडोरा, टेथिस, इक्लेडस, लापटेस, फोइवे, प्रोमेथस, रिया, हेलेन, आएपिटस, एपिमेथेउस, सियार्नक, पैन, पालियक, कलयपसो, यमीर, कीविऊक, टार्वोस, ल्जिरक, एररियापुस, 36 मून आदि

यम (प्लूटो) के 5, शेरन, निक्स, हाएड्रा, स्तिक्स, कर्बेरोस ।

वरुण (नेपच्यून) के 14 - (ट्राइटन, डस्पीना, नेअड, थलेसा, नियरीड, नीसो, प्रोटिअस, लरिसा, लेओमडी,आप्सेमअथी, हैलेमिडी, गैलाटिआ, सेओ, वोएजर)

तथा अरुण (यूरेनस) के 27 हैं – फार्डेलिया, ओकेलिया, मिराण्डा, ऐरियल, टिरेनिया, ओबेरोन, क्रेसिंग, अंब्रियल, वेलिंडा, पोरेरिया, टाइटेनिया, स्यकोरक्स, पुक्क, पोर्टिया, कालिबन, जूलिएट, क्रेससिडा, रोसालिंड, डेस्डेमोना, बियंका, कॉर्डेलिया, सेटेबोस, प्रोस्पेरो, पेरडिता, स्टेफनो, मब, कूपिड आदि ।

बुध और शुक्र का कोई उपग्रह नहीं है ।

कृत्रिम उपग्रह – मानव द्वारा विभिन्न देशों के मानव निर्मित उपग्रह भी छोड़े गये हैं जिनसे इन्टरनेट आदि जैसी अनेकों जानकारियों के विश्लेषण से विभिन्न प्रकार के आंकड़े एकत्र किए जाते हैं ।

ग्रहों की गति सभी राशियों पर एक बार भ्रमण के समय अनुरूप होती है जो कि भिन्न - भिन्न होती है और उसी से अनुभव किया जाता है कि कोन ग्रह किस राशि में चल रहा है और उसका क्या प्रभाव पड़ता है ।

सूर्य से क्रमशः दूरी के कारण ग्रहों की सभी राशियों पर भ्रमण काल का विवरण निम्न तालिका अनुसार है –

| ग्रहों के नाम | अंग्रेजी नाम | सूर्य के चारों ओर घूर्णन अवधि (दिन) | कक्षीय वेग (किमी प्रति सेकेंड) |
|---|---|---|---|
| बुध | मरकरी | 88, लगभग 3 माह | 48 |
| शुक्र | वीनस | 224, लगभग 8 माह | 35 |
| पृथ्वी | अर्थ | 365, एक वर्ष | 30 |
| मंगल | मार्स | 687, एक वर्ष 11 माह (लगभग 2 वर्ष) | 24 |
| बृहस्पति | जुपीटर | 4333, 12 वर्ष/144 माह | 13 |
| शनि | सैटर्न | 10760, 30 वर्ष/360 माह | 10 |
| अरुण | यूरेनस | 30688, 85 वर्ष/1023 माह | 6 |
| वरुण | नेपच्यून | 30777, 86 वर्ष/1026 माह | 5 |
| यम | प्लूटो | 60182, 167 वर्ष,/2006 माह | 4 |

भ्रमण काल

उपरोक्त तालिका से स्पष्ट है कि जो ग्रह सूर्य से जितना दूर है उसे उतना अधिक समय परिक्रमा में लगता है। अरुण, वरुण और यम को क्रमश: 85, 86, 167 वर्ष लगते हैं जिससे सामान्यत इनका प्रभाव एक सा रहता है, केवल गहन अध्ययन में इन पर विचार किया जाता है। शनि का कार्यकाल लगभग 30 वर्ष में पूरा होता अत: ऐसा कहा जाता है कि 30 वर्ष के अंतराल पर शुभ/अशुभ प्रभाव आता है। शनि का एक राशि में 2.5 वर्ष/30 माह का भ्रमण काल रहता है। बृहस्पति 12 वर्ष में परिक्रमा पूरी करता है इससे स्पष्ट होता है कि एक राशि का भ्रमण काल एक वर्ष होने से, जन्म राशि के समय बृहस्पति की स्थिति जिस राशि में होती है उसके बाद वर्तमान राशि के बृहस्पति से उम्र का पता लगाया जाता है कि वर्तमान उम्र क्या है। राहू और केतू का समस्त राशियों का भ्रमण काल 18 वर्ष को होता है और प्रत्येक राशि में 18 माह का भ्रमण काल रहता है।

# 16

# ग्रह का एक राशि - भोग चक्र समय

**ग्रह का एक राशि - भोग चक्र समय**

जो ग्रह एक राशि में जितने समय रहता है उसे उस ग्रह का उस राशि का भोग समय कहते हैं। उपरोक्त तालिका से सूर्य (पृथ्वी आधार मानकर) एक राशि में एक माह, चंद्रमा - 2.25 (सवा दो) दिन, मंगल 1.5 (डेढ़) महीना, बुध - 0.75 (3/4, पौन)/एक महीना, बृहस्पति/गुरु – 13 महीने, शुक्र – 0.75 (3/4, पौन)/एक महीना, शनि 2.5 (ढाई) वर्ष, राहू – केतू – 1.5 (डेढ़) वर्ष/18 माह भ्रमण काल/समय रहता है।

मंगल, बुध, बृहस्पति/गुरु, शुक्र और शनि ग्रह कभी वक्री, मार्गी अथवा अतिचारी हो जाते है।

स्व - राशि - प्रत्येक ग्रह की अपनी - अपनी राशि भी होती है अर्थात प्रत्येक राशि का अपना ग्रह भी होता है उसे स्व - राशि कहते है जो निम्न प्रकार है –

| क्रमांक | ग्रह | स्व - राशि/स्वामी राशि - गृह | उच्च राशि | नीच राशि | मूल त्रिकोण | ग्रह - रंग |
|---|---|---|---|---|---|---|
| 1 | सूर्य | सिंह | मेष | तुला | सिंह | लाल |
| 2 | चंद्र | कर्क | वृषभ | वृश्चिक | वृषभ | श्वेत |
| 3 | मंगल | मेष और बृश्चिक | मकर | कर्क | मेष | लाल |
| 4 | बुध | मिथुन और कन्या | कन्या | मीन | कन्या | पीला |
| 5 | बृहस्पति/गुरु | धनु और मीन | कर्क | मकर | धनु | पीला |
| 6 | शुक्र | वृषभ और तुला | मीन | कन्या | तुला | श्वेत |
| 7 | शनि | मकर और कुम्भ | तुला | मेष | कुम्भ | कृष्ण |
| 8 | राहू | कन्या | मिथुन | धनु | कुम्भ | कृष्ण |
| 9 | केतू | मीन | धनु | मिथुन | सिंह | कृष्ण |

स्व - राशि

इस तालिका से यह भी स्पष्ट है कि प्रत्येक राशि का एक ग्रह भी है ।

ग्रहों के गृह, उच्च और मूल - त्रिकोण के अंशभाग, इस प्रकार जानना चाहिए । यथा – सूर्य का सिंह में 20 अंश तक मूल त्रिकोण, आगे के अंश स्वगृह ।

चन्द्र का – वृषभ में 3 अंश तक उच्च और शेष अंश मूल त्रिकोण ।

मंगल का – मेष में 12 अंश तक मूल - त्रिकोण शेष स्वगृह ।

बुध का – कन्या में 15 अंश तक उच्च, उसके बाद 5 अंश मूल त्रिकोण और 20 अंश के बाद स्वगृह ।

गुरु का – धनु में 10 अंश तक मूल त्रिकोण, आगे स्वगृह ।

शुक्र का – तुला में 15 अंश तक मूल त्रिकोण, आगे स्वगृह ।

शनि का – कुम्भ में 20 अंश तक मूल त्रिकोण, आगे स्वगृह ।

राहू और केतू – परमोच्च अंश 20 पर कहे गए हैं ।

ग्रहों के मित्र, सम, शत्रु का ज्ञान आवश्यक है - जो निम्नानुसार है –

ग्रहों की मैत्री दो प्रकार से होती है एक तो स्वाभाभिक/प्राकृतिक (नैसर्गिक), दूसरी तात्कालिक (स्थिति वश से), पुनः दोनों प्रकार की मैत्री विचार से - गृह मैत्री पंचधा होती है । जो आगे स्पष्ट होगी –

ग्रहों के अपने - अपने मूल त्रिकोण से 4, 2, 12, 5, 9, 8 और उच्च स्थान का स्वामी मित्र तथा अन्य (शेष) राशियों के स्वामी शत्रु होते हैं । एवं जो ग्रह मित्र और शत्रु भी हो वह सम कहलाता है ।

ऊपर लिखित चक्रों से ग्रहों के मूलत्रिकोण राशि समझकर विचार करना चाहिए ।

उदाहरण - यथा सूर्य का मूल त्रिकोण सिंह है । उससे 12 वें स्थान के स्वामी होने से चंद्रमा सूर्य का मित्र हुआ । तथा सिंह से 4 और 9 स्थान के स्वामी होने से मंगल भी सूर्य का मित्र हुआ तथा सिंह से द्वितीय स्थान के स्वामी होने से बुध सूर्य का मित्र तथा 11 वें स्थान के स्वामी होने से शत्रु भी हुआ, इसलिए बुध सूर्य का सम हुआ । इसी प्रकार सभी ग्रह का जानना ।

स्पष्टार्थ नैसर्गिक मैत्री चक्र -

| ग्रह | मित्र | सम | शत्रु |
|---|---|---|---|
| सूर्य/रवि | चंद्र, मंगल, गुरु | बुध | शुक्र, शनि |
| चंद्र | सूर्य, बुध | मंगल, गुरु, शुक्र, शनि | - |
| मंगल | सूर्य, चन्द्र, गुरु | शुक्र, शनि | बुध |
| बुध | सूर्य, शुक्र | मंगल, गुरु, शनि | चंद्र |
| गुरु/बृहस्पति | सूर्य, चंद्र, मंगल | शनि | बुध, शुक्र |
| शुक्र | बुध, शनि | मंगल, गुरु | सूर्य, चन्द्र |
| शनि | बुध, शुक्र | गुरु | सूर्य, चंद्र, मंगल |

नैसर्गिक मैत्री चक्र

तात्कालिक मैत्री –

लग्न कुंडली में – जिस ग्रह से 2, 3, 4, 10, 11, 12 इन 6 स्थानों में जो ग्रह हो वह उस ग्रह का मित्र तथा अन्य स्थान में जो ग्रह हो वह तात्कालिक शत्रु होता है ।

स्पष्टार्थ चक्र -

| | | | | | | | | |
|---|---|---|---|---|---|---|---|---|
| मित्र | 2 | 3 | 4 | 10 | 11 | 12 | उच्च | स्थान में ग्रह |
| शत्रु | 5 | 6 | 7 | 8 | 9 | 1 | - | स्थान में ग्रह |

स्पष्टार्थ मित्र शत्रु चक्र

जैसे जन्म लग्न कुंडली -

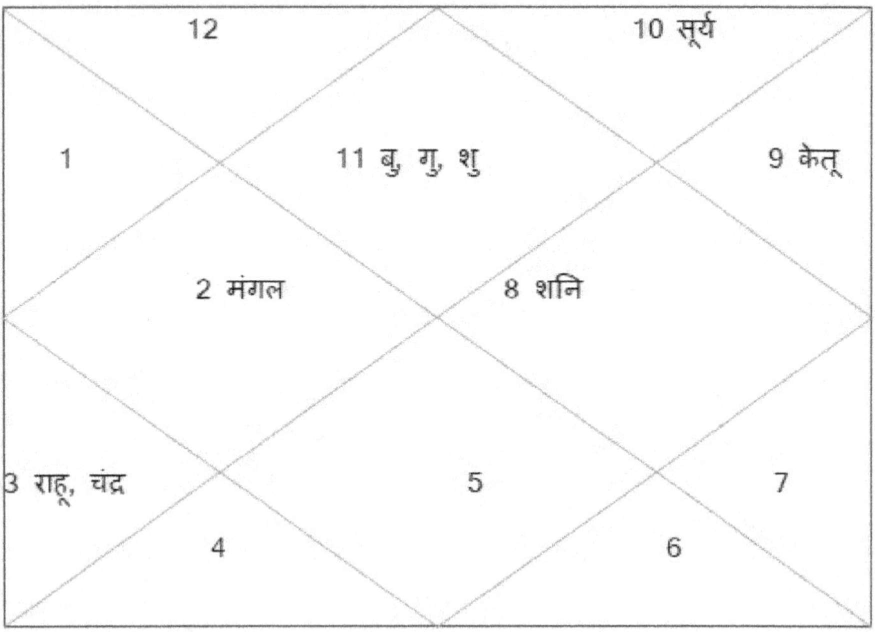


जन्म लग्न कुंडली -

यहां सूर्य से 2 स्थान में बुध, गुरु, शुक्र तथा 11 वें स्थान में शनि है इसलिए ये चारों सूर्य के तात्कालिक मित्र हुए। शेष ग्रह अन्य स्थान में रहने से शत्रु हुए। इस प्रकार सब ग्रहों के तात्कालिक मित्र शत्रु विचार करके छाटकर लिखना। यथा उक्त कुंडली से -

ग्रहों के तात्कालिक मैत्री चक्र

| नाम - ग्रह | मित्र - ग्रह | शत्रु ग्रह |
|---|---|---|
| रवि/सूर्य | बुध, गुरु, शुक्र, शनि | चंद्र, मंगल |
| चंद्र | मंगल | सूर्य, बुध, गुरु, शुक्र, शनि |
| मंगल | चंद्र, बुध, गुरु, शुक्र | सूर्य, शनि |
| बुध | सूर्य, मंगल, शनि | चंद्र, गुरु, शुक्र |
| बृहस्पति/गुरु | सूर्य, मंगल, शनि | चंद्र, बुध, शुक्र |
| शुक्र | सूर्य, मंगल, शनि | चन्द्र, बुध, गुरु |
| शनि | सूर्य, बुध, गुरु, शुक्र | चंद्र, मंगल |

तात्कालिक मैत्री चक्र

पंचधा मैत्री विचार –

1. जो ग्रह नैसर्गिक मित्र हो और तात्कालिक भी मित्र हो वह अधिमित्र होता है ।
2. जो ग्रह नैसर्गिक सम हो और तात्कालिक मित्र हो तो वह मित्र होता है ।
3. जो नैसर्गिक शत्रु हो और तात्कालिक मित्र हो तो वह सम होता है।
4. जो नैसर्गिक सम और तत्कालिक शत्रु हो वह शत्रु होता है ।
5. तथा जो नैसर्गिक शत्रु हो और तत्कालिक भी शत्रु हो वह अधिशत्रु होता है ।

इस रीति से नैसर्गिक और तत्कालिक – मैत्री चक्र को देखकर पंचधा मैत्री चक्र लिखना चाहिए ।

पंचधा मैत्री चक्र –

यथा – सूर्य का चंद्रमा नैसर्गिक मित्र और तत्कालिक शत्रु होने से सम हुआ । एवं मंगल भी नैसर्गिक मित्र और तत्कालिक शत्रु होने से सम हुआ । बुध नैसर्गिक सम और तत्कालिक मित्र होने से मित्र हुआ । गुरु नैसर्गिक मित्र और तत्कालिक भी मित्र होने से अधिमित्र हुआ । शुक्र नैसर्गिक शत्रु और तत्कालिक मित्र होने से सम हुआ । एवं शनि नैसर्गिक शत्रु और तत्कालिक मित्र होने से सम हुआ । इस प्रकार सब ग्रहों की पंचधा मैत्री को समझना चाहिए ।

स्पष्ट बोधार्थ पंचधा मैत्री चक्र –

| ग्रह | अधिमित्र | मित्र | सम | शत्रु | अधिशत्रु |
|---|---|---|---|---|---|
| सूर्य | गुरु | बुध | चंद्र, मंगल, शुक्र, शनि | - | - |
| चंद्र | - | मंगल | सूर्य, बुध | गुरु, शुक्र, शनि | - |
| मंगल | चंद्र, गुरु | शुक्र | सूर्य | शनि | - |
| बुध | सूर्य | मंगल, शनि | शुक्र | गुरु | चंद्र |
| गुरु | सूर्य, मंगल | शनि | चन्द्र | - | बुध, शुक्र |
| शुक्र | शनि | मंगल | बुध | गुरु | चंद्र |
| शनि | बुध, शुक्र | गुरु | सूर्य | - | चंद्र, मंगल |

पंचधा मैत्री चक्र

अधिमित्र का बल – 60 डिग्री/अंश, मित्र का बल - 45 डिग्री, सम का 30 डिग्री, शत्रु का 15 डिग्री और अधिशत्रु का बल 0 डिग्री समझना चाहिए। ग्रहों के शुभ फल बलों के अनुसार ही होते हैं तथा अशुभ फल विपरीत होता है। एवं षड वर्ग या सप्त वर्ग बल देखना हो तो - अपने उच्च में स्थित ग्रह का 60 डिग्री (पूर्ण), अपने मूल त्रिकोण में 45 डिग्री, अपनी राशि में 30 डिग्री, अधिमित्र राशि में 22 डिग्री, से 30 डिग्री, मित्र राशि में 15 डिग्री, सम राशि में 7 डिग्री से 20 डिग्री, शत्रु राशि में 3 डिग्री से 45 डिग्री और अधिशत्रु राशि में इसका आधा अर्थात 1.5 डिग्री से 30 डिग्री शून्य के बराबर समझना चाहिए।

वर्ग विचार –

ग्रहों के शुभ या अशुभ फल देखने के लिए गृह होरा आदि 16 वर्ग कहे गए हैं। उनमें से मुख्य 6 षड वर्ग ही माने गये हैं।

यथा -

1. गृह, 2- होरा, 3 – द्रेष्काण, 4 - नवांश, 5 - द्वादशांश और छठा - त्रिशांश ये ग्रहों के फल जानने के लिए षड वर्ग कहे गये हैं।

यथा –

ग्रहों के गृह –

मेष - वृश्चिक , मंगल के गृह,

वृष - तुला , शुक्र के गृह,

मिथुन - कन्या , बुध के गृह,

मीन - धनु , गुरु के गृह,

मकर - कुम्भ, शनि के गृह हैं,

कर्क, चंद्रमा का गृह,

सिंह , सूर्य का गृह है ।

गृह, राशि, क्षेत्र, भाव, भवन, स्थान ये सब पर्यायवाची (एकार्थक) शब्द हैं ।

होरा –

प्रति राशि में 30 अंश होते हैं, उनमें 15 अंश का प्रथम होरा और आगे (16 से 30 अंश तक) द्वितीय होरा कहलाती है । (इस रीति से) विषम (मेष, मिथुन, सिंह, तुला, धनु और कुम्भ) राशियों में प्रथम होरा सूर्य की, द्वितीय होरा चंद्रमा की, तथा सम (वृषभ, कर्क, कन्या, वृश्चिक, मकर, और मीन) राशियों में प्रथम होरा चंद्र की और द्वितीय होरा सूर्य की होती है ।

स्पष्टार्थ चक्र -

| विषम राशि | मेष | मिथुन | सिंह | तुला | धनु | कुम्भ |
|---|---|---|---|---|---|---|
| 15 अंश | रवि | रवि | रवि | रवि | रवि | रवि |
| 30 अंश | चंद्र | चंद्र | चन्द्र | चंद्र | चंद्र | चंद्र |
| सम राशि | वृषभ | कर्क | कन्या | वृश्चिक | मकर | मीन |
| 15 अंश | चंद्र | चंद्र | चंद्र | चंद्र | चंद्र | चंद्र |
| 30 अंश | रवि | रवि | रवि | रवि | रवि | रवि |

स्पष्टार्थ चक्र

द्रेष्काण -

राशि का तृतीयांश द्रेष्काण कहलाता है । अत: प्रति राशि में तीन - तीन द्रेष्काण होते हैं । जिस राशि में द्रेष्काण विचार करना हो उस राशि में त्रिकोण (प्रथम, पंचम, नवम) राशियों के स्वामी क्रम से द्रेष्काणपति होते हैं ।

जैसे – मेष में प्रथम द्रेष्काण मेष का, द्वितीय उससे पंचम (सिंह) का तृतीय द्रेष्काण मेष से नवम (धनु) का होता है । ऐसे सब राशियों में समझना ।

स्पष्टार्थ – द्रेष्काणपति बोधक चक्र -

| स्वामी | राशि अंश | मे | वृ | मि | क | सि | कं | तु | वृ | ध | म | कु | मी |
|---|---|---|---|---|---|---|---|---|---|---|---|---|---|
| | 10 अंश | 1 म | 2 शु | 3 बु | 4 चं | 5 र | 6 बु | 7 शु | 8 म | 9 गु | 10 श | 11 श | 12 गु |
| | 20 अंश | 5 र | 6 बु | 7 शु | 8 म | 9 गु | 10 श | 11 श | 12 गु | 1 म | 2 शु | 3 बु | 4 चं |
| | 30 अंश | 9 गु | 10 श | 11 श | 12 गु | 1 म | 2 शु | 3 बु | 4 चं | 5 र | 6 बु | 7 शु | 8 म |

द्रेष्काणपति बोधक चक्र

# 17

# नवमांश

## नवमांश

चर (मेष, कर्क, तुला, मकर) में - उसी राशि से आरंभ करके 9 राशियों के नवमांश होते हैं, स्थिर (वृषभ, सिंह, वृश्चिक, कुम्भ) में उस राशि से 9 वें राशि से राशि से आरंभ करके 9 राशियों के और द्विस्वभाव (मिथुन, कन्या, धनु, मीन) में उससे पंचम राशि राशि से आरंभ करके 9 राशियों के नवमांश होते हैं और द्वादशांश - उसी राशि से आरंभ करके 12 राशियों के होते हैं।

एक राशि के नौ अंश अर्थात 30 अंश के नौ भाग (एक भाग 3 अंश, 20 कला इस प्रकार से नौ भाग – 3/20, 6/40 10/0, 13/20, 16/40, 20/0, 23/20, 26/40, 30/0) उसी प्रकार से एक राशि के 12 भाग (एक भाग 2 अंश 30 कला, इस प्रकार से 12 भाग 2/30, 5/0, 7/30, 10/0, 12/30, 15/0, 17/30, 20/0, 22/30, 25/0, 27/30, 30/0)

स्पष्ट ज्ञानार्थ नवमांश चक्र –

| स्वामी | मेष | वृषभ | मिथुन | कर्क | सिंह | कन्या | तुला | वृश्चिक | धनु | मकर | कुम्भ | मीन |
|---|---|---|---|---|---|---|---|---|---|---|---|---|
| 3/20 | 1 म | 10 श | 7 शु | 4 चं | 1 म | 10 श | 7 शु | 4 चं | 1 म | 10 श | 7 शु | 4 चं |
| 6/40 | 2 शु | 11 श | 8 म | 5 र | 2 शु | 11 श | 8 म | 5 र | 2 शु | 11 श | 8 म | 5 र |
| 10/0 | 3 बु | 12 गु | 9 गु | 6 बु | 3 बु | 12 गु | 9 गु | 6 बु | 3 बु | 12 गु | 9 गु | 6 बु |
| 13/20 | 4 चं | 1 म | 10 श | 7 शु | 4 चं | 1 म | 10 श | 7 शु | 4 चं | 1 म | 10 श | 7 शु |
| 16/40 | 5 र | 2 शु | 11 श | 8 म | 5 र | 2 शु | 11 श | 8 म | 5 र | 2 शु | 11 श | 8 म |
| 20/0 | 6 बु | 3 बु | 12 गु | 9 गु | 6 बु | 3 बु | 12 गु | 9 गु | 6 बु | 3 बु | 12 गु | 9 गु |
| 23/20 | 7 शु | 4 चं | 1 म | 10 श | 7 शु | 4 चं | 1 म | 10 श | 7 शु | 4 चं | 1 म | 10 श |
| 26/40 | 8 म | 5 र | 2 शु | 11 श | 8 म | 5 र | 2 शु | 11 श | 8 म | 5 र | 2 शु | 11 श |
| 30/0 | 9 गु | 6 बु | 3 बु | 12 गु | 9 गु | 6 बु | 3 बु | 12 गु | 9 गु | 6 बु | 3 बु | 12 गु |

नवमांश चक्र

नवांश फल –

प्रथम नवांश फल – राशि के प्रथम नवांश में जिसका जन्म हो वह नम्र, धर्मात्मा, सत्य बोलने वाला, दृढ़ प्रतिज्ञ और विद्याभ्यास में लगा रहने वाला होता है ।

द्वितीय नवांश फल – जिसका जन्म द्वितीय नवांश में हो तो वह धन का भोगी (खर्च करने में बहादुर), संग्राम में हारने वाला एवं वेश्यागामी होता है ।

तृतीय नवांश फल – तृतीय नवांश में उत्पन्न बालक स्त्री से विजित (वश में रहने वाला) संतानहीन, मायावी, निस्तेज किन्तु युद्धादि विद्याओं का ज्ञाता होता है ।

चतुर्थ नवांश फल – जातक यदि चतुर्थ नवांश में जन्म ले तो अनेक स्त्रियॉ से संपर्क वाला, रूपवान, लोक में मान्य, जल का अधिक प्रेमी, धनाढ्य, राजा का सेवक अथवा मंत्री

होता है ।

पंचम नवांश फल – पांचवे नवांश में जिसका जन्म हो तो वह अधिक मित्र वाला, नेता, बंधु तथा मित्रादि के सुख से युक्त और अत्यधिक प्रतिष्ठा वाला होता है ।

षष्ठ नवांश फल - षष्ठ नवांश में उत्पन्न होने वाला जातक शत्रु का नाशक, वीर, घनिष्ठ मित्रों वाला और मंडलेश्वर होता है ।

सप्तम नवांश फल – यदि मनुष्य सप्तम नवांश में जन्म ले तो उसकी आज्ञा सर्वत्र मानी होती है और वह राजा या कुशल सेनापति होता है ।

अष्टम नवांश फल - जिसका जन्म अष्टम नवांश में हो तो वह उदार, सर्वत्र विख्यात, धन - धान्य को व्यय करने में न हिचकने वाला, किन्तु दुष्टजनों के द्वारा सदा कष्ट झेलते रहने से स्वभाव का क्रोधी होता है ।

नवम नवांश फल – नवम नवांश में जन्म लेने से जातक दीर्घायु, प्रसन्नचित्त, विद्याभ्यास करने वाला सर्वदा सुखी, बुद्धिमान, धर्मात्मा, लोक में मान्य होता है ।

स्पष्टार्थन - द्वादशांश चक्र –

| अंश | मेष | वृष | मिथु | कर्क | सिंह | कन्या | तुला | वृ | धनु | मकर | कुम्भ | मीन |
|---|---|---|---|---|---|---|---|---|---|---|---|---|
| 2/30 | 1 म | 2 शु | 3 बु | 4 चं | 5 र | 6 बु | 7 शु | 8 म | 9 गु | 10 श | 11 श | 12 गु |
| 5/0 | 2 शु | 3 बु | 4 चं | 5 र | 6 बु | 7 शु | 8 म | 9 गु | 10 श | 11 श | 12 गु | 1 म |
| 7/30 | 3 बु | 4 चं | 5 र | 6 बु | 7 शु | 8 म | 9 गु | 10 श | 11 श | 12 गु | 1 म | 2 शु |
| 10/0 | 4 चं | 5 र | 6 बु | 7शु | 8 म | 9 गु | 10 श | 11 श | 12 गु | 1 म | 2 शु | 3 बु |
| 12 /30 | 5 र | 6 बु | 7 शु | 8 म | 9 गु | 10श | 11 श | 12 गु | 1 म | 2 शु | 3 बु | 4 चं |
| 15/0 | 6 बु | 7 शु | 8 म | 9 गु | 10श | 11 श | 12 गु | 1 म | 2 शु | 3 बु | 4 चं | 5 र |
| 17/30 | 7 शु | 8 म | 9 गु | 10श | 11 श | 12 गु | 1 म | 2 शु | 3 बु | 4 चं | 5 र | 6 बु |
| 20/0 | 8 म | 9 गु | 10 श | 11 श | 12 गु | 1 म | 2 शु | 3 बु | 4 चं | 5 र | 6 बु | 7 शु |
| 22/30 | 9 गु | 10 श | 11 श | 12 गु | 1 म | 2 शु | 3 बु | 4 चं | 5 र | 6 बु | 7 शु | 8 म |
| 25/0 | 10 श | 11श | 12 गु | 1 म | 2 शु | 3 बु | 4 चं | 5 र | 6 बु | 7 शु | 8 म | 9 गु |
| 27/30 | 11 श | 12 गु | 1 म | 2 शु | 3 बु | 4 चं | 5 र | 6 बु | 7 शु | 8 म | 9 गु | 10 श |
| 30/0 | 12 श | 1 म | 2 शु | 3 बु | 4 चं | 5 र | 6 बु | 7 शु | 8 म | 9 गु | 10 श | 11 श |

द्वादशांश चक्र

# 18

# त्रित्रांश

## त्रित्रांश

सम राशियों में 5, 7, 8, 5, 5 अंश क्रम से शुक्र, बुध, गुरु, शनि और मंगल के तथा विषम राशियों में इससे विपरीत (अर्थात 5, 5, 8, 7, 5) अंश क्रम से मंगल, शनि, गुरु, बुध, और शुक्र के त्रिशांश) होते हैं। ये उक्त षड वर्ग शुभ राशि के हों तो शुभ और पाप राशि के हों तो अशुभ समझना चाहिए।

यहां शुभ राशि से - अपनी राशि, उच्च राशि, अधिमित्र, मित्र की राशि, शुभ ग्रह की राशि समझना तथा पाप राशि से - पाप ग्रह की राशि, नीच, और शत्रु की राशि समझना चाहिए

विषम राशियों में त्रिशांश बोधक चक्र –

| अंश | मेष | मिथुन | सिंह | तुला | धनु | कुम्भ |
|---|---|---|---|---|---|---|
| 5 | मंगल | मंगल | मंगल | मंगल | मंगल | मंगल |
| 10 | शनि | शनि | शनि | शनि | शनि | शनि |
| 18 | गुरु | गुरु | गुरु | गुरु | गुरु | गुरु |
| 25 | बुध | बुध | बुध | बुध | बुध | बुध |
| 30 | शुक्र | शुक्र | शुक्र | शुक्र | शुक्र | शुक्र |
| सम | राशियों | में | त्रिशांश | बोधक | चक्र | |
| | | | | | | |
| अंश | वृषभ | कर्क | कन्या | वृश्चिक | मकर | मीन |
| 5 | शुक्र | शुक्र | शुक्र | शुक्र | शुक्र | शुक्र |
| 12 | बुध | बुध | बुध | बुध | बुध | बुध |
| 20 | गुरु | गुरु | गुरु | गुरु | गुरु | गुरु |
| 25 | शनि | शनि | शनि | शनि | शनि | शनि |
| 30 | मंगल | मंगल | मंगल | मंगल | मंगल | मंगल |

### त्रिशांश बोधक चक्र

षड वर्ग – इस प्रकार गृह, होरा, द्रेष्काण, नवांश, द्वादशांश, त्रिशांश यह षडवर्ग कहलाता है।

पुत्र ग्रह -

शनि - सूर्य पुत्र, मंगल – पृथ्वी पुत्र और बुध – चंद्र पुत्र तथा राहू – केतू पृथ्वी की छाया पुत्र कहे गए हैं।

शुभ ग्रह – सूर्य, चन्द्र, बुध, गुरु और शुक्र शुभ ग्रह कहलाते हैं।

अशुभ/पाप ग्रह – मंगल, शनि और राहू - केतू कहलाते हैं।

# 19

# ग्रह गतियाँ

## ग्रह गतियाँ

ग्रह गतियाँ – गति विरोध की दृष्टि से गति भंग ग्रहों के निम्न 6 प्रकार हैं – स्तंभी, वक्री, मार्गी, उदित, अस्तगत और कर्तरी ।

स्तंभी ग्रह – भ्रमण गति काल से अधिक समय तक जिस राशि में यह स्थित हो, उसी राशि में वास करता हो ।

वक्री ग्रह - भ्रमण के समय पूर्ण करके आगे पिछली राशि में जाता है उसे वक्री ग्रह कहते है ।

मार्गी ग्रह – वक्री हुआ ग्रह जब अपने पूर्व राशि में भ्रमण करता है उस काल में मार्गी ग्रह शब्द से बोध किया जाता है ।

उदित ग्रह – सूर्य की परिक्रमा करते हुए कोई भी ग्रह पृथ्वी के लोंगों को जब दिखाई देता है तो उसे उदित ग्रह कहते हैं ।

अस्त ग्रह – सूर्य की परिक्रमा करते समय जब ग्रह पीछे जाने के कारण जगत के लोगों को दिखाई नहीं देता तो उसे अस्त ग्रह कहते हैं ।

कर्तरी ग्रह – शुभ ग्रह के द्वितीय और द्वादश भाव में जन्म कुंडली में जब अशुभ ग्रह स्थित हो तो उसे कर्तरी ग्रह कहते हैं ।

शुभ ग्रह – सूर्य, चन्द्र, गुरु, शुक्र ग्रह शुभ ग्रह कहलाते हैं ।

अशुभ ग्रह – मंगल, शनि, राहू – केतू अशुभ ग्रह कहलाते हैं ।

उदासीन/तटस्थ ग्रह – नपुंषक ग्रह – बुध ग्रह कहलाता है ।

# 20

# ग्रह दृष्टि

## ग्रह दृष्टि

ग्रह दृष्टि – जब कोई ग्रह जिस राशि में रहता है उसकी दृष्टि/नजर/प्रभाव उस राशि पर तो रहता ही है उसके अलावा उसके सामने वाली राशि या और अन्य राशियों पर रहता है इसी को ग्रह - दृष्टि कहते हैं । सामान्यत: ग्रह एक राशि (क्षेत्र - 0 से 30 डिग्री/अंश) में है तो वह सामने वाली सातवी - राशि (क्षेत्र -180 से 210 डिग्री/अंश) पर भी अपनी दृष्टि/नजर/प्रभाव रखता है । यह इसी प्रकार है जब कोई मानव अपने स्थान पर खड़े होकर अपने सामने 180 डिग्री/अंश पर भी देखता है तथा अपनी नजर इधर - उधर (दायें/बायें) करने पर भी देखता है । कौन सा ग्रह कहां - कहां देखता/दृष्टि है यह निम्न तालिका में ग्रह राशि को एक नंबर मानकर उसी अनुसार दूसरी राशि के संख्या/नंबर राशि पर भी दृष्टि रखेगा/देखेगा/प्रभावित करेगा ।

ग्रह दृष्टि -

| क्रमांक | ग्रह का नाम | एक राशि भ्रमण व फल | ग्रह दृष्टि (राशियां/नंबर) | स्वभाव |
|---|---|---|---|---|
| 1 | सूर्य | एक माह, प्रथम 5 दिन | 1, 7 | क्रूर |
| 2 | चंद्र | 2.25 (सवा दो) दिन, अंतकी 3 घंटिका | 1, 7 | सौम्य |
| 3 | मंगल | 1.5 (डेढ़) माह, प्रथम 8 दिन | 1, 4, 7, 8 | क्रूर |
| 4 | बुध | एक माह, सभी दिन | 1, 7 | सौम्य |
| 5 | बृहस्पति/ गुरु | 13 माह, मध्य भाग के 2 माह | 1, 5, 7, 9 , | सौम्य |
| 6 | शुक्र | एक माह, मध्य भाग के 2 दिवस | 1, 7 | सौम्य |
| 7 | शनि | 2.5 (ढाई) वर्ष/30 माह, अंत के 6 माह | 1, 3, 7, 10 | क्रूर |
| 8 | राहू | 1.5 (डैढ़) वर्ष/18 माह, अंत के 2 माह | | पाप |
| 9 | केतू | 1.5 (डैढ़) वर्ष/18 माह, अंत के 2 माह | | पाप |

ग्रह दृष्टि

उपरोक्त तालिका से स्पष्ट है कि सभी ग्रह 1 व 7 (आमने - सामने) में तो देखते ही है परंतु, मंगल, बृहस्पति और शनि दो और अतिरिक्त स्थानों अर्थात चार स्थानों पर अपनी दृष्टि/नजर/प्रभाव डालते/रखते है ।

ग्रह जहां स्थापित/आश्रित है, वह अपने आश्रित स्थान से - 3, 10 स्थान को एक चरण से, 5 व 9 को दो चरण से, 4 व 8 को तीन चरण से और 7 वे स्थान को चारों चरण से देखता है । किन्तु शनि 3 व 10 को, गुरु 5 व 9 को, मंगल 4 व 8 को, अन्य सब ग्रह 7 को पूर्ण दृष्टि से देखते हैं ।

दृष्टि बोधक चक्र –

| ग्रह | सूर्य | चंद्र | मंगल | बुध | गुरु | शुक्र | शनि | दृष्टि |
|---|---|---|---|---|---|---|---|---|
| स्थान | 3,10 | 3, 10 | 3, 10 | 3, 10 | 3, 10 | 3, 10 | - | 1 चरण |
| स्थान | 5, 9 | 5, 9 | 5, 9 | 5, 9 | - | 5, 9 | 5, 9 | 2 चरण |
| स्थान | 4, 8 | 4, 8 | - | 4, 8 | 4, 8 | 4, 8 | 4, 8 | 3 चरण |
| स्थान | 7 | 7 | 4, 7, 8 | 7 | 5, 7, 9 | 7 | 3, 7, 10 | 4 चरण |

दृष्टि बोधक चक्र

# 21

# महादशा - अन्तर्दशा - प्रत्यंतर्दशा

## महादशा – अन्तर्दशा – प्रत्यंतर्दशा

भारतीय ज्योतिष के अनुसार ग्रह 9 माने गये हैं और इन 9 ग्रहों को 12 राशियों में बांटा गया है । सूर्य और चन्द्र के पास एक - एक राशि का स्वामित्व है, अन्य ग्रहों के पास दो - दो राशियों का स्वामित्व है । विन्शोत्तरी गणना के अनुसार ज्योतिष में आदमी की कुल उम्र 120 वर्ष की मानी गई है और इन 120 वर्षों में आदमी के जीवन में सभी ग्रहों की महादशा पूर्ण हो जाती है ।

महादशा का अर्थ है कि विशेष समय जिसमें कोई ग्रह अपनी प्रबलतम अवस्था में होता है और कुंडली में अपनी स्थिति के अनुसार शुभ - अशुभ फल देता है । ग्रहों की महादशा का समय 120 वर्ष (सूर्य - 6 वर्ष, चंद्र - 10 वर्ष, मंगल - 7 वर्ष, राहू – 18 वर्ष, गुरु - 16 वर्ष, शनि - 19 वर्ष, बुध - 17 वर्ष, केतू - 7 वर्ष, शुक्र - 20 वर्ष) होता है ।

इन वर्षों में मुख्य ग्रहों की महादशा में अन्य ग्रहों को भी भ्रमण का समय दिया जाता है जिसे अन्तर्दशा कहा जाता है । इस समय में मुख्य ग्रह के साथ अन्तर्दशा स्वामी के भी प्रभाव का फल अनुभव होता है । जिस ग्रह की महादशा होगी, उसमें उसी ग्रह की अन्तर्दशा पहले आएगी, फिर ऊपर दिए गए क्रम से अन्य ग्रह भ्रमण करेंगें ।

विशेष – सामान्य रूप से 6, 8, 12 स्थान में गए ग्रहों की दशा अच्छी नहीं होती । इसी तरह इन भावों के स्वामी की दशा भी कष्ट देती है ।

किसी ग्रह की महादशा में उसके शत्रु ग्रह की, पाप ग्रह की और नीचस्थ ग्रह की अन्तर्दशा अशुभ होती है । शुभ ग्रह में शुभ ग्रह की अन्तर्दशा अच्छा फल देती है ।

जो ग्रह 1, 4, 5, 7, 9 वें भावों में गए हों उनकी दशा अच्छा फल देती है । स्वग्रही, मूल त्रिकोणी या उच्च के ग्रह की दशा शुभ होती है । नीच, पाप प्रभावी या अस्त ग्रह की दशा भाव

फल का नाश करती है । शनि, राहू आदि ग्रह अपनी दशा की बजाय मित्र ग्रहों की दशा में अधिक अच्छा फल देते हैं ।

अन्तर्दशा व प्रत्यंतर दशा – प्रत्येक ग्रह की दशा में नौ ग्रह की अन्तर्दशा होती है । इसमें उसी ग्रह की प्रथम अन्तर्दशा होती है । इसी प्रकार अन्तर्दशा में भी नौ ग्रह की प्रत्यंतर दशा होती है और उसमें भी उसी ग्रह की प्रथम प्रत्यंतर दशा होगी जो दशा में ग्रह का प्रभाव हैं वे ही अन्तर्दशा और प्रत्यंतर दशा में उस ग्रह के होंगे । किन्तु अन्य ग्रहों की अंतर और प्रत्यंतर दशा में प्रभाव भिन्न - भिन्न होंगे ।

विन्शोत्तरी दशा की गणना –

जन्म के समय कितनी दशा शेष है इसकी गणना चंद्र स्पष्टीकरण से की जाती है ।

दशा गणना - माना जन्म समय चंद्र राशि में 10 अंश 15 कला का है, मेष राशि में अश्विनी नक्षत्र 0 से 13 अंश 20 कला तक रहता है, अर्थात चंद्र अश्विनी नक्षत्र के 10 अंश 15 कला तक भोग चुका है ।, शेष 3 अंश 5 कला भोगना बचा है । अश्विनी नक्षत्र का स्वामी केतू है जिसकी दशा 7 वर्ष की है, अतः दशा वर्ष शेष 3 अंश 15 कला= 185 कला

अंतर दशा की गणना –

माना कि शुक्र में शुक्र का अंतर निकालना है तो महादशा वर्ष गुणित महादश वर्ष करें, इकाई का तीन गुना दिन शेष दिन होगा शेष माह होंगे । जैसे 20 गुणित 20 = 400 (इकाई 0 का तीन गुना 0, = 0 दिन, शेष 40 माह अर्थात 3 वर्ष 4 माह का अंतर होगा) । शुक्र में सूर्य अंतर भी इसी प्रकार होगा 20 गुणित 6 = 120 (0 वर्ष, 12 माह = एक वर्ष)

शुक्र में चंद्र का अंतर – 20 गुणित 10 = 200 = 20 माह (एक वर्ष 8 माह)

शुक्र में मंगल का अंतर =

चंद्र जिस नक्षत्र पर होता है, उसी नक्षत्र के अनुसार महादशा का निर्धारण किया जाता है ।

| क्रमांक | महादशा | दशापति वर्ष | नक्षत्र | नक्षत्र | नक्षत्र |
|---|---|---|---|---|---|
| 1 | सूर्य | 6 | कृतिका | उत्तर-फाल्गुन | उत्तराषाढ़ा |
| 2 | चन्द्र | 10 | रोहिणी | हस्त | श्रवण |
| 3 | मंगल | 7 | मृगशिरा | चित्रा | धनिष्ठा |
| 4 | राहू | 18 | आर्द्रा | स्वाति | शतभिषा |
| 5 | गुरु | 16 | पुनर्वसु | विशाखा | पूर्व - भाद्रपद |
| 6 | शनि | 19 | पुष्य | अनुराधा | उत्तर भाद्रपद |
| 7 | बुध | 17 | आश्लेषा | ज्येष्ठा | रेवती |
| 8 | केतू | 7 | मघा | मूल | अश्विनी |
| 9 | शुक्र | 20 | पूर्व फाल्गुन | पूर्वाषाढ़ा | भरणी |
| 10 | योग | 120 | | | |

## महादशा

ग्रहों की दशा के प्रवेश होने पर उसके सूक्ष्म फल ज्ञानार्थ - अंतर्दशाओं को देखकर शुभ और अशुभ फलों का आदेश कहे हैं, विधि से करना चाहिए।

अशुभ अन्तर्दशा -

एक राशि में दो पाप ग्रहों के परस्पर दशा और अन्तर्दशा में रोग, विवाद, शत्रु और राजा से भय, दीनता और विशेष कर धन की हानि होती है।

सप्तम भावस्थ पापग्रह की अन्तर्दशा में स्त्री का मरण, रोग, कुत्सित वस्तु का उपयोग, कलह, दुर्जन संगीत और धन की हानि होती है।

अष्टम भावस्थ ग्रह की अन्तर्दशा में - शारीरिक कष्ट, धन की हानि, व्यसन और षष्ठ स्थान स्थित ग्रह की अन्तर्दशा में रोग की उत्पत्ति होती है।

शुभ अन्तर्दशा –

लग्न से 5, 9, 10 भावों में स्थित ग्रहों की अन्तर्दशा में सब प्रकार के सुख, सब कार्य में सफलता, रोग नाश, लोक में सम्मान और सर्वथा उन्नति होती है।

सूर्य की दशा में अन्तर्दशा –

सूर्य में चंद्र की अन्तर्दशा –

सूर्य की दशा में चंद्र की अन्तर्दशा हो तो, सोना, चांदी, वस्त्राभूषण, रत्न आदि का लाभ, सर्वथा उन्नति, प्रतिष्ठा और सुख की वृद्धि, शत्रुओं का नाश और विजय होता है ।

मतान्तर –

सूर्य की दशा में चन्द्र की अन्तर्दशा होने पर लाभ के साथ जल का भय, संग्रहणी और पांडु रोग का भय भी रहता है । इस प्रकार भी किसी का मत हैं ।

सूर्य में मंगल की अन्तर्दशा –

सूर्य की दशा में मंगल की अन्तर्दशा हो तो मूंगा आदि रत्न, सोना, चांदी, वस्त्रों का लाभ, घर में मंगल, शत्रुओं से विजय और राजकुल से लाभ होता है ।

सूर्य की दशा में बुध का अन्तर्दशा –

सूर्य की दशा में बुध की अन्तर्दशा हो तो दाद, खुजली आदि चर्म रोग से पीड़ा, धन तथा उत्साह की हानि होती है ।

सूर्य की दशा में गुरु की अन्तर्दशा –

सूर्य की दशा में गुरु की अंतर्दशा होने पर - वस्त्र धन आदि के संग्रह में इच्छा, देव और ब्राह्मणों में भक्ति, सुवर्णादि भूषणों की प्राप्ति तथा लोक में मान और धन की वृद्धि होती है ।

सूर्य की दशा में शुक्र की अन्तर्दशा –

सूर्य की दशा में शुक्र की अन्तर्दशा होने पर विदेश यात्रा कलह से व्याकुलता, शूल रोग, मस्तक और कान में पीड़ा तथा ज्वार का प्रकोप होता है ।

सूर्य की दशा में शनि की अन्तर्दशा –

सूर्य की दशा में शनि की अन्तर्दशा होने पर नीच जन, शत्रु और राजा का भयखुजली आदि चर्मरोग, मित्रों से भी बैर होता हैं ।

चंद्रमा की दशा में सूर्य की अन्तर्दशा –

चंद्रमा की दशा में सूर्य की अन्तर्दशा होने पर राजा से सम्मान और धन का लाभ, क्षय रोग का भय, प्रकृति में विकार, चोर, अग्नि और शत्रु का भय होता है ।

चंद्र दशा में मंगल की अन्तर्दशा – चन्द्र दशा में मंगल की अन्तर्दशा हो तो संचित धन का नाश शोणित और पित्त विकार से रोग, स्थान की हानि और माता - पिता से पीड़ा होती है ।

चंद्र दशा में बुध की अन्तर्दशा – चन्द्र दशा में बुध अन्तर्दशा होने पर - उदारता, सुयश उत्तम - गाय - भूमि हाथी घोड़े आदि सवारी, विद्या और धन का लाभ तथा सब प्रकार की उन्नति होती है ।

चंद्र दशा में गुरु की अन्तर्दशा – चन्द्र दशा में गुरु की अन्तर्दशा हो तो धर्म की वृद्धि से धन - धान्य सुख, भोग और आनंद की प्राप्ति, हाथी, घोड़े आदि सवारी का लाभ और संतान

सुख की प्राप्ति होती है ।

चंद्र दशा में शुक्र की अन्तर्दशा – चंद्र दशा में शुक्र की अन्तर्दशा हो तो अनेक स्त्रियों के साथ हास्य विलास, जल सम्बन्धी वस्तु धन - धान्य, रत्न, वस्त्र और आभूषणों का लाभ होता है ।

चंद्र दशा में शनि की अन्तर्दशा – चंद्र दशा में शनि की अन्तर्दशा हो तो राजा, चोर, शत्रु और अग्नि का भय, स्त्री – पुत्र के सुख में हानि, रोग की उत्पत्ति और अनेक प्रकार के व्यसन उपस्थित होते हैं ।

मंगल दशा में सूर्य की अन्तर्दशा – मंगल की दशा में सूर्य की अन्तर्दशा हो तो अनेक व्यवसाय से धन का लाभ, राजा से सम्मान, रण में वीरता और विजय होती है ।

मतान्तर - मंगल की दशा में सूर्य की अन्तर्दशा हो तो दुर्गम स्थान, वन, पर्वत आदि स्थान में जाने की इच्छा, बंधु पिता आदि से विरोध होता है, ऐसा कोई कहते हैं ।

मगल दशा में चंद्र की अन्तर्दशा - मंगल की महादशा में चंद्र की अन्तर्दशा हो तो घर में सदा उत्सव, आनन्द, उत्तम पद का लाभ, हीरा मोती, धन, भूषण की प्राप्ति, मित्रों की सहायता होता है । किन्तु कफ का विकार होता है ।

मंगल की दशा में बुध की अन्तर्दशा – मंगल की महादशा में बुध की अन्तर्दशा हो तो शत्रु, रोग, राजा और चोर का भय, स्त्री, पुत्र और मित्रों से वियोग और थोड़ा सुख होता है ।

मंगल की दशा में गुरु की अन्तर्दशा – मंगल की दशा में गुरु की अन्तर्दशा हो तो बल, पराक्रम की वृद्धि, राजा से धन लाभ, स्त्री, पुत्र, मित्र और सवारी का सुख और सत्कार्य करने में पूर्ण उत्साह होता है ।

मंगल की दशा में शुक्र की अन्तर्दशा – हो तो विदेश यात्रा, व्यसन, रोग, आदि से परिवार, सवारी और धन की हानि और अनेक व्यवसाय में मन की प्रवृत्ति होती है ।

मंगल की दशा में शनि की अन्तर्दशा – हो तो स्त्री - पुत्रादि परिवार में बाधा, मरणतुल्य कष्ट, और एक स्थान से दूसरे स्थान में जाने की इच्छा होती है ।

बुध की दशा में सूर्य की अन्तर्दशा – हो तो हाथी, घोड़े आदि सवारी, सोना - चांदी, मूंगा, रत्न - वस्त्र और अनेक प्रकार के वैभव की प्राप्ति होती है ।

मतान्तर - बुध की दशा में सूर्य की अन्तर्दशा हो तो अपने स्थान से गमन, रोग की उत्पत्ति, पुत्र का जन्म, धन का लाभ, और धर्म कार्य में प्रवृति होती है, ऐसा किसी ने कहा है ।

बुध की दशा में चंद्र की अन्तर्दशा – हो तो दाद - खुजली आदि अनेक चर्म रोग, मरुत - संतान का जन्म, शत्रु से विवाद, पित्त का प्रकोप और यात्रा में क्लेश होता है ।

बुध की दशा में मंगल की अन्तर्दशा – हो तो गुप्त रोग, व्यसन, स्त्री, पुत्रादि जन से द्वेष, धन, और धर्म की हानि होती है ।

बुध की दशा में गुरु की अन्तर्दशा – हो तो स्त्री - पुत्रादि से सुख, शत्रुओं का नाश, सत्कार्य में प्रवृति, सद्बुद्धि और विनय, राजमंत्री पद का लाभ किन्तु माता - पिता से दुख होता है ।

बुध की दशा में शुक्र की अंतर्दशा – हो तो देव और साधुजनों से भक्ति, अतिथि सत्कार, पुण्य कार्य करने में तत्परता, अनेक प्रकार का वस्त्र और विभूषण की प्राप्ति होती है ।

विशेष - बुध की दशा में शुक्र की अन्तर्दशा – हो तो - अनेक व्यवसाय करने से, लोंगों का विरोध करने से और मस्तक के रोग से - जातक को बाधा होती है ।

बुध की दशा में शनि की अन्तर्दशा – हो तो सत्कार्य, धर्म - धन - दया और बल की हानि, प्रताप की वृद्धि, वातरोग का भय तथा स्वभाव में मृदुलता होती है ।

गुरु की दशा में सूर्य की अन्तर्दशा – हो तो पुण्य - तीर्थों की यात्रा अनेक पदार्थों का लाभ, यश की वृद्धि, देश या जनों में आधिपत्य तथा राजा से सम्मान होता है ।

गुरु की दशा में चंद्र की अन्तर्दशा – हो तो अनेक स्त्रियों से क्रीडा, छत्र – चामरादि राजचिह्नों की प्राप्ति, उत्तम विद्या आर धन का लाभ होता है ।

गुरु की दशा में मंगल की अन्तर्दशा - हो तो विजय से सुयश, अनेक प्रकार के भोग्य वस्तुओं के लाभ से सुख, धन और प्रताप की वृद्धि होती है ।

मतान्तर -

गुरु की दशा में मंगल की अन्तर्दशा - हो तो मस्तक या गुह्य इंद्रिय में पीड़ा, कदाचित शत्रुओं से भय और बल की हानि होती है ।

गुरु की दशा में बुध की अन्तर्दशा – हो तो सुबुद्धि, कार्य में कुशलता, देवताओं में भक्ति, सम्पत्ति, नवीन घर और वाहन का लाभ और स्त्री से सुख होता है ।

विशेष मतान्तर – गुरु की दशा में बुध की अन्तर्दशा हो तो विदेश यात्रा, चित्त में चंचलता, जल से भय और मस्तक में पीड़ा हो, ऐसा किसी का मत है ।

गुरु की दशा में शुक्र की अन्तर्दशा – हो तो अपने जनों से वियोग, धन की हानि, कफ वात से पीड़ा, कलह और व्यसन होता है ।

विशेष मतान्तर – गुरु की दशा में शुक्र की अन्तर्दशा हो तो - धर्म कार्य में प्रवृति, विद्या - वस्त्र - अन्न आदि का लाभ तथा ब्राह्मणों का आश्रय होता है । ऐसा भी मत है ।

गुरु की दशा में शनि की अन्तर्दशा – हो तो - वेश्या और मदिरा, जुआ में लीनता से, कृषि कर्म आदि से धर्म, धन और यश का नाश होता है तथा ऊंट - गदहा आदि पशुओं से जीविका होती है ।

शुक्र का दशा में सूर्य की अन्तर्दशा – हो तो - राजा से भय बंधुओं के हेतु धन का नाश, शत्रुओं का उदय, पेट, गाल और आँख में पीड़ा होती है ।

शुक्र की दशा में चंद्र की अन्तर्दशा – हो तो - मस्तक, दाँत, नख में पीड़ा, आँख में कमला, पित्त का प्रकोप और हिंसक जन्तु का भय होता है ।

मतान्तर – जातक को ब्राह्मण, देवता और अग्नि में भक्ति, युद्ध में विजय, हाथी के व्यवसाय या स्त्री के द्वारा धन का लाभ होता है ।

शुक्र दशा में मंगल की अन्तर्दशा – हो तो – पित्त प्रकोप, आघात या रक्त विकार से शरीर में पीड़ा और उत्साह में हानि होती है ।

मतान्तर – लोक में आदर, अनेक राजा से, अनेक पदार्थ के लाभ से सुख और भूमि का लाभ होता है, ऐसा भी कहते हैं।

शुक्र दशा में बुध की अन्तर्दशा – हो तो – वृक्ष, फल और पशुओं के व्यापार से लाभ, राजा से मैत्री और कठिन कार्य करने में रुचि होती है।

शुक्र दशा में गुरु की अन्तर्दशा – हो तो - यज्ञ आदि सत्कार्य में आदर, नष्ट धन की प्राप्ति, पुत्र - स्त्री से सुख, उच्च पद, अनेक भूषण और वस्त्र आदि का लाभ होता है।

शुक्र दशा में शनि की अन्तर्दशा – हो तो – मित्रों की उन्नति, ग्राम या नगर का अधिपत्य, वृदधा स्त्री से प्रेम और शत्रुओं का नाश होता है।

शनि की दशा में सूर्य की अन्तर्दशा – हो तो – धन - स्त्री - संतान और बंधुओं से पीड़ा, शरीर में भी विशेष कष्ट, शत्रुओं का उदय और भ्रमण होता है।

शनि दशा में चंद्र की अन्तर्दशा - हो तो - बंधुजनों से कलह, स्त्री का वियोग या अपहरण अथवा मरण तथा उत्साह और सुख के हानि होती है।

शनि की दशा में मंगल की अन्तर्दशा - हो तो - अपने स्थान से अन्यत्र यात्रा, शरीर में पीड़ा, धन और स्त्री का वियोग और सम्मान की हानि होती है।

शनिदशा में बुध की अन्तर्दशा – हो तो धन, स्त्री, पुत्र आदि से सुख, राजा से आदर, विद्वत समाज की संगति से आनंद किन्तु कफ प्रकोप होता है।

शनि दशा में गुरु की अन्तर्दशा - हो तो - कलाओं में कुशलता, हास्य - विलास, सब सम्पत्ति की प्राप्ति, सुशीलता और राजा से भूमि का लाभ होता है।

शनि दशा में शुक्र की अन्तर्दशा – हो तो – स्त्री, पुत्र, धन, विभूषण के लाभ से सुख, सम्पत्ति लाभ, ग्राम या देश का आधिपत्य, यश का विकास और शत्रुओं का नाश होता है।

विशेष – मनुष्य का मरण (मरण या मरण तुल्य कष्ट या अपमानादि) होता है, ऐसा भी मत है।

पुनः विशेष – लग्न की दशा में लग्नेश के शत्रु की अन्तर्दशा होती है तो जातक का मरण (अष्टविधमरण में कोई एक) होता है। ऐसा सत्याचार्य का मत

# 22

# नक्षत्र

## नक्षत्र

नक्षत्र - 'न' मायने नहीं, 'क्ष' मायने क्षय, 'त्र' मायने तीनों काल में (भूतकाल, वर्तमानकाल, भविष्यकाल) जिनका तीनों काल में क्षय नहीं होता है, 'नक्षत्र' कहलाते हैं। नभ (आकाश) ही जिनका क्षत्र है उन्हें 'नक्षत्र' कहते हैं। कई ताराओं के समूह को 'नक्षत्र' कहते हैं। समय आकाश मण्डल को ज्योतिष शास्त्र ने 27 भागों में विभक्त कर प्रत्येक भाग का नाम एकेक (एक – एक) नक्षत्र रखा है। सूक्ष्मता से समझने के लिए प्रत्येक नक्षत्र के 4 भाग (चरण) किए हैं जो 108 चरण कहलाते हैं। 27 नक्षत्र और उनके स्वामी इस प्रकार हैं: -

नक्षत्र (स्वामी) – 1 - अश्विनी (अश्विनी कुमार), 2 - भरणी (यम), 3 - कृतिका (अग्नि), 4 - रोहिणी (ब्रह्मा), 5 - मृगशिरा (चंद्रमा), 6 - आर्द्रा (शिव), 7 - पुनर्वसु (अदिति), 8 - पुष्य (गुरु), 9 - आश्लेषा (सर्प), 10 - मघा (पितर), 11 - पुर्वा फाल्गुनी (भाग), 12 - उत्तरा फाल्गुनी (अर्यमा), 13 - हस्त (सूर्य), 14 - चित्रा (त्वष्टा), 15 - स्वाति (वायु), 16 - विशाखा (इन्द्र और अग्नि), 17 - अनुराधा (मित्र), 18 - ज्येश्ठा (इन्द्र), 19 – मूल (राक्षस), 20 – पूर्व - आषाढ़ा (जल), 21 - उत्तर आषाढ़ा (विश्वदेव), 22 - श्रवण (विष्णु), 23 - धनिष्ठा (वसुदेवा), 24 - शतभिषा (वरुण), 25 - पूर्व भाद्रपद (ऊजयात ब्रह्मा), 26 - उत्तरा -भाद्रपद (अहिर्बुहन्य सूर्य) और 27 - रेवती (पूषा)।

एक अन्य मतानुसार नक्षत्रों के स्वामी ग्रह भी हैं जो निम्नानुसार हैं –

| क्रमांक | ग्रह - स्वामी | नक्षत्र |
|---|---|---|
| 1 | केतू | अश्विनी, मघा, मूल |
| 2 | शुक्र | भरणी, पूर्व फाल्गुनी, पूर्व आषाढ़ा |
| 3 | सूर्य | कृतिका, उत्तर फाल्गुनी, उत्तर आषाढ |
| 4 | चंद्र | रोहिणी, हस्त, श्रवण |
| 5 | मंगल | मृगशिरा, चित्रा, धनिष्ठा |
| 6 | राहू | आर्द्रा, स्वाती, शतभिषा |
| 7 | गुरु | पुनर्वसु, विशाखा, पूर्व भाद्रपद |
| 8 | शनि | पुष्य, अनुराधा, उत्तर भाद्रपद |
| 9 | बुध | आश्लेषा, ज्येष्ठा, रेवती |

ग्रह - स्वामी, नक्षत्र

विशेष – ज्योतिषाचार्यों के मतानुसार 'अभिजित' 28 वां नक्षत्र होता है। उत्तराषाढ़ा की अंतिम 15 घड़ी और श्रवण के आरम्भ की 4 घड़ी, इस प्रकार 19 घड़ी के मान वाला अभिजित नक्षत्र होता है।

27 नक्षत्रों के प्रत्येक के 4 चरण (भाग) से कुल 108 चरण हो जाते हैं और इनका विभाजन जब 12 राशियों में किया जाता है तब एक राशि में 9 चरण (2.25 - सवा दो नक्षत्र) आते हैं। इसी नियम से प्रत्येक राशि में किस - किस नक्षत्र का कौन – कौन सा चरण आता है यह निम्नानुसार तालिका में प्रदर्शित है और उसी के अनुरूप प्रत्येक चरण के लिए हिन्दी वर्णमाला के एक - एक अक्षर भी हैं, जब किसी का जन्म जिस नक्षत्र के जिस चरण में जन्म होता हैं, उसी चरण के अक्षर के अनुरूप नामकरण करते हैं ऐसी मान्यता है –

राशि अनुसार नक्षत्र, नक्षत्र चरण और हिन्दी अक्षर

| क्रमांक | राशि | नक्षत्र | नक्षत्र चरण | हिन्दी अक्षर |
|---|---|---|---|---|
| 1 | मेष | अश्विनी<br>भरिणी<br>कृतिका, | 4,<br>4,<br>1, | चू, चे, चो, ला,<br>ली, लू, ले, लो<br>अ, |
| 2 | वृषभ | कृतिका,<br>रोहिणी<br>मृगशिरा, | 3,<br>4,<br>2, | इ, उ, ए,<br>ओ, वा, वी, वू,<br>वे, वो, |
| 3 | मिथुन | मृगशिरा,<br>आर्द्रा,<br>पुनर्वसु, | 2,<br>4,<br>3, | का, की,<br>कु, के, को, घ,<br>ड़, छ, ह, |
| 4 | कर्क | पुनर्वसु,<br>पुष्य,<br>आश्लेषा, | 1,<br>4,<br>4, | ही,<br>हू, हे, हो, डा,<br>डी, डू, डे, डो, |
| 5 | सिंह | मघा,<br>पूर्व-फाल्गुनी,<br>उत्तरफाल्गुनी, | 4,<br>4,<br>1, | मा, मी, मू, मे,<br>मो, टा, टी, टू,<br>टे, |
| 6 | कन्या | उत्तरफाल्गुनी,<br>हस्त,<br>चित्रा, | 3,<br>4,<br>2, | टो, पा, पी,<br>पू, पे, पो, ष,<br>ण, ठ, |
| 7 | तुला | चित्रा,<br>स्वाती,<br>विशाखा, | 2,<br>4,<br>3, | रा, री,<br>रु, रे, रो, ता,<br>ती, तू, ते, |
| 8 | वृश्चिक | विशाखा,<br>अनुराधा,<br>ज्येष्ठा, | 1,<br>4,<br>4, | तो,<br>ना, नी, नु, ने,<br>नो, य, यि, यु, |

राशि - नक्षत्र , नक्षत्र चरण , अक्षर

| | | | | |
|---|---|---|---|---|
| 9 | धनु | मूल, पूर्वाषाढ़ा, उत्तराषाढ़ा, | 4, 4, 1, | ये, यो, भा, भी, भू, भे, फा, ढा, धा, |
| 10 | मकर | उत्तराषाढ़ा, श्रवणधनिष्ठा, धनिष्ठा, | 3, 4, 2, | भो, जा, जी, खा, खी, खू, खे, गा, गी, |
| 11 | कुम्भ | धनिष्ठा, शतभिषा, पूर्व - भाद्रपद | 2, 4, 3, | गू, गे, गो, सा, सी, सु, से, सो, दा, |
| 12 | मीन | पूर्व-भाद्रपद, उत्तर-भाद्रपद, रेवती, | 1, 4, 4, | दी, दू, दे, दो, चा, ची, थ, झ, त्र, |

राशि - नक्षत्र , नक्षत्र चरण , अक्षर

# 23

# नामकरण

## नामकरण

नामकरण - जन्म के समय जो नक्षत्र होता है, ज्योतिष के अनुसार नक्षत्र के चरणानुसार अक्षर के शब्द से शुरू होने वाले अक्षर से नाम आचार्य रखते हैं। पहले कुछ, जिस दिन व्यक्ति पैदा हुआ उसके नाम से भी नाम रख लेते थे (जैसे रविवार से इतवारी, सूरज, सूरजपाल, सूर्यसेन आदि, सोमवार से सोमा, सोमपाल, चन्द्र्पाल, चंद्रवीर, चंद्रराज आदि, मंगल से मंगलिया, मंगल सिंह आदि, बुद्ध वार से बुद्धा, बुधलिया, बुधसेन आदि, गुरुवार से गोरे लाल, गुरुदयाल, गुरुप्रीति आदि, शुक्रवार से शुकराम, शुकलाल, शुकपाल आदि, शनिवार से श्यामा, श्यामलाल, शामलिया, श्याम सिंह, आदि। उसी प्रकार मूल नक्षत्र में पैदा होने वाले का नाम मूलचंद, मूलसिंह आदि भी रख लेते थे। राम, कृष्ण, शिव और अन्य से संबन्धित भी नाम रख लेते थे, जैसे - राम लाल, राम सिंह, रामनाथ, रामभूल, रामपाल, रामजीलाल, रामप्रसाद, रामकृष्ण, रामशंकर, रामनरेश, जगराम, गजराम, सीताराम, रामाधार, रामदीन, कृष्ण कुमार, कृष्णपाल, कृष्णवीर, शिवराम, शिवलाल, शिवसिंह, शिवध्यान, शिवपाल, शिवशंकर, जटाशंकर, उमाशंकर, शंकरलाल, नारायणसिंह, हरिप्रसाद, हरपाल, हरिराम, हरिराज, हरिओम, हरि नारायण, दयानंद, विवेकानंद, रामानन्द, श्यामानन्द आदि

मूल नक्षत्र वे नक्षत्र होते हैं जहा से राशि के साथ नक्षत्र भी शुरू/समाप्त होता है।

जैसे – अश्विनी, अश्लेषा, मघा, ज्येष्ठा, मूल, रेवती, नक्षत्र मूल नक्षत्र कहलाते हैं। इनमे से ज्येष्ठा, मूल तथा अश्लेषा बड़े मूल माने गये हैं। इन नक्षत्रों में जन्मे शिशु को मूल पड़े हैं, ऐसी मान्यता है। मूल संज्ञक नक्षत्र में जन्मे शिशु को देखना पिता के लिए वर्जित कहा गया है। किन्तु आजकल अस्पताल में प्रसूति गृह में जन्मे शिशु को देखना अनिवार्य रूप से नहीं माना जाता।

गंड मूल एवं फल – रेवती, अश्लेषा, ज्येष्ठा नक्षत्र की अंत की 2 घटी तथा अश्विनी, मघा, मूल आदि की 2 घटी गंड मूल कहलाते हैं । मूल शांति के पश्चात ही पिता नवजात शिशु का मुख देखें ऐसी राय शास्त्रों की है । बड़े मूल (अश्लेषा, ज्येष्ठा एवं मूल) नक्षत्र में जन्मे शिशु की मूल शांति, हवन, पूजन, आदि शास्त्रोक्त रीति से 27 वे दिन उसी नक्षत्र आने पर तथा साधारण मूल (अश्विनी, रेवती, मघा) की शांति 12 वे या 8 वें दिन करने का विधान है ।

मूल नक्षत्रों के चरणानुसार निम्नलिखित फल माने जाते हैं -

| मूल | प्रथम चरण | दवितीयचरण | तृतीय चरण | चतुर्थ चरण |
|---|---|---|---|---|
| अश्विनी | पिता को कष्ट | सुखी, ऐश्वर्य | मंत्री पद | राज सम्मान |
| मघा | माता को कष्ट | पिता को कष्ट | सुख | धनवान, विद्वान |
| ज्येष्ठा | बड़े भाई को कष्ट | छोटे भाई को कष्ट | मातृ कष्ट | स्वयं को कष्ट |
| रेवती | राज सम्मान | मंत्री पद | धन सुख प्राप्ति | अनेक कष्ट |
| अश्लेषा | पिता को कष्ट | मातृ कष्ट | धन हानि | सुख |
| मूल | शुभ | धन हानि | मातृ कष्ट | पितृ कष्ट |

मूल नक्षत्र - चरणानुसार

उपरोक्त से यह भी स्पष्ट है कि कुछ चरणों में मूल नक्षत्र भी लाभकारी व शुभ होते हैं ।

# 24

# नक्षत्र फल

## नक्षत्र फल

अश्विनी नक्षत्र फल -

अश्विनी नक्षत्र में जन्म लेने वाला सेवा कार्य में अभ्युदय (उन्नति) को प्राप्त होता है तथा उसका स्वभाव नम्र, सत्य बोलने वाला, सर्व सुख सम्पन्न और स्त्री एवं पुत्र के सुख से युक्त होता है।

भरणी नक्षत्र फल – भरणी में मनुष्य लोकोपवाद से अपयश पाने वाला, अपने समय को नाना प्रकार के विनोद (खेल) द्वारा व्यतीत करता है। जल से भीरु अर्थात नित्य स्नानादि क्रिया भी नहीं करता है। वह चंचल और दुष्ट स्वभाव वाला होता है।

कृतिका नक्षत्र फल – कृतिका में जन्म लेने वाला क्षुधा से पीड़ित, सत्य धन से रहित, व्यर्थ घूमने वाला, कृतघ्न, कटुवक्ता और अकर्तव्य करने वाला होता है।

रोहिणी नक्षत्र फल – रोहिणी में उत्पन्न जातक - धर्म - कर्म करने में कुशल, कृषि कर्म से जीविका चलाने वाला, सुंदर स्वभाव और शरीर वाला, वाकपटु, मेधावी अर्थात गूढ़ से भी गूढ़ विषय को अति स्पष्टतया समझाने की कला में निपुण होता है।

मृगशिरा नक्षत्र फल – मृगशिरा नक्षत्र में जन्म लेने वाला धनुर्विद्या (अस्त्र - शस्त्र) में पारंगत, नम्र, गुणों का आदर करने वाला, विलासी, नृप का प्रिय और सन्मार्गगामी होता है।

आर्द्रा नक्षत्र फल – आर्द्रा नक्षत्र में जिसका जन्म हो तो वह क्षुधातुर, रुक्ष शरीर वाला, कुटुम्बियों का प्रिय, कुपित रहने वाला, कृतघ्न तथा दया से हीन होता है।

पुनर्वसु नक्षत्र फल – जिसका जन्म पुनर्वसु नक्षत्र में हो तो वह मित्रों से युक्त, शास्त्राभ्यास करने वाला, रत्न – सुवर्णादि आभूषणों से परिपूर्ण, दानी एवं द्रव्य और भूमि से युक्त होता है।

पुष्य नक्षत्र फल – यदि पुष्य नक्षत्र में जन्म हो तो मनुष्य स्वस्थ शरीर वाला, माता - पिता का भक्त, अपने धर्म में आस्था रखने वाला, नम्र, लोक में मान्य और धन - वाहनादि

के सुख से पूर्ण होता है ।

आश्लेषा नक्षत्र फल – जातक यदि आश्लेषा नक्षत्र में पैदा हो तो वह व्यर्थ घूमने वाला, दुष्ट प्रकृति से व्यर्थ लोंगों को कष्ट देने वाला तथा उत्तम धन को भी कुमार्ग (बुरे कर्म) में ही खर्च करता है और विलासी, कामातुर होता है ।

मघा नक्षत्र फल – मघा नक्षत्र में उत्पन्न होने से जातक कठोर हृदय वाला, पिता का भक्त, तीव्र स्वभाव का होता है । वह विद्यावान, पापरहित, बुद्धिमान एव शत्रु को जीतने वाला होता है ।

पूर्व फाल्गुनी नक्षत्र फल – पूर्व फाल्गुनी नक्षत्र में जन्म होने से मनुष्य शूरवीर, दानी, बहुतों का पोशक और चतुर होता है, किन्तु वह धूर्त, कामातुर, कठोर हृदय और अति घमंडी भी होता है ।

उत्तर - फाल्गुनी नक्षत्र फल – उत्तर फाल्गुनी में उत्पन्न हुआ जातक दाता, दयालु, शीलवान, कीर्तमान और राजा का मंत्री होता है । उसका स्वभाव अत्यंत कोमल और धैर्य धारण करने वाला होता है ।

हस्त नक्षत्र फल - हस्त नक्षत्र में जन्म लेने वाला जातक दाता, मनस्वी, अति यशवाला, देव और ब्राह्मणों का भक्त था सब प्रकार की संपत्ति से सम्पन्न होता है ।

चित्रा नक्षत्र का फल – जातक यदि चित्रा नक्षत्र में जन्म ले तो वह अपने प्रताप के द्वारा शत्रु को दबाने वाला, नीतिशास्त्र में दक्ष, नाना प्रकार के वस्त्रों कों धारण करने वाला, शास्त्रादि में अदभूत बुद्धि वाला होता है ।

स्वाती नक्षत्र फल – स्वाती नक्षत्र में जन्म लेने वाला मनष्य कामदेव के समान सुंदर स्वरूप वाला, अनेक स्त्रियों से प्रीति रखने वाला, प्रसन्नचित्त और राजा श्री धन लाभ करने वाला होता है ।

विशाखा नक्षत्र फल – व नक्षत्र में जन्म लेने वाला जातक देवादि पूजन के निमित्त हवनादि क्रिया में रत रहने वाला, धातु क्रिया में कभी उग्र तो कभी सौम्य दिखने वाला तथा किसी का भी मित्र नहीं होता है ।

अनुराधा नक्षत्र फल – यदि बालक अनुराधा नक्षत्र में पैदा हो तो कांतिमान, यशवाला, सर्वदा उत्सव करने वाला, शत्रु का नाश करने वाला तथा अनेक कलाओं में निपुण और बहुत संपत्ति का भोगी होता है ।

ज्येष्ठा नक्षत्र फल - ज्येष्ठा नक्षत्र में उत्पन्न होने से मनुष्य उत्तम कान्ति, यश, प्रभुता से युत, धनी, सत्प्रतापी, नेता, लोक में मान्य एवं उत्तम वक्ता होता है ।

मूल नक्षत्र फल – मूल नक्षत्र के विरुद्ध अवयव में जन्म धारण करने वाला बालक कुल का नाशक, किन्तु इसके विपरीत (शुभावयव में) जातक सौभाग्य तथा दीर्घ आयु वाला एवं कुल की वृद्धि करने वाला होता है ऐसा विद्वत जनों का मत है ।

अभुक्तमूल फल - ज्येष्ठा के अंत की एक घटी एवं मूल नक्षत्र के प्रारम्भ की दो घटी को अभुक्तमूल कहा गया है । इस काल में उत्पन्न होने वाले शिशु का मुख 8 वर्ष पर्यंत देखना

पिता के लिए अशुभ है । दोष - निवारणार्थ शांति - विधान को भी कहते हैं ।

मूल शांति विधान – यदि बालक के माता - पिता नवरत्न, शतौषधि के मूल (जड़) एवं सप्तमृत्तिका को सौ छिद्रों वाले पानी से भरे हुए घड़े में छोड़कर ब्राह्मणों के द्वारा छिद्रों से निकलते हुए जल से स्नान कर जप, होम, दानादि को करें, तो अवश्यमेव कल्याण होता है । इस प्रकार उनके कल्याण की अभिलाषा चाहने वालों को मुनि का वचन मानना चाहिए ।

मूल चरण फल – यदि जातक मूल के प्रथम तीन चरणों में जन्म ले तो क्रम से पिता, माता और धन की हानि होती है, चतुर्थ चरण शुभ कहा गया है । किन्तु आश्लेषा नक्षत्र में ठीक इसके विपरीत फल होता है, अर्थात प्रथम चरण शुभ, द्वितीय में धन का, तृतीय में माता का तथा चतुर्थ में पिता का नाश होता है ।

मूल वेला फल – बालक के जन्म समय कृष्णपक्ष की तृतीया, दशमी एवं शुक्ल पक्षकी चतुर्दशी तथा मंगल, शनि, बुध इनसे युक्त मूल नक्षत्र हो तो कुलनाशक होता है, और यदि दिन में जन्म हो तो पिता के कुल, संध्या में माता के कुल, रात्रि में पशुओं का और प्रातः काल में मित्र वर्गों का अनिष्ट होता है ।

मूल - आश्लेषा घटीफल – पुरुषाकार मूल नक्षत्र के आदि से 5 घटी मस्तक में, 5 घटी मुख में, 8 घटी दोनों कन्धों में, दोनों बाहु में 8 घटी, दोनों हथेली में 2 घटी, हृदय में 8 घटी, नाभि में 2 घटी, गुदामार्ग में 10 घटी, दोनों घुटनों में 6 घटी और दोनों पैरों में 6 घटी विन्यास करके आगे श्लोकानुसार जन्म नक्षत्र फल से फलादेश करे ।

यथा - मस्तक की घटी में जन्म हो तो छत्र (राजचिह्न) लाभ, मुख की घटी में पिता का नाश, कंधे की घटी में भारवाही, भुजा की घटी में कुकर्म करने वाला, हथेली की घटी में हिंसा करने वाला, हृदय की घटी में राज्य लाभ नाभि की घटी में अल्पायु, गुदामार्ग की घटी में अदभूत मुख वाला, जांघ की घटी में भ्रमण करने वाला, और पैर की घटी में जन्म हो तो जातक अल्पायु होता है । इस प्रकार मूल के घटी में मुनियों ने जन्म फल कहा है ।

आश्लेषा घटी के फल – इसी प्रकार आश्लेषा के अंत में विपरीत (उल्टा) घटी के न्यास करके फल समझना चाहिए ।

मूल और आश्लेषा के मुहूर्त स्वामी – मध्यमान से 2 - 2 घटी का एक - एक मुहूर्त होता है । भभोग घटी का 30 वां भाग मुहूर्त होता है । तदानुसार मूल नक्षत्र में क्रम से 1 - राक्षस, 2 - यातुधान, 3 - सोम, 4 - शुक्र, 5 - फणीश (शेष), 6 - पिता, 7 - माता, 8 - यम, 9 - काल, 10 - विश्र्वेदेव, 11 - महेश्वर, 12 - शर्व, 13 - कुबेर, 14 - शुक्र, 15 - मेघ, 16 - दिवाकर, 17 - गंधर्व, 18 - यम, 19 - ब्रह्मा, 20 - विष्णु, 21 - यम, 22 - ईश्वर, 23 - विष्णु, 24 - रुद्र, 25 - पवन, 26 - मुनि, 27 - कार्तिकेय, 28 – भृंगिरीटि, 29 - सरस्वती, 30 - प्रजापति, - ये 30 मुहूर्त पति होते हैं । जन्म समय जिस मुहूर्त में जन्म हो उनके नाम के समान ही फल कहा गया है । आश्लेषा नक्षत्र में विपरीत (उल्टा 1 - प्रजापति, 2 - सरस्वती आदि) मुहूर्त स्वामी होते हैं, अतः आश्लेषा में तदानुसार ही फल समझना ।

इनमें अशुभ मुहूर्त – राक्षस, यातुधान, पिता, यम और काल ये 5 मुहूर्त जन्म समय में अशुभ और बाकी सब मुहूर्त शुभ होते हैं ।

वृक्षकार मूल – मूल नक्षत्र के आरंभ में 4 घटी मूल (जड़), 7 घटी स्तम्भ, 8 घटी त्वचा, 10 घटी शाखा, 9 घटी पत्र, 5 घटी पुष्प, 6 घटी फल, 11 घटी शिखा रूप समझें तथा आगे अनुसार उसका फलादेश करें –

वृक्ष घटी फल – उपरोक्त घटी विभाग में जन्म समय इष्टकाल यदि फल और पत्र में हो तो अशुभ फल कहे गये हैं ।

फल के तारतम्य – एवं उक्त चरण, मुहूर्त, वृक्ष और पुरुषाकृति घटी के अनुसार सब फलों को देखना, इनमें अशुभ फल के संख्या अधिक हो तो अशुभ, शुभ फल की संख्या अधिक हो तो शुभ फल समझना चाहिए ।

पिता और भ्राता के जन्म नक्षत्र में जन्मफल – यदि पिता या भाई के जन्म नक्षत्र में जन्म हो तो वह जातक पिता, माता, अपने बड़े भाई का अनिष्टकर होता है ।

शांति कथन – पिता या भाई के नक्षत्र में जन्म हो तो मूल शांति के समान ही शांति करनी चाहिए । तथा ब्राह्मणों को यथाशक्ति भूमि, रत्न, सुवर्ण और अन्नादि देना चाहिए ।

मूल नक्षत्र जन्म का सामान्य फल – मूल नक्षत्र में जिसका जन्म होता है वह सुखी, धन, वाहन से युक्त, हिंसक, बलवान, स्थिर कर्म करने वाला, शत्रुओं को जीतने वाला और विद्वान होता है ।

पूर्व आषाढ़ा नक्षत्र जन्म फल - पूर्व आषाढ़ा नक्षत्र में जिसका जन्म होता है, वह बार - बार पानी पेने की इच्छा करने वाला, भोगी, मृदु और प्रिय बोलने वाला, सुशील तथा अधिक संपत्ति वाला होता है ।

उत्तर आषाढ़ा नक्षत्र जन्म फल – उत्तर आषाढ़ा नक्षत्र में जन्म लेने वाला दानी, दयालु, विजयी, विनययुक्त, सत्यकार्यकर्ता, प्रभुत्ववान, स्त्री और संतानों से अतिसुखी होता है ।

अभिजीत नक्षत्र फल – अभिजीत (उत्तर आषाढ़ा के चतुर्थ चरण तथा श्रवण के आदि की 4 घटी) में जन्म लेने वाला सुंदर, सज्जनों का प्रिय, विजयी, यशस्वी, देवता और ब्राह्मणों का भक्त, स्पष्टवक्ता और अपने कुल में श्रेष्ठ होता है ।

श्रवण नक्षत्र फल – श्रवण नक्षत्र में जन्म होने से जातक शास्त्र में संलग्न, अधिक पुत्र वाला, सत्पात्रों का भक्त तथा शत्रु का नाश करने वाला एवं पुराण श्रवण करने में तेज होता है ।

धनिष्ठा नक्षत्र फल – यदि जातक धनिष्ठा नक्षत्र में जन्म ले तो श्रेष्ठ आचरण वाला, व्यवहार कुशल, धनाढ्य, बलवान, दयालु और अति प्रतिष्ठा वाला होता है ।

शतभिषा नक्षत्र फल – शतभिषा में जन्म लेने वाला मनुष्य शीत से डरने वाला, अत्यन्त साहसी, कठोर ह्रदयी, चतुर तथा शत्रुओं का नाश करने में समर्थ होता है ।

पूर्व भाद्रपद नक्षत्र फल – पूर्व भाद्रपद नक्षत्र में उत्पन्न बालक जितेंद्रिय, सब कलाओं में निपुण, शत्रु का नाशक तथा बुद्धिमान होता है ।

उत्तर भाद्रपद नक्षत्र फल – उत्तर भाद्रपद नक्षत्र में जन्म होने से जातक अपने कुल में श्रेष्ठ मध्यम देह वाला, सत्कर्म करने वाला, धनाढ्य, अभिमानी और कीर्तिशाली होता है ।

रेवती नक्षत्र फल – रेवती नक्षत्र में जन्म लेने से मनुष्य अच्छे स्वभाव का, धनी, जितेन्द्रीय, नेक नीयत से द्रव्य लाभ करने वाला तथा तीक्ष्ण बुद्धि वाला होता है ।

# 25

# पंचक, सूतक और ग्रहण

पंचक – जब चंद्रमा कुम्भ और मीन राशि में आता/होता है तो पंचक कहलाते है जो सामान्यत: पांच दिन के लिए होते हैं क्योंकि एक राशि में चंद्रमा 2-1/4 (सवा दो) दिन रहता है तो दो राशि का समय 4-1/2 (साढ़े चार) दिन अर्थात पांच दिन होते हैं। कुम्भ और मीन राशि के समय धनिष्ठा के तृतीय चरण से शुरू होकर शतभिषा, पूर्व भाद्रपद, उत्तर - भाद्रपद और रेवती नक्षत्र तक का समय होता है।

इस समय में शुभ कार्य वर्जित माने जाते हैं।

सूतक - सूतक का मतलब उस काल में हुई अशुद्धि से होता है। यह वह समय कहलाता है जब घर, परिवार में किसी का जन्म, मृत्यु और ग्रहण के समय कुछ कार्य धर्म – कर्म (मंदिर नहीं जाना, पूजा, विवाह आदि नहीं करना आदि) का पालन करना वर्जित हो जाता है, ये 10 दिन के समय तक लगता है। कुछ लोग सूतक को पातक भी कहते हैं। सूतक चंद्र - ग्रहण और चंद्र ग्रहण के समय भी लगता है। सूर्य ग्रहण के समय सूतक 12 घंटे पहले लगता है, जबकि चंद्र ग्रहण के समय सूतक 9 घंटे पहले ही लगता है।

ग्रहण - काल के समय शौचालय न जाएं, भोजन न बनाएँ और न स्नान करें। सूर्य ग्रहण को विशेषकर नंगी आखों से न देखे क्योंकि अल्ट्रा - वायलेट किरणे आखों को नुकसान पहुचाती हैं।

चन्द्र ग्रहण – सामान्य जानकारी से चन्द्र ग्रहण पूर्णिमा/पूर्णमासी के दिन की रात्रि को ही पड़ता है क्योंकि चंद्र केवल पूर्णिमा के दिन की रात्रि को ही पूरा दिखता है और शेष दिन तो चन्द्र, वह स्वयं ही अपूर्ण दिखता है। ज्योतिष कुंडली में जब सूर्य चंद्र एक - दूसरे के आमने - सामने अर्थात 180 डिग्री/अंश का अंतर होता है उस दिन पूर्णिमा का दिन होता है। यह स्थिति प्रत्येक माह में एक बार आती है। इन स्थितियों में जब पृथ्वी दोनों के बीच हो अर्थात एक तरफ सूर्य और दूसरी तरफ चन्द्र तो उस दिन चंद्र ग्रहण होता है क्योंकि पृथ्वी की छाया सूर्य की किरणों के रुकने से चंद्रमा पर पड़ती हैं ऐसी स्थिति में चन्द्र ग्रहण होता है।

सूर्य ग्रहण – जब सूर्य और चन्द्र एक ही राशि, भाव/स्थान/खाना में होते है तब अमावस्या का दिन होता है । यह वर्ष में 12 बार होता है । सूर्य ग्रहण केवल अमावस्या के दिन ही पड़ता है क्योंकि उस दिन चन्द्र नहीं दिखता है फिर भी सूर्य पर असर पड़ता है, यह स्थिति तब होती है जब चन्द्र, पृथ्वी और सूर्य के बीच (मध्य) हो ऐसी स्थिति में चंद्र के बीच में आने से सूर्य पूरा नहीं दिखता है और सूर्य ग्रहण होता है ।

सूर्य और चन्द्र ग्रहण की घटनाओं को वैज्ञानिक और ज्योतिष गणनाओं से उचित पाया जाता रहा है इससे यह स्पष्ट है कि ये एक शुद्ध गणितीय गणनायें हैं, जो सदियों से सही/उचित चली आ रहीं हैं, फिर कैसे कहें कि ज्योतिष एक गणितीय विद्या नहीं है ?

# 26

# योग फल

## योग

योग – सूर्य और चंद्र के राशि कला - विकला के जोड़ को योग कहते हैं । ये योग निम्न हैं – 27 योग –

1. विष्कुंभ - यम, 2 - आयुष्मान - चंद्र, 3 - शोभन - बृहस्पति, 4 - सुकमा - इन्द्र, 5 - शूल - सर्प, 6 - वृद्धि - सूर्य, 7 - व्याघात - वायु, 8 - वज्र - वरुण, 9 - व्यतिपात - रुद्र, 10 - परिघ - विश्वकर्म, 11 - सिद्धि - कार्तिकेय, 12 - शुभ - लक्ष्मी, 13 – ब्रह्म - अश्विनी, 14 - वैधृति - दिति, 15 - प्रीति - विष्णु, 16 - सौभाग्यम - बृहमा, 17 – अतिगण्ड - चंद्रमा, 18 – धृति - जल, 19 – गंड - अग्नि, 20 – ध्रुव - भूमि, 21 - घर्षण - भग, 22 – सिद्ध - गणेश, 23 - वरीयान - कुबेर, 24 - शिव - मित्र, 25 - साध्य - सविता, 26 - शुक्ल - पार्वती, 27 – ऐन्द्र - पितर ।

### योग फल –

विष्कंभ योग फल – विष्कंभ योग में उत्पन्न होने से जातक सर्वदा स्त्री - पुत्र - मित्रादि से सुखी, सब कार्य को करने में स्वतंत्र रहने वाला एवं शारीरिक सौन्दर्य की वृद्धि में विशेष तत्पर रहने वाला ।

प्रीति योग फल – प्रीति योग में जन्म लेने वाला उत्तम वक्ता, स्वरूपवान, संपत्ति युक्त, अत्यंत दाता, प्रसन्न मुख वाला तथा दूसरों के आनंद से आनन्दित होने वाला और धर्मात्मा होता है ।

आयुष्मान योग फल - जिस बालक का जन्म आयुष्मान योग में हो वह द्रव्योपार्जन के लिये प्रयत्नशील, बगीचे में घूमने का शौकीन, बहुत वर्ष तक जीने वाला और मानी होता है ।

सौभाग्य योग फल – यदि सौभाग्य योग में मनुष्य जन्मा हो तो ज्ञानवान, धनवान, सत्यपरायण, अच्छे आचरण वाला, बली, विवेकयुक्त, रूपवान, सौभाग्यवान और घमंडी होता है ।

शोभन योग फल – शोभन योग में उत्पन्न होने से जातक जवाब कुशल, सुंदर, गौरवी, उत्तम बुद्धि वाला, एवं सर्वदा सत्कार्य में तत्पर रहने वाला होता है ।

अतिगण्ड योग फल – अतिगण्ड योग में जिसका जन्म हो वह अहंकारी, गले की पीड़ा से पीड़ित, क्रोधी, लंबे कद का, धूर्त, कलह करने वाला, बड़ी ठोढ़ी वाला और पाखंडी होता है ।

सुकर्म योग फल - यदि बालक सुकर्म योग में उत्पन्न हो तो सर्वदा प्रसन्न, कलाओं में निपुण, साहसी और उत्साही होता है । वह दूसरों का उपकार करने वाला और सत्कर्मगामी होता है ।

धृति योग फल – धृति योग में जन्म लेने वाला ज्ञानी, दानी, आनंद से रहने वाला, सभा में श्रेष्ठ, चंचल, सुशील और नीति - नियमानुसार चलने वाला, धैर्यवान होता है ।

शूल योग फल – शूल योग में जिसका जन्म हो वह दरिद्र, रोगपीड़ित, कुकर्मी, मूर्ख, वीणे रहित और कदाचित शूलरोग से कष्ट पाने वाला होता है ।

गण्ड योग फल – गण्ड योग में उत्पन्न होने से मनुष्य धूर्त, मित्र के कार्य में सहयोग न देने वाला, कलही, स्वभाव का कठोर और अत्यधिक क्रोधी होता है ।

वृद्धि योग फल – जिसके जन्म काल में वृद्धि योग हो वह संग्रह में रुचि रखने वाला, चतुर, व्यापार से धन लाभ करने वाला और भाग्यवान होता है ।

ध्रुव योग फल – ध्रुव योग में जन्म होने से जातक के घर में सर्वदा लक्ष्मी का निवास और मुख में सरस्वती विराजमान रहने से निश्चल कीर्ति को प्राप्त होता है ।

व्याघात योग फल – व्याघात योग में उत्पन्न मनुष्य उत्पन्न मनुष्य क्रूर, मंददृष्टि (कम देखने वाला) दया रहित, बड़ी ठोढ़ी वाला, एक दूसरे की निंदा करने वाला, मिथ्याभाषी तथा हिंसक प्रकृति का होता है ।

हर्षण योग फल – हर्षण योग में जन्म लेने वाला कोमल बदन (शरीर वाला, शास्त्राभ्यासी, रक्तवर्ण (लाल) वस्त्र तथा अलंकरण में प्रेम रखने वाला और शत्रुओं का नाशक होता है ।

वज्र योग फल – जिसका जन्म वज्र योग में हो वह बुद्धिमान, उत्तम बंधु, गुणी, महाबली, सत्या बोलने वाला, रत्न - परीक्षक और हीरा तथा मूल्यवान आभूषणों को धारण करने वाला होता है ।

सिद्धि योग फल – यदि जातक सिद्धि योगफल में जन्म ले तो वह उदार दिल, चतुर, सुंदर स्वभाव का, शास्त्र को मानने वाला, तत्वज्ञानी और सर्वदा भाग्य की वृद्धि होती है ।

व्यतीपात योग फल - व्यतीपात योग में जन्म लेने वाला अपने माता - पिता के वचनों को मानने वाला, गुप्तांग रोगी, कठोर हृदय और दूसरों के कार्य में बाधा डालने वाला होता है।

वरीयान योग फल – वरीयान योग में उत्पन्न मनुष्य प्राप्त अन्न - धनादि को भोगने वाला। नम्रता युक्त, द्रव्य की अल्पता रहने पर भी समीचीन खर्च करने वाला, अच्छे कर्म में प्रवृत्त और श्रेष्ठ होता है।

परिघ योग फल – जिसका जन्म परिघ योग में हो वह झूंठी गवाही और अनेकों की जमानत लेने वाला, अपने द्वारा किए गये कर्म को स्पष्ट करने वाला, शत्रु को पराजित करने वाला और दुर्धर्षी जीव होता है।

शिव योग फल – शिव योग में जन्म लेने वाला मंत्र शास्त्र का ज्ञाता, इंद्रियों को वश में रखने वाला, सुंदर देह वाला और भगवान शिव की कृपा से सर्वदा सुखी रहता है।

सिद्ध योग फल – सिद्ध योग में जन्म लेने से जातक जितेंद्रिय, सत्यवक्ता, अति गौरवर्ण, सब कार्यों में कुशल और अनेकों कार्य को सिद्ध करने में सफल होता है।

साध्य योग फल – साध्य योग में उत्पन्न मनुष्य नम्र, चतुर, हसमुख, कार्यकुशल, शत्रुओं को हराने वाला, मंत्र विद्या के प्रभाव से (इष्ट) सिद्धि को प्राप्त करता है।

शुभ योग फल – जिस मनुष्य का जन्म शुभ योग में हो वह सत्कार्य करने, सुंदर वचन बोलने और शुभ लक्षण वाला होता है तथा लोंगों को सदुपदेश करने वाला होता है।

शुक्ल योग फल – शुक्ल योग में जन्म लेने से मनुष्य जितेंद्रिय, सत्यभाषी, अत्यंत बलवान, वाद - विवाद और युद्ध में जय लाभ करने वाला, आदर और श्वेत (स्वच्छ) वस्त्रों को धारण करने की अभिलाषा वाला होता है।

ब्रह्म योग फल – ब्रह्म योग में उत्पन्न होने वाला विद्याभ्यास का अत्यंत प्रेमी, सत्य आचरण रखने से आदरणीय, शांत स्वभाव, दाता (उदार) तथा सुकर्मी होता है।

ऐन्द्र योग फल – ऐन्द्र योग में जन्म लेने वाला बलवान, तेजस्वी, कफ रोग से पीड़ित और अपने कुल में राजा के समान प्रभाव वाला होता है।

वैधृति योग फल – जिस मनुष्य का जन्म वैधृति योग में हो तो वह चंचल और चुगलखोर, दुष्टों से संपर्क रखने वाला, शास्त्र न मानने वाला, मलिन हृदय और भय की बात से अधीर हो

# 27

# करण फल

## करण

करण - तिथि के भोगकाल के आधे भाग को 'करण' कहते हैं । एक तिथि के दो करण होते हैं । तिथियों के अनुसार दोनों पक्षों में 11 करण होते हैं । इनमें से 7 करण व चार स्थिर करण हैं । चार स्थिर करण हैं - शकुनि, नाग, चतुष्पद और किस्तुध्न हैं । करणों के नाम निम्न हैं – 1- बव, 2- बालव, 3- कौलव, 4- तैतिल, 5- गर, 6- वनिज, 7- विष्टि, 8- शकुनि, 9- चतुष्पद, 10- नाग, 11- किस्तुध्न ।

करणों के स्वामी की जानकारी करण के कोष्टक में दी गई है –

1. बव (इन्द्र), 2- बालव (ब्रह्मा), 3- कौलव (सूर्य), 4- तैतिल (सूर्य), 5- गर (पृथ्वी), 6 - वनिज (लक्ष्मी), 7- विष्टि (यम), 8- शकुनि (कलियुग), 9- चतुष्पद (रुद्र), 10 - नाग (सर्प), 11- किस्तुध्न (वायु) ।

तिथियों के अनुसार दोनों पक्षों के करण –

| कृष्ण पक्ष | पूर्वार्ध | उत्तरार्ध | शुक्ल पक्ष | पूर्वार्ध | उत्तरार्ध |
|---|---|---|---|---|---|
| 1 | बालव | कौलव | 1 | किस्तुघ्न | बव |
| 2 | तैतिल | गर | 2 | बालव | कौलव |
| 3 | वनिज | विष्टि | 3 | तैतिल | गर |
| 4 | बव | बालव | 4 | वनिज | विष्टि |
| 5 | कौलव | तैतिल | 5 | बव | बालव |
| 6 | गर | वनिज | 6 | कौलव | तैतिल |
| 7 | विष्टि | बव | 7 | गर | वनिज |
| 8 | बालव | कौलव | 8 | विष्टि | गर |
| 9 | तैतिल | गर | 9 | बालव | कौलव |
| 10 | वनिज | विष्टि | 10 | तैतिल | गर |
| 11 | बव | बालव | 11 | वनिज | विष्टि |
| 12 | कौलव | तैतिल | 12 | बव | बालव |
| 13 | गर | वनिज | 13 | कौलव | तैतिल |
| 14 | विष्टि | शकुनि | 14 | गर | वनिज |
| 30 | चतुष्पद | नाग | 15 | विष्टि | बव |

तिथियों के अनुसार दोनों पक्षों के करण

करण फल –

बव करण फल - बव करण में जन्म होने से मनुष्य अधिक कामी, दयालु, बली, सुंदर स्वभाव का, पंडित, जल्दी चलने वाला, भाग्यशाली तथा नाना प्रकार की सम्पत्तियों से युक्त होता है ।

बालव करण फल – बालव करण फल में जिसका जन्म हो वह बहादुर, विलासी, काव्यकर्त्ता, दाता, बुद्धिमान और कलाओं को जानने वाला होता है ।

कौलव करण फल – कौलव करण में जन्म लेने से जातक, कामी, ढीठ, बहुतों का प्रिय, स्वच्छंद, अधिक मित्र वाला, बली, मधुर वाणी बोलने वाला और उत्तम कुल में पैदा हुआ होता हैं ।

तैतिल करण फल – तैतिल करण फल में जन्म लेने वाला मनुष्य सुंदर तथा सुकुमार, क्रीडा विलास करने में चतुर, कलाओं में निपुण, कुशल वक्ता, अत्यंत सुशील, निर्मल बुद्धि और चंचल दृष्टि वाला होता है।

गर करण फल – गर करण में जन्म लेने वाला परोपकारी, आदरणीय, विवेकी, चतुर चतुर, शत्रु को पराजित करने वाला, शूर, अतिधीर, उदार हृदय और सुंदर देह वाला होता है।

वनिज करण फल – वनिज करण में उत्पन्न मनुष्य कलाओं में निपुण, हंसमुख, पंडित (ज्ञानवान), सम्मानयुक्त तथा व्यापार से धन लाभ करने वाला होता है।

विष्टि करण फल – विष्टि करण में जिसका जन्म होता है, वह स्वरूपवान, चंचल, बलशाली, शत्रु को जीतने वाला, किन्तु दुर्बुद्धि और अधिक सोने वाला होता है।

शकुनि करण फल – जिसका जन्म शकुनि करण में हो वह मंत्र शास्त्र में निपुण, गुणवान, हमेशा सावधान रहने वाला, अधिक मित्र वाला, भाग्यवान और शकुन जानने वाला होता है।

चतुष्पद करण फल – चतुष्पद करण में जन्म लेने से मनुष्य सदाचार से रहित, संग्रह करने में असमर्थ, दुर्बल देह वाला, और चौपायों (जानवरों) के सुख से सुखी होता है।

नाग करण फल – नाग करण में जिसका जन्म होता है वह बु स्वभाव का, चंचल, बलवान, दुष्ट हृदय वाला, क्रोध से दुर्बुद्धि को प्राप्त होकर कुकर्म करने वाला, द्रोह से कुल का नाश करने वाला और रणधीर होता है।

किन्स्तुघ्न करण फल – जिसका जन्म किन्स्तुघ्न करण में हो वह धर्म, अधर्म, मित्र और अमित्र इनमें समान बुद्धि रखने वाला, कामातुर तथा बलहीन होता है।

गंडान्त जन्म का फल –

गंडान्त तीन प्रकार के कहे गये हैं – नक्षत्र, तिथि और लग्न गंडान्त। इनमे जन्म लेने वाला क्रम से पिता, माता और भाई का नाशक होता है और कुल नाश करने वाला होता है।

देवगण फल – जिसका देवगण में होता है वह सुंदर वाणी वाला, सरल हृदय, अल्पाहारी, गुणग्राही और धनवान होता है।

मनुष्यगण फल – मनुष्यगण में जन्म लेने से जातक देव और ब्राह्मणों का भक्त, घमंडी, धनाढ्य, दयालु, बलवान, कलाओं में निपुण, ज्ञानी, कांतिमान और बहुतों का पालक (सुख देने वाला) होता है।

राक्षसगण फल – राक्षसगण में उत्पन्न मनुष्य व्यर्थ अधिक बोलने वाला, हृदय का कठोर, धैर्यशाली, क्रोध करने वाला, नीच प्रकृति, झगड़ालू, बलवान तथा लोंगों से विरोध करने वाला होता है।

# 28

# ज्योतिष कुंडली

## ज्योतिष कुंडली

ज्योतिष कुंडली – यह एक प्रकार से सौरमंडल में सभी ग्रहों की प्रत्येक विशेष समय की स्थिति को प्रदर्शित करती है और उसके अनुरूप ही विवेचना की जाती है । दिनाक, समय, स्थान, तिथि, माह, वर्ष आदि के अनुसार सभी ग्रहों के स्थिति का विवरण कुंडली के माध्यम से प्रदर्शित किया जाता है । कुंडली को 12 वर्ग/खाना/भाव/घर के आधार पर विभाजित किया जाता है । ये घड़ी के उल्टे क्रम (एंटीक्लोक वाइज़) अनुसार होते हैं । सम्पूर्ण सौरमंडल को 12 राशियों में विभाजित किया गया है उसी अनुरूप कुंडली में भी 12 राशियों का समावेश होता हैं । जिस किसी वर्ग/खाना/भाव/घर में जो अंक लिखा होता हैं वह राशि क्रमांक (1 - मेष – से 12 मीन तक) को प्रदर्शित करता है न कि वर्ग/खाना/भाव/घर को ।

कुंडली मानचित्र – अ -

| | | | | |
|---|---|---|---|---|
| तृतीय | द्वितीय | प्रथम | द्वादशम | एकादशम |
| चतुर्थ | | | | दशम |
| पंचम | षष्टम | सप्तम | अष्टम | नवम |

कुंडली मानचित्र – अ

प्रथम वर्ग/खाना/भाव/घर – को पहला स्थान के कारण लग्न भी कहते हैं ।

कुंडली मानचित्र – आ

किस भाव से क्या - क्या प्रदर्शित होता है निम्नानुसार है -

| क्र | भाव | भाव नाम | सामाजिक सम्बन्ध | शरीर - स्वभाव | प्रभाव | फल |
|---|---|---|---|---|---|---|
| 1 | प्रथम - पहला | तन भाव | ताऊ | शरीर (सिर, मस्तक, मुख) जन्म - स्थान, | रूप, रंग, जाति | शुभ उत्तम |
| 2 | द्वितीय - दूसरा | धन भाव | पड़ोसी, कुटुम्ब मित्र, पितृ पक्ष | शरीर का दायाँ भाग - चेहरा - आँख, नाक, कंठ | संपत्ति | अशुभ मध्यम |
| 3 | तृतीय - तीसरा | पराक्रम भाव | भाई, बहिन, नौकर, गुप्त शत्रु | शरीर का दायाँ भाग - गला, हाथ, कान, कंधा | धैर्य, नोकर | शुभाशुभ मध्यम |
| 4 | चतुर्थ - चौथा | मातृ भाव | माता, श्वसुर, मित्र, नौकर | हृदय, छाती यकृत | शिक्षा | शुभ उत्तम |
| 5 | पंचम - पाँचवाँ | संतान /सुख भाव | संतान -पुत्र, पुत्रि, दत्तक पुत्र | पेट, पीठ | विद्या/ लेखन | शुभ सर्वोत्तम |
| 6 | षष्टम - छटा | रिपु/दुख भाव | मामा, मामी, मौसी, सेवक | आंत, नाभि, दायाँ पाँव | रोग | अशुभ |
| 7 | सप्तम -सातवाँ | जाया /विवाह भाव | पति - पत्नि, ताई, बहिन, तीसरा भाई | कमर, मूत्राशय, गुप्तांग, जनेन्द्रिय, गुदा | पति - पत्नि विवाह, यात्रा | शुभ उत्तम |
| 8 | अष्टम -आठवाँ | मृत्यु भाव | ससुराल पक्ष | इंद्रिय, वायाँ पाँव | दुख, युद्ध, विपत्ति, | अशुभ |

भाव प्रदर्शन

| | | | | | | |
|---|---|---|---|---|---|---|
| 9 | नवम - नौवां | धर्म भाव | भाई, बहनोई, साला | पेट, पीठ | भाग्य, धर्म | शुभ सर्वोत्तम |
| 10 | दशम - दशवा | कर्म भाव | पिता, सास, गुरु | हृदय, छाती | व्यवसाय | शुभ उत्तम |
| 11 | एकादशम - ग्यारहवाँ | लाभ/ आय भाव | मित्र, दामाद, पुत्र वधू | शरीर का वायाँ भाग - गला, हाथ, कान, कंधा | आय | शुभाशुभ मध्यम |
| 12 | द्वादशम - बारहवाँ | हानि भाव | चाचा चाची | शरीर का वायाँ भाग - आँख, नाक, कंठ | व्यय, विदेश भ्रमण | अशुभ मध्यम |

भाव प्रदर्शन

कुंडली भाव -

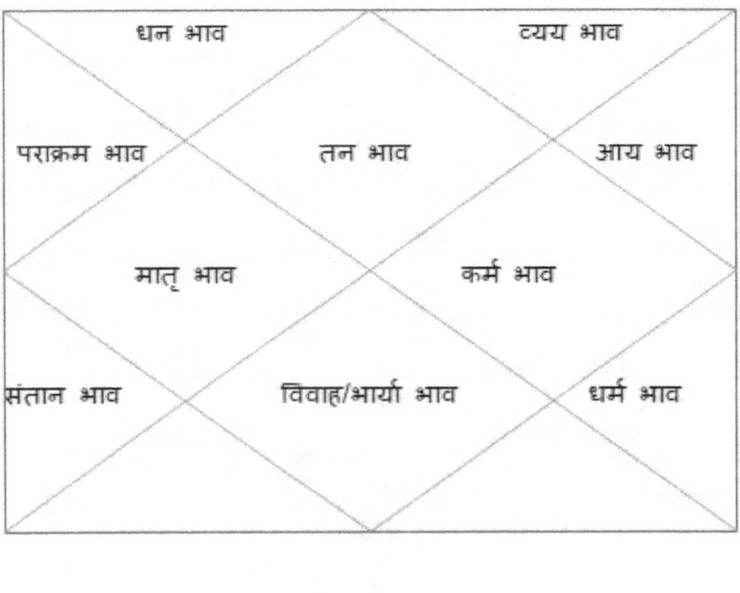


कुंडली भाव

कुंडली भाव - - शुभ - अशुभ फल -

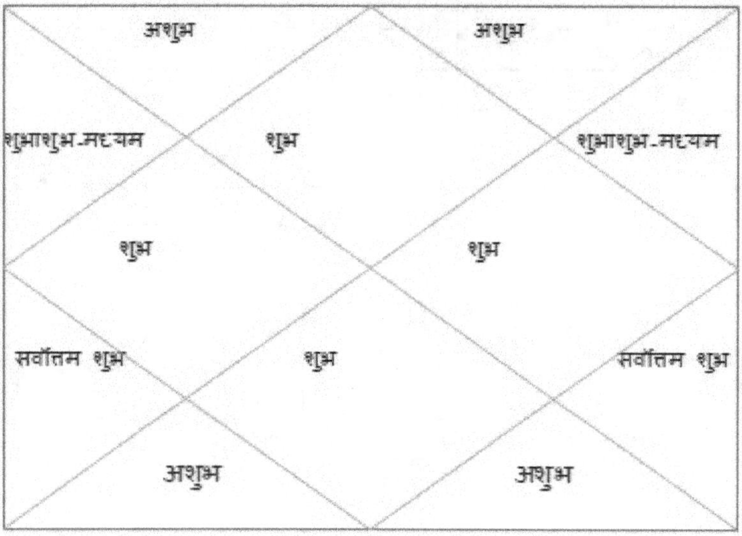


कुंडली भाव - - शुभ - अशुभ फल

मारक स्थान/भाव - 2, 7 के अलावा (6, 8, 12) त्रिक भाव में बैठे राहू, केतू
केंद्र स्थान/भाव – 1, 4, 7, 10
त्रिकोण स्थान/भाव - 5, 9
उपचय स्थान/भाव - 3, 6, 10, 11
पणकर स्थान/भाव – 2, 5, 8, 11
आयोलिक्म स्थान/भाव - 3, 6, 9, 12
चतु रत्न स्थान/भाव - 4, 8
त्रिक स्थान/भाव - 6, 8, 12
जन्म के समय उपस्थित व्यक्ति –

लग्न से चौथे स्थान तक उपस्थित ग्रहों की संख्या - घर के अंदर उपस्थित स्त्रियाँ बताती हैं,

लग्न से 5 से 7 स्थान/घर तक उपस्थित ग्रहों की संख्या घर के बाहर की उपस्थिति संख्या बताती हैं ।

| क्रमांक | स्थान/भाव/घर | कारक ग्रह | अकारक (बाधा) ग्रह | स्थान |
|---|---|---|---|---|
| 1 | तन भाव | सूर्य | राहु, | केंद्र |
| 2 | धन भाव | गुरु | चंद्र | मारक |
| 3 | पराक्रम भाव | मंगल | शुक्र | उपचय, आयोलिक्म |
| 4 | मातृ, सुख भाव | चन्द्र, बुध | बुध | केंद्र |
| 5 | संतान, बुद्धि भाव | गुरु | गुरु | त्रिकोण, पणकर |
| 6 | रोग, शत्रु भाव | मंगल, शनि | शुक्र | उपचय, आयोलिक्म, त्रिक |
| 7 | विवाह भाव | शुक्र | केतू | मारक, केंद्र |

कारक अकारक ग्रह

| | | | | |
|---|---|---|---|---|
| 8 | दुख, आयु, मृत्यु भाव | शनि | बुध | पणकर, त्रिक, चतु रत्र |
| 9 | धर्म, भाग्य भाव | सूर्य, गुरु | सूर्य, गुरु | त्रिकोण, आयोलिक्म |
| 10 | कर्म भाव | सूर्य, बुध, गुरु | शनि, मंगल | केंद्र, उपचय |
| 11 | आय भाव | गुरु | केतू | उपचय, पणकर |
| 12 | व्यय भाव | शनि | सूर्य, चंद्र | त्रिक, आयोलिक्म |

कारक अकारक ग्रह

समय – जन्म कुंडली में सूर्य की स्थिति से जन्म समय और रात - दिन का पता चलता है। सामान्यत: एक दिनरात में 24 घंटे होते हैं, सर्दी/जाड़ों में दिन छोटे और रात बड़ी होती

हैं और गर्मी में दिन बड़े और रात छोटी होती हैं। एक दिन – रात में सूर्य सभी 12 राशियों में परिक्रमा कर लेता है। इस तरह से एक राशि में भ्रमण काल/समय लगभग 2 घंटे का रहता है जबकि सही समय पहले बता जा चुका है फिर भी पुन: लिख रहे हैं – 1 - मेष (1 घंटा 40 मिनिट), 2 - वृषभ (1 घंटा - 58 मिनट), 3 - मिथुन (2 घंटा - 13 मिनिट), 4 - कर्क (2 घंटा - 11 मिनिट), 5 - सिंह (2 घंटा 12 मिनिट), 6 - कन्या (2 घंटा -11 मिनिट), 7 - तुला (2 घंटा - 15 मिनिट), 8 - वृश्चिक (2 घंटा -16 मिनिट), 9 - धनु (2 घंटा - 05 मिनिट), 10 - मकर (1 घंटा - 47 मिनिट), 11 - कुम्भ (1 घंटा - 34 मिनिट), 12 - मीन (1घंटा - 30 मिनिट) इस प्रकार 23 घंटे 57 मिनिट का समय होता है।

इस प्रकार कुंडली का एक भाव लगभग 2 घंटे का समय बताता है जिससे सूर्य स्थिति से दिनमान समय का पता चलता है।

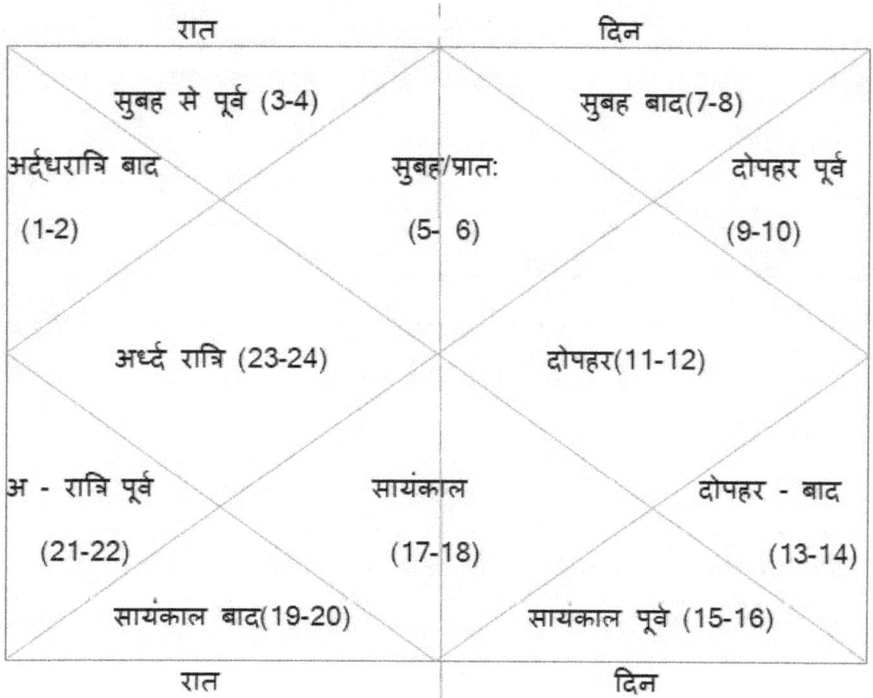


रात दिन

सूर्य स्थिति से समय -

| | | | | |
|---|---|---|---|---|
| तृतीय - (अर्ध रात्रि के बाद) | द्वितीय - (सुबह/सूर्योदय से पहले) | प्रथम - (सुबह/सूर्योदय) | द्वादश - (सुबह/सूर्योदय बाद) | एकादश - (दोपहर - पहले) |
| चतुर्थ - (अर्ध - रात्रि) | | | | दशम-(दोपहर) |
| पंचम - (अर्ध रात्रि से पहले) | षष्टम- (सायं/ सूर्यास्त के बाद) | सप्तम- (सायं/ सूर्यास्त) | अष्टम- (सायं/सूर्यास्त से पहले) | नवम-(दोपहर - बाद) |

सूर्य स्थिति से समय

समय 24 घंटे अनुसार –

| | | | | |
|---|---|---|---|---|
| 1 - 2 बजे | 3 - 4 बजे | 5 - 6 बजे | 7 - 8 बजे | 9 - 10 बजे |
| 23 - 24बजे | | | | 11 -12 बजे |
| 21 - 22बजे | 19 - 20बजे | 17 - 18बजे | 15 - 16बजे | 13 - 14बजे |

समय 24 घंटे अनुसार

उपरोक्त से स्पष्ट है कि प्रथम भाव से लेकर सप्तम भाव का समय रात्रि का होता है और सप्तम भाव से 12 वे भाव तक का समय दिन का होता है ।

जिस राशि में सूर्य होता है उससे माह का पता चलता है –

सूर्य की राशि से हिन्दी महीनों के नाम तथा अग्रेजी महीनों के नाम -

| क्रमांक | राशि नाम | हिन्दी माह | अंग्रेजी माह |
|---|---|---|---|
| 1 | मेष | चैत्र - बैशाख | अप्रैल - मई |
| 2 | वृषभ | बैशाख - ज्येष्ठ | मई - जून |
| 3 | मिथुन | ज्येष्ठ - आषाढ़ | जून - जुलाई |
| 4 | कर्क | आषाढ़ - श्रावण | जुलाई - अगस्त |
| 5 | सिंह | श्रावण - भाद्रपद | अगस्त - सितम्बर |
| 6 | कन्या | भाद्रपद - क्वार | सितम्बर-अक्टूबर |
| 7 | तुला | क्वार/अश्विनी-कार्तिक | अक्टूबर-नवम्बर |
| 8 | वृश्चिक | कार्तिक-अगहन | नवम्बर-दिसम्बर |
| 9 | धनु | अगहन/मार्गशीर्ष-पौष | दिसम्बर-जनवरी |
| 10 | मकर | पौष-माघ | जनवरी-फरवरी |
| 11 | कुम्भ | माघ-फाल्गुन | फरवरी-मार्च |
| 12 | मीन | फाल्गुन-चैत्र | मार्च-अप्रैल |

सूर्य की राशि से हिन्दी महीनों के नाम तथा अग्रेजी महीनों के नाम

उदाहरण – सूर्य जब प्रथम भाव में स्थित होता है तो समय सुबह/प्रातः काल का होंगा और उस भाव में जो संख्या लिखी होती है वह राशि को प्रदर्शित करती है और उस राशि से माह का पता चलता है । सूर्य जब 4 वें भाव में स्थित होता है तो समय अद्र्ध रात्रि का होगा, सूर्य जब 7 वें भाव में स्थित होता है तो समय सायंकाल का होगा और सूर्य जब 10 वे भाव में स्थित होता है तो समय दोपहर 12 बजे का होगा, यद्यपि एक भाव दो घंटे के समय को प्रदर्शित करता है । सामान्य जानकारी हेतु उदाहरण प्रस्तुत किए गए है ।

श्री रामचंद्र जी का जन्म दिन में दोपहर 12 बजे चैत्र माह की नवमी को हुआ था । उनकी कुंडली में सूर्य 10 वें भाव/स्थान/खाना में होगा, राशि चैत्र माह के अनुसार मेष राशि में सूर्य होता है तो 1 लिखा जाएगा और सूर्य लिखा जाएगा जो मेष राशि और दोपहर 12 बजे को प्रदर्शित करता है ।

श्री कृष्ण जी का जन्म रात्रि में अद्र्ध रात्रि के 12 बजे हुआ तो उसके अनुसार सूर्य 4 वें भाव/स्थान/खाना में होगा, राशि भाद्रपद माह के अनुसार सिंह राशि में सूर्य होता है तो 5

लिखा जाएगा और सूर्य लिखा जाएगा जो सिंह राशि और अद्र्ध रात्रि 12 बजे कों प्रदर्शित करता है ।

सूर्य - चन्द्र की गति से तिथियां बनती हैं । चंद्र एक राशि में 2-1/4 (सवा दो) दिन रहता/भ्रमण करता है जबकि दिनमान से सूर्य एक राशि में 2 घंटे (औसतन) और वर्ष के मान से एक राशि में एक माह रहता है, उपरोक्तानुसार राशि से माह या माह से राशि का पता चल/लग जाता है और दिनमान का पता भी चलता है । जब अमावस्या का दिन होता है उस दिन चंद्र नहीं दिखता है इसका यह अर्थ होता है कि दोनों (सूर्य और चंद्र) एक ही राशि में हैं, वह तिथि अमावस्या के साथ - साथ चौदस (चतुर्थदशी) और पड़वा (प्रथमा) भी हो सकती है क्योंकि चन्द्र उस राशि में 2-1/4 (सवा दो) दिन भ्रमण कर रहा है । तदानुसार ही जब पूर्णमासी की तिथि होगी तब सूर्य और चंद्र एक - दूसरे की आमने – सामने (0 डिग्री/अंश – 180 डिग्री/अंश) होंगे अर्थात सूर्य जिस राशि/घर/स्थान में कुंडली में होगा उससे सातवें राशि/घर/स्थान पर चन्द्र होगा तब तिथियां पूर्णमासी के साथ - साथ चोदस (चतुर्थदशी) एवं पड़वा (प्रथमा) की तिथि भी होगी क्योंकि चन्द्र उस राशि में 2-1/4 (सवा दो) दिन भ्रमण करता है । इसी प्रकार सूर्य से चंद्र सूर्य से 1 से 7 वे घर/स्थान तक रहता/भ्रमण करता है वह शुक्ल - पक्ष होगा और सूर्य से चंद्र 7 से 12 वे घर/स्थान तक रहता/भ्रमण करता है वह कृष्ण - पक्ष होगा । इसी प्रकार से तिथियों का अनुमान लगाते हैं यद्यपि तिथि से सही स्थिति से सूर्य और चंद्र की स्थिति कुंडली में होती है ।

उपरोक्त से समय माह और तिथि का पता लागाया जाता है और इसी प्रकार कुंडली की स्थित भी बना सकते हैं यद्यपि पंचांग में सब स्थित स्पष्ट होती है ।

वर्ष का अनुमान – वर्ष का अनुमान बृहस्पति की स्थिति से लगता है क्योंकि बृहस्पति सामान्यत: 13 माह (लगभग 1 वर्ष) एक ही राशि पर रहता है अन्य गति विधियों को छोड़कर (स्तंभी, वक्री, मार्गी आदि) वर्तमान में कौन सी राशि में बृहस्पति है और जन्म कुंडली में बृहस्पति कौन सी राशि में था ।

राशि के स्वामी, मारक, तत्व, माह के नाम -

| क्र | राशि | स्वामी | मारक | तत्व | माह |
|---|---|---|---|---|---|
| 1 | मेष | मंगल | बुध, शनि | अग्नि | अप्रैल - मई |
| 2 | वृषभ | शुक्र | गुरु, मंगल | पृथ्वी | मई - जून |
| 3 | मिथुन | बुध | मंगल, गुरु | वायु | जून - जुलाई |
| 4 | कर्क | चन्द्र | शुक्र, बुध | जल | जुलाई - अगस्त |
| 5 | सिंह | सूर्य | बुध, शुक्र | अग्नि | अगस्त -सितम्बर |
| 6 | कन्या | बुध | मंगल, गुरु | पृथ्वी | सितम्बर -अक्तूबर |
| 7 | तुला | शुक्र | गुरु | वायु | अक्तूबर-नवम्बर |
| 8 | वृश्चिक | मंगल | बुध, शुक्र, शनि | जल | नवम्बर-दिसम्बर |
| 9 | धनु | गुरु | शुक्र, शनि | अग्नि | दिसम्बर-जनवरी |
| 10 | मकर | शनि | मंगल, गुरु | पृथ्वी | जनवरी- फरवरी |
| 11 | कुम्भ | शनि | मंगल | वायु | फरवरी - मार्च |
| 12 | मीन | गुरु | बुध, शुक्र, शनि | जल | मार्च - अप्रैल |

राशि के स्वामी, मारक, तत्व, माह के नाम

# 29

# प्रतिदिन का भविष्य

## प्रतिदिन का भविष्य

प्रतिदिन के भविष्य के लिए चन्द्र भ्रमण की स्थिति का ध्यान रखना होता है।

शुभ दिन - जन्म राशि के पंचम व नवम (5, 9) अथवा त्रि - एकादश (3, 11) को योग देखा जाता है।

अशुभ दिन – जन्म समय चंद्र स्थिति (जन्म राशि) के साथ षडाष्टक (6, 8) अथवा केंद्र (4, 10) की स्थिति।

आमतौर पर व्यक्ति की राशि से 4, 8, 12 वीं राशि के भ्रमण करने वाले ग्रह शुभ फल नहीं देते।

सूर्य, मंगल, बुध, शुक्र मासिक भविष्य प्रभावित करते हैं।

गुरु, राहू, केतू व शनि एक वर्ष से अधिक समय तक एक ही राशि में रहते हैं, वर्ष भर प्रभाव डालते हैं।

ग्रहों की गति और दृष्टि का भी अलग - अलग प्रभाव होता है।

कुंडली में जिस स्थान पर सूर्य होगा, उस स्थान अथवा दो स्थान बायें या दायें पर ही बुध व शुक्र होंगे, अन्यथा की स्थिति में कुंडली किसी भी कारण से गलत बनी होती है, क्योंकि बुध और शुक्र की स्थिति क्रमश 24 डिग्री और 48 डिग्री की दूरी से होते हैं जो सूर्य की स्थिति से एक अथवा दो घर/स्थान बायें या दायें पर ही बुध और शुक्र होते हैं, अन्यथा की स्थिति कुंडली में होने वाली त्रुटि प्रदर्शित करेगी। सूर्य की स्थिति से समय का पता चलता है, और राशि संख्या से माह का पता चलता है।

चंद्र और सूर्य स्थित से तिथि का अनुमान होता है, यदि सूर्य और चंद्र एक ही स्थान में हैं तो वह दिन अमावस्या के साथ - साथ प्रथमा व चौदश तिथि का भी होगा क्योंकि चंद्र एक स्थान में 2-1/4 (सवा दो दिन) रहता है, उसी प्रकार सूर्य और चंद्र आमने सामने (1 व 7, 2 व 8, 3 व 9, 4 व 10, 5 व 11, 6 व 12) तो वह समय पूर्णिमा के साथ - साथ प्रथमा व चौदश

तिथि का भी होगा ।

चंद्र, शुक्र व बुध जिस स्थान पर बैठते हैं, उसकी वृद्धि करते हैं,

गुरु ग्रह जिस घर में बैठता है, उसकी हानि करता है, मगर जिस घर को देखता है, उसकी वृद्धि करता है ।

मंगल जहां बैठता है व जहां देखता है (अपने घर के अलावा) सभी को हानि पहुंचाता है ।

सूर्य अपने स्थान बल के अनुसार लाभ (दशम में सर्वाधिक) देता है, अन्यथा हानि पहुचाता है ।

शनि जिस घर में बैठता है उस घर में फलों की वृद्धि लाता है, मगर जहां देखता है वहां हानि करता है ।

अभिजीत मुहूर्त –

आमतौर पर वर्ष के 365 दिन में 11.45 से 12.45 तक का समय अभिजीत मुहूर्त कहते हैं । मान्यताओं के आधार पर हर दिन का कुछ समय अति शुभ माना गया है । इस समय कोई भी कार्य करने में विजय होती है । प्रत्येक दिन का मध्य भाग (अनुमान से 12 बजे) अभिजीत मुहूर्त कहलाता है । जो मध्य से पहले और बाद में 2 घड़ी अर्थात 48 मिनट का होता है । दिनमान के आधे समय को स्थानीय सूर्योदय के समय में जोड़ दें तो मध्य काल स्पष्ट हो जाता है । इसमें 24 मिनट घटाने और 24 मिनट जोड़ने पर अभिजीत का प्रारम्भ काल और समाप्ति काल निकल आता है ।

# 30

# नवाग्रह पीड़ा के रोग, यंत्र, तांत्रिक मंत्र तथा रत्न धारण -

नवाग्रह पीड़ा के रोग, यंत्र, तांत्रिक मंत्र तथा रत्न धारण -

सूर्य – सूर्य की पीड़ा से राजकोप एवं शरीर कष्ट, पित्त, ज्वार, मिर्गी, उदर विकार, नेत्र रोग तथा चर्मरोग होते हैं। तांत्रिक मंत्र – ओउम धृणी सूर्याय नमः। जाप संख्या - 7000, दान - गुड़, गोधूम, कमल पुष्प, लाल वस्त्र, लाल चंदन, ताम्र माणिक्य, अपनी शक्ति अनुसार (रविवार को सूर्योदय समय में)

रत्न धारण – माणिक्य, 5 या 6 रत्ती का रविवार को पहनें।

सूर्य यंत्र -

| | | |
|---|---|---|
| 6 | 1 | 8 |
| 7 | 5 | 3 |
| 2 | 9 | 4 |

सूर्य यंत्र

चंद्र – चंद्र पीड़ा से नाक के रोग कफ की बीमारी, रक्त विकार, अतिसार आदि होता है। तांत्रिक मंत्र – ओउम सों सोमाय नमः। जाप संख्या -11000, दान – सफ़ेद वस्तुएं, सफ़ेद वस्त्र, चावल, चंदन, घी, दही, मोती, चांदी इत्यादि अपनी शक्ति अनुसार (सोमवार को) संध्या काल में।

रत्न धारण – मोती, 4 या 5 रत्ती का सोमवार को पहनें ।

चंद्र यंत्र –

| | | |
|---|---|---|
| 7 | 2 | 9 |
| 8 | 6 | 4 |
| 5 | 10 | 5 |

चन्द्र यंत्र

मंगल – मंगल की पीड़ा से संतान कष्ट, रक्त विकार आदि रोग होते हैं । तांत्रिक मंत्र- ओउम अं: अंगारकाय नमः ॥ जाप संख्या – 10,000, दान – लाल वस्त्र, लाल चंदन, लाल पुष्प, गुड़, मसूर, ताम्र (मंगलवार को) संध्या काल में ।

रत्न धारण – मूंगा 1, 7 या 8 रत्ती का मंगलवार को पहनें ।

मंगल यंत्र –

| | | |
|---|---|---|
| 8 | 3 | 10 |
| 9 | 7 | 5 |
| 4 | 11 | 6 |

मंगल यंत्र

बुध – बुध की पीड़ा से चर्म रोग, व्यापार हानि, मित्र विरोध आदि होते हैं । तांत्रिक मंत्र – ओउम बुं बुधाय नमः जाप संख्या 9,000, दान - कांस्यपात्र, हरित वस्त्र, घृत, हरी वस्तुएं, मूंग (बुधवार को) दो घंटे दिन रहते ।

रत्न धारण – पन्ना 3, 6 या 17 रत्ती का बुधवार को पहनें ।

बुध यंत्र -

| | | |
|---|---|---|
| 9 | 4 | 11 |
| 10 | 8 | 6 |
| 5 | 12 | 7 |

बुध यंत्र

गुरु – गुरु की पीड़ा से पीला ज्वार, कफ सम्बन्धी रोग, मस्तिक विकार आदि होते हैं । तांत्रिक मंत्र – ओउम बृं बृहस्पतेय नमः ॥ जाप संख्या – 19,000, दान – पीतवर्ण की वस्तुएं, पीला कपड़ा, पीले पुष्प, पीले फल, चना की दाल, मधु, पुस्तकें आदि (गुरुवार को) संध्याकाल में ।

रत्न धारण – पुखराज 9, 12 या 16 रत्ती का गुरुवार को पहनें ।

गुरु यंत्र -

| | | |
|---|---|---|
| 10 | 5 | 12 |
| 11 | 9 | 7 |
| 6 | 13 | 8 |

गुरु यंत्र

शुक्र – शुक्र की पीड़ा से वीर्य विकार, स्त्री सुख की हानि, धर्म की हानि आदि होती हैं । तांत्रिक मंत्र – ओउम शुम शुक्राय नमः ॥ जाप संख्या – 16,000, दान – सफ़ेद वस्तुएं, श्वेत वस्त्र, चंदन, चावल, दही, घी, चांदी इत्यादि (शुक्रवार को) शक्ति अनुसार सूर्योदय काल में ।

रत्न धारण – हीरा, 2 या 7 रत्ती का शुक्रवार को पहनें ।

शुक्र यंत्र –

| | | |
|---|---|---|
| 11 | 6 | 13 |
| 12 | 10 | 8 |
| 7 | 14 | 9 |

शुक्र यंत्र

शनि – शनि पीड़ा से मान हानि, धन हानि, अशांति आदि होती है । तांत्रिक मंत्र – ओउम शम शनैश्चराय नमः॥ जाप संख्या – 23,000, दान – में काली चीजें, लोहा पात्र, तिल, तैल, काला वस्त्र, काली उड़द आदि मध्यान्ह में शनिवार को ।

रत्न धारण – नीलम 1, 10 या 11 रत्ती का शनिवार को पहनें ।

शनि यंत्र –

| | | |
|---|---|---|
| 12 | 7 | 14 |
| 13 | 19 | 9 |
| 8 | 15 | 10 |

शनि यंत्र

राहू – राहू की पीड़ा से मिर्गी अपतंत्रक वायु रोग, चेचक, रक्त विकार सम्बन्धी रोग होते हैं । तांत्रिक मंत्र – ओउम रां राहुवे नमः ॥ जाप संख्या – 18,000, दान – सप्त धान्य, नीला वस्त्र, कृष्ण पुष्प, तिल - तेल, सीसा, लोहा आदि दक्षिणा के साथ रात में देना चाहिए ।

रत्न धारण – गोमेद 3, 6 या 18 रत्ती का ।

राहू यंत्र –

| | | |
|---|---|---|
| 13 | 8 | 15 |
| 14 | 12 | 10 |
| 9 | 16 | 11 |

राहू यंत्र

केतू – केतू पीड़ा से चेचक या चर्म रोग आदि कोटे हैं । तांत्रिक मंत्र – कें केतवे नमः ।। जाप संख्या 17,000, दान में कृष्ण पुष्प, तिल - तेल, लहा आदि दक्षिणा के साथ रात में ।

रत्न धारण – लहसुनिया 7, 9 या 12 रत्ती का ।

केतू यंत्र –

| | | |
|---|---|---|
| 14 | 9 | 16 |
| 15 | 13 | 11 |
| 10 | 17 | 12 |

केतू यंत्र

नव ग्रह - नव रत्न धारण –

रत्नों की रश्मि - शक्ति जातक को लाभ पहुचाती है । जिस प्रकार सूर्य - आत्मा, चंद्र - मन, मंगल - विवेक, बुध - वाणी, गुरु - ज्ञान/आध्यात्मिक, शुक्र - ओज (वीर्य), और शनि - संवेदना, राहू - केतू - भय का प्रतिनिधित्व करता है, उसी प्रकार नवरत्न भी नव ग्रहों का प्रतिनिधित्व कर जातक की मनोकामना पूर्ति में सहायक होते हैं ।

| क्र | ग्रह | नव-रत्न | दिन - समय | धातु | उंगली | तत्व | गुण | प्रवृति | शरीर |
|---|---|---|---|---|---|---|---|---|---|
| 1 | सूर्य | माणिक | रविवार - सूर्योदय | सोना | तर्जनी/अनामिका | अग्नि | सत | भूख | हड्डी |
| 2 | चंद्र | मोती | सोमवार - संध्याकाल | चांदी | अनामिका | जल | सत | सुरक्षा | खून |
| 3 | मंगल | मूंगा | मगलवार - सूर्योदय के 1 घंटे बाद | सोना | अनामिका | अग्नि | तम | सुरक्षा | मांस |
| 4 | बुध | पन्ना | बुधवार - सूर्योदय के 2 घंटे बाद | सोना या कांसा | कनिष्ठा | पृथ्वी | रज | सुरक्षा | त्वचा |
| 5 | गुरु | पुखराज | गुरुवार - सूर्योदय के 1 घंटे बाद | सोना या चांदी | अनामिका | आकाश | सत | भूख | चर्बी |
| 6 | शुक्र | हीरा | शुक्रवार - प्रातः | सोना / चांदी/ तांबा | कनिष्ठा | जल | रज | योन | वीर्य |
| 7 | शनि | नीलम | शनिवार - सूर्यास्त से 2 घंटे पहले | सोना/चांदी/ तांबा/ लोहा/कांसा | कनिष्ठा | वायु | तम | भय | स्नायु मण्डल |
| 8 | राहू | गोमेद | शनिवार व अन्य शुभ दिन - सायंकाल के बाद | चांदी | कनिष्ठा | आकाश | | भय | चेतना |
| 9 | केतू | वैदूर्य/ लहसनिया | शनिवार व अन्य शुभ दिन - अर्द्ध रात्रि | चांदी, पंचरत्न | कनिष्ठा | | | भय | चेतना |

नव रत्न धारण

राशि के अनुसार –

मेष राशि वालों को त्रिकोण प्रबाल (मूंगा), बृषभ को हीरा एवं षटकोण पन्ना, मिथुन को पचकोण पन्ना एवं मोती, कर्क को गोल मोती, नीलम, सिंह को गोल माणक्य, कन्या

को पन्ना, तुला को हीरा एवं श्वेत पुखराज, वृश्चिक को मूंगा, धनु को पीला पुखराज, मकर को नीलम, कुम्भ को नीलम एवं वैदूर्य (लहसुनिया) फीरोजा तथा मीन को गोमेद, पचकोण पन्ना एवं मोती या पुखराज राशि स्वामी के अनुसार श्रेष्ठ कहे गए हैं।

सूर्य हमारे नैत्र, सिर और हृदय पर प्रभाव रखता है, मंगल पित्त, रक्त, कान, नाक पर, शनि हड्डियों, मस्तिष्क, पैर - पिंडलियों पर प्रभुत्व रखता है। राहू - केतू का स्वतंत्र प्रभाव नहीं होता है, वे जिस राशि में या जिस ग्रह के साथ बैठते हैं, उसके प्रभाव को बढ़ाते हैं। गुरु, शुक्र, बुध शुभ ग्रह माने जाते हैं, पूर्ण चंद्रमा शुभ कहा गया है। मगर कृष्ण पक्ष की तरफ बढ़ता चंद्रमा पापी हो जाता है। गुरु शरीर में चर्बी, गुर्दे, व पाचन को नियंत्रण में रखता है। बुध का वर्चस्व वाणी (जीभ/जिव्हा) पर होता है। चंद्र छाती, फेफड़े व नैत्र ज्योति पर अपना प्रभाव रखता है।

# 31

# चौघड़ियाँ देखने की विधि

## चौघड़ियाँ देखने की विधि

जब शुभ कार्य या यात्रा के लिए कोई मुहूर्त न बने तब उत्तम चौघड़ियाँ देखकर अपना कार्य करना चाहिए। उत्तम चौघड़ियाँ अमृत, शुभ, लाभ और चर हैं। खराब चौघड़ियाँ उद्वेग, रोग, और काल हैं। उपरोक्त समय चौघड़ियाँ देखने के लिए 6 बजे प्रातः को सूर्योदय तथा शाम 6 बजे को सूर्यास्त (रात्रि प्रारम्भ) समय मानकर दिये हैं। स्थानीय चौघड़ियाँ देखने के लिए स्थानीय सूर्योदयका तथा स्टेंडर्ड टाइम मालूम कर 1.30 - 1.30 (डेढ़ - डेढ़) घंटा जोड़ते जावें। (इसमें मतमतांतर भी हैं)

दिन की चौघड़ियाँ –

दिन की चौघड़ियाँ

| दिन का समय | रवि | सोम | मंगल | बुध | गुरु | शुक्र | शनि |
|---|---|---|---|---|---|---|---|
| 6 से 7.30 तक | उद्वेग | अमृत | रोग | लाभ | शुभ | चर | काल |
| 7.30 से 9 तक | चर | काल | उद्वेग | अमृत | रोग | लाभ | शुभ |
| 9 से 10.30 तक | लाभ | शुभ | चर | काल | उद्वेग | अमृत | रोग |
| 10.30 से 12तक | अमृत | रोग | लाभ | शुभ | चर | काल | उद्वेग |
| 12 से 1.30 तक | काल | उद्वेग | अमृत | रोग | लाभ | शुभ | चर |
| 1.30 से 3 तक | शुभ | चर | काल | उद्वेग | अमृत | रोग | लाभ |
| 3 से 4.30 तक | रोग | लाभ | शुभ | चर | काल | उद्वेग | अमृत |
| 4.30 से 6 तक | उद्वेग | अमृत | रोग | लाभ | शुभ | चर | काल |

दिन की चौघड़ियाँ

रात की चौघड़ियाँ –

रात की चौघड़ियाँ -

| शाम के समय | रवि | सोम | मंगल | बुध | गुरु | शुक्र | शनि |
|---|---|---|---|---|---|---|---|
| 6 से 7.30 तक | शुभ | चर | काल | उद्वेग | अमृत | रोग | लाभ |
| 7.30 से 9 तक | अमृत | रोग | लाभ | शुभ | चर | काल | उद्वेग |
| 9 से 10.30 तक | चर | काल | उद्वेग | अमृत | रोग | लाभ | शुभ |
| 10.30 से 12तक | रोग | लाभ | शुभ | चर | काल | उद्वेग | अमृत |
| 12 से 1.30 तक | काल | उद्वेग | अमृत | रोग | लाभ | शुभ | चर |
| 1.30 से 3 तक | लाभ | शुभ | चर | काल | उद्वेग | अमृत | रोग |
| 3 से 4.30 तक | उद्वेग | अमृत | रोग | लाभ | शुभ | चर | काल |
| 4.30 से 6 तक | शुभ | चर | काल | उद्वेग | अमृत | रोग | लाभ |

रात की चौघड़ियाँ

# 32

# साप्ताहिक दिनचर्या आरम्भ

साप्ताहिक दिनचर्या आरम्भ

प्रत्येक दिन के लिए कुछ विशेष कहा है अतः उस दिन, दिन की शुरुआत निम्नानुसार करें –

रविवार – पान खाकर निकले ।

सोमवार – दर्पण में मुख देखें ।

मंगलवार – गुड़ खाकर निकलें ।

बुधवार – धनिया खाकर निकलें ।

गुरुवार – जीरा खाकर निकलें

शुक्रवार – दही खाकर निकलें

शनिवार – अदरक का उपयोग करें ।

# 33

# राशि के अनुसार पौधारोपण

राशि के अनुसार पौधारोपण करना – लाभदायक

| क्रमांक | राशि | राशि स्वामी | पौधारोपण | लाभ |
|---|---|---|---|---|
| 1 | मेष | मंगल | आम, आंवला | पित्त रोग नाशक |
| 2 | वृषभ | शुक्र | गूलर, अशोक, जामुन | लाभकारी |
| 3 | मिथुन | बुध | बांस, बरगद | त्रिदोष नाशक |
| 4 | कर्क | चंद्र | आंवला, पीपल | कफ जन्य रोगों का नाश |
| 5 | सिंह | सूर्य | जामुन, बरगद | पित्त संबंधी रोग में लाभदायक |
| 6 | कन्या | बुध | अमरूद, बेल | वात संबंधी रोग में लाभ |
| 7 | तुला | शुक्र | मौलसिरी, अर्जुन, चीकू | वात संबंधी रोग में लाभ |
| 8 | वृश्चिक | मंगल | खैर, नीम | वात रोग नाशक |
| 9 | धनु | बृहस्पति | कदंब, गूलर | पित्त रोग नाशक, ज्ञान वृद्धि |
| 10 | मकर | शनि | कटहल | त्रिदोष दूर, धन, सुख, वैभव वृद्धि |
| 11 | कुम्भ | शनि | शमी ,आम | कफ रोग नाशक, |
| 12 | मीन | बृहस्पति | नीम | कफ रोग नाशक |

## राशि के अनुसार पौधारोपण

ऐसे पौधे घर के अंदर न लगाएं - घर में काँटेदार व दूध (जिनके कटने - छिलने पर सफ़ेद द्रव निकलता हो) वाले पौधे नहीं लगाना चाहिए। कांटे नकारात्मक ऊर्जा (नेगेटिव एनर्जी) बढ़ाते हैं। इनको घर में रखने से आपकी सकारात्मक ऊर्जा (पोजीटिव एनर्जी) कम होगी। यह वास्तु संबंधी परेशानी बढ़ाते हैं।

ये पौधे देंगे सकारात्मक ऊर्जा (पोजीटिव एनर्जी) – खुशबूदार फूल वाले पौधे जैसे – चम्पा, नाग चम्पा, चमेली, बेला, रात रानी आदि फूल वाले पौधे बगीचे/गार्डन में लगा सकते हैं।

हमारा शरीर एक जटिल मशीन है। स्वस्थ जीवन जीने के लिए हमारे शरीर के कई कामकाजी हिस्सों को एक साथ काम करने की आवश्यकता होती है। हमारा शरीर 21 रासायनिक तत्वों से संचालित होता है। ये 21 तत्व डीएनए, हमारी कोशिकाओं, ऊतकों और अंगों का निर्माण करते हैं। इसमें मुख्य चार तत्व ऑक्सीजन, कार्बन, हाइड्रोजन और नाइट्रोजन हैं। अन्य तत्व जैसे कैल्शियम, फोस्फोरस, पोटेशियम, सल्फर खनिज होते हैं। ये हड्डियों, मांसपेशियों और तंत्रिकाओं के काम में सहायक होते हैं। इसके अलावा, जिंक, ताम्बा, मैंगनीज, फ्लोरीन जैसे तत्व महत्वपूर्ण कार्य करते हैं। जैसे संक्रमण से लड़ना और प्रतिरक्षा प्रणाली को संतुलित रखना। कुल मिलाकर यह सभी तत्व हमें प्रकृति से प्राप्त होते हैं। इन तत्वों में भी सबसे बड़ा है – ऑक्सीजन। हमारे बॉडीमास का 61.4 प्रतिशत हिस्सा ऑक्सीजन से बना है। जो हमें पेड़ों से मिलती है। इसलिए जब हम एक पेड़ बचाते हैं या लगाते हैं तो असल में हम सिर्फ प्रकृति को नहीं खुद को बचाने का प्रयास भी करते हैं। ऑक्सीजन के अलावा हमारे शरीर में कार्बन 22.9 प्रतिशत, हाइड्रोजन 10.0 प्रतिशत और नाइट्रोजन 2.6 प्रतिशत है। ये सभी तत्व हमें प्रकृति से मिलते हैं। इसलिए प्रकृति और हमारा शरीर एक सामान ही है।

# 34

# हवन सामग्री

## हवन - सामग्री में विभिन्न पेड़ों की लकड़ी का उपयोग –

हिन्दू सनातन परंपरा में यज्ञ या हवन का बड़ा महत्व बताया गया है। हवन की अग्नि शुद्धिकरण का सबसे बड़ा माध्यम है। कुंड में अग्नि के माध्यम से देवी - देवताओं को हविष्य पहुंचाने की प्रक्रिया को हवन कहते हैं। हविष्य वह पदार्थ है जिनसे हवन की पवित्र अग्नि में आहुति दी जाती है।

पुरातन काल से ही किसी कामना की पूर्ति के लिए यज्ञ करने की परंपरा रही है। ऋषि - मुनि दिव्य दृष्टि प्राप्त करने, देवताओं को प्रसन्न करने, वर्षा कराने, राक्षसों का नाश करने जैसे अनेक कार्यों के लिए यज्ञ करते आए हैं। राजा - महाराजा अपने राज्य की खुशहाली, विस्तार और शत्रुओं से रक्षा के लिए यज्ञ करते थे।

जिस तरह वेदों में यज्ञ या हवन को सर्वोच्च प्राथमिकता दी गई है, उसी तरह ज्योतिष शास्त्र में भी हवन का उतना ही महत्व है। नवग्रहों की शांति के लिए तथा प्रत्येक ग्रह के मंत्र जप के बाद जप संख्या का दशांश हवन करने का विधान है। दरअसल हवन के बिना कोई भी पूजा, मंत्र जप पूर्ण नहीं हो सकता। विभिन्न ग्रन्थों में यज्ञ पद्धति के संबंध में बताया गया है कि अलग - अलग कामनाओं की पूर्ति के लिए हवन में अलग - अलग सामग्रियों की आहुति दी जाती है।

## *विशिष्ट वस्तु की आहुति –*

यदि सुख - समृद्धि की कामना के लिए हवन किया जा रहा है तो उसमें कोई विशिष्ट वस्तु की आहुति दी जाती है। आरोग्यता के लिए अलग सामग्री का उपयोग किया जाता है तथ नवग्रहों की शांति के निमित्त किए जा रहे हवन में अलग तरह की सामग्री को उपयोग किया जाता है। कामना के अनुसार हवन की पवित्र अग्नि में फल, शहद, घी, काष्ठ, जौ, तिल

आदि की आहुति दी जाती है ।

## *कामना के अनुसार समिधा –*

समिधा उस लकड़ी को कहते हैं जो हवन या यज्ञ में प्रयुक्त की जाती है । यदि नवग्रहों की शांति के लिए हवन किया जा रहा है तो प्रत्येक ग्रह के अनुसार अलग - अलग समिधा का उपयोग किया जाता है । सूर्य के लिए - मदार, चंद्र के लिए - पलाश/ढाक/छोला, मंगल के लिए – खेर, बुध के लिए - चिरचिटा/आपामार्ग, गुरु के लिए – पीपल, शुक्र के लिए गूलर/ऊमर, शनि के लिए - शमी, राहू के लिए - दूर्वा और केतू के लिए कुशा की समिधा हवन में में प्रयुक्त की जाती है । मदार की समिधा रोगों का नाश करती है, पलाश की समिधा सभी कार्यों में उन्नति, लाभ देने वाली है । पीपल की समिधा संतान, वंश वृद्धि, गूलर की स्वर्ण प्रदान करने वाली, शमी की पाप नाश करने वाली, दूर्वा की दीर्घायु प्रदान करती है और कुशा की समिधा सभी मनोरथ सिद्ध करने के लिए प्रयोग की जानी चाहिए । अन्य समस्त देवताओं के लिए आम, पलाश/ढाक/छोला, अशोक, चन्दन आदि वृक्ष की समिधा हवन में डाली/उपयोग की जाती है ।

## ऋतुओं के अनुसार समिधा –

यज्ञीय पद्धति में ऋतुओं के अनुसार समिधा उपयोग करने के लिए भी स्पष्ट नियम बताए गए हैं । जैसे वसंत ऋतु में शमी, ग्रीष्म में पीपल, वर्षा में - पलाश/ढाक/छोला या बिल्व, शरद में आम या पाकर, हेमंत में खेर, शिशिर में गूलर या बड़ की समिधा उपयोग में लानी चाहिए । अग्नि में मूलतः शुद्धिकरण का गुण होता है । वह अपनी उष्णता से समस्त बुराइयों, दोषों, रोंगों का नाश करती है । अग्नि के संपर्क में जो भी आता है वह उसे शुद्ध कर देती है । इसीलिए सनातन काल से यज्ञ, हवन की परंपरा चली आ रही है । पाश्चात्य देशों के अनेक शोधकर्त्ता यह साबित कर चुके हैं कि जिस जगह नियति अग्निहोत्र या हवन होता है, वहाँ की वायु अन्य जगह की वायु की अपेक्षा अधिक स्वच्छ होती है । हवन में डाली जाने वाली वस्तुएं सिर्फ पर्यावरण को शुद्ध रखती हैं, बल्कि रोगाणुओं को भी नष्ट कर देती हैं । इससे कई बीमारियां ठीक हो जाती है । हवन में डाले जाने वाले कपूर और सुगंधित द्रव्य वातावरण में एक विशेष प्रकार का आरोमा फैला देते हैं जिसका मन - मस्तिक पर सकारात्मक प्रभाव पड़ता है ।

## पितृदोष –

यदि सूर्यादि पितृकारण ग्रहों का योग, सूर्य – राहू, सूर्य – शनि, सूर्य – केतू हो तो पितृदोष जिस जातक की कुंडली में सूर्य नीच राशिगत शत्रु क्षेत्रीय एवं राहू – केतू के साथ हो तो पितृ

दोष होता है । जन्म कुंडली के प्रथम, 2, 4, 5, 7, 9, 10 वें भावों में से एक भाव पर सूर्य राहू अथवा सूर्य शनि का योग हो तो जातक को पितृ दोष होता है ।

## *मुक्ति के उपाय –*

रोजाना सूर्य को नमस्कार करें एवं कभी – कभी यज्ञ करें । किसी भी कार्य को करने से पहले मुंह मीठा करे और जल पीएं ।

उपाय – जातक चांदी लेकर बहते पानी में बहाए ।

मंदिर में परिक्रमा करते समय कौन सा मंत्र बोलना चाहिए, किस देवी - देवता की कितनी परिक्रमा करें –

मंदिर में पूजा - पाठ करने के बाद परिक्रमा जरूर करनी चाहिए । प्रतिमा और मंदिर की परिक्रमा अपने दाहिने हाथ की ओर से शुरू करनी चाहिए । जिस दिशा में घड़ी के कांटे घूमते हैं, उसी प्रकार मंदिर में परिक्रमा करें । मंदिर में स्थापित मूर्तियों के आसपास सकारात्मक ऊर्जा रहती है, जो कि उत्तर से दक्षिण की ओर प्रवाहित होती रहती है । परिक्रमा करते समय "यानि कानि च पापानि जन्मातर कृतानि च । तानि सर्वाणि नश्यंतु प्रदक्षिणा पदे - पदे ।।", मंत्र का जाप शुभ माना जाता है । सूर्य देव की सात, श्रीगणेश की तीन, श्री विष्णु और उनके अवतारों की चार, श्री दुर्गा की एक, शिवलिंग की आधी, हनुमान जी की तीन प्रदक्षिणा करना चाहिए ।

## होलाष्टक –

ज्योतिष दृष्टि से होलाष्टक का महत्व –

ज्योतिषाचार्य के अनुसार शुक्ल पक्ष अष्टमी को चन्द्रमा, नवमी को सूर्य, दसवीं को शनि, एकादशी को शुक्र, द्वादशी को गुरु (बृहस्पति), त्रयोदशी को बुध, चतुर्दशी को मंगल और पूर्णिमा को राहू उग्र रूप में रहते हैं, इसलिए इन आठ दिनों में मनुष्य का मस्तिष्क अनेक सुखद व दुखद आकांक्षाओं से ग्रसित हो जाता है । अतः इन दिनों शुभ कार्य व शुभ निर्णय नहीं लेते हैं ।

## पंचामृत -

पूजा के बाद पंचामृत के सेवन से इम्यून सिस्टम मजबूत होता है।

चरणामृत का अर्थ होता है भगवान के चरणों का अमृत और पंचामृत का अर्थ पाँच अमृत यानी पाँच पवित्र वस्तुओं से बना । दोनों को ही पीने से व्यक्ति के भीतर जहां सकारात्मक भाव पैदा होता हैं, वहीं यह सेहत से जुड़ा मामला भी है । दरअसल, पंचामृत का अर्थ है 'पांच अमृत'। जानते है पंचामृत के धार्मिक और वैज्ञानिक महत्व को ।

## *धार्मिक महत्व –*

1. दूध - यह पंचामृत का प्रथम भाग है । यह शुभता का प्रतीक है यानी हमारा जीवन दूध की तरह निष्कलंक होना चाहिए ।
2. दही - इसका गुण है कि यह दूसरों को अपने जैसा बनाता है । दही चढ़ाने का अर्थ यही है कि पहले हम निष्कलंक हो सदगुण अपनाए और दूसरों को भी अपने जैसा बनाए ।
3. घी - यह स्निग्धता और स्नेह यानी प्रेम का प्रतीक है । सभी से हमारे प्रेमपूर्ण संबंध हों, यही भावना है ।
4. शहद - यह शक्ति भी प्रदान करता है । तन और मन से शक्तिशाली व्यक्ति ही सफलता पा सकता है ।
5. चीनी/गुड - इसका गुण मिठास, छेनी चढ़ाने का अर्थ है जीवन में मिठास घोलें ।

## *वैज्ञानिक लाभ -*

1 – पंचामृत का सेवन शरीर के लिए बेहद सेहतमंद रहता है ।

2- पंचामृत उसी मात्रा में सेवन करना चाहिए जिस मात्रा में किया जाता है ।

3- इसमें तुलसी का एक पत्ता डालकर इसका नियमति सेवन करते रहने से किसी भी तरह का रोग नहीं होता ।

4- पंचामृत के सेवन से संक्रामक रोग दूर रहते है और इम्यून सिस्टम मजबूत होता है ।

5 - इससे चहरे की रंगत निखरती है और लालिमा बनी रहती है ।

## हवन सामाग्री –

हवन सामाग्री – सामान्यतः जबकि हवन सामाग्री (अगर - 100 ग्राम, तगर - 100 ग्राम, नागरमोथा - 150 ग्राम, चन्दन बुरादा - 200 ग्राम, सफ़ेद तिल – 200 ग्राम, शुद्‌ध घी 1000 ग्राम, जौ - 200 ग्राम, चीनी/शक्कर - 200 ग्राम, चावल - 200 ग्राम, शुद्‌ध केशर - 2 ग्राम, पांच मेवा (किशमिश, छूआरा, बादाम, मखाने और नारियल/गोला) - 100 ग्राम तथा कपूर (10 ग्राम) के ये अवयव पर्यावरण शुद्‌धि के लिए ही आवश्यक हैं ।

मधु पर्क – शहद, दही, घी । मधुत्रय - दूध, शहद, घी । दुग्ध त्रिय - दूध, दही, घी ।

पंचोपचार – गंध, पुष्प, धूप, दीप, नैवेद्‌य (मिठाई) ।

पाँच पल्लव – पीपल, गूलर (ऊमर), अशोक, आम, वट ।

पंचामृत – दूध, दही, घी, शहद और चीनी/मिश्री ।

पंचांग – तिथि, वार, नक्षत्र, योग, करण ।

पंचरत्न – सोना, हीरा, पदम राग, मोती, चांदी ।

षट - कर्म – स्नान, जाप, होम, पठन पाठन, देवार्चन, अतिथि सत्कार ।

पंच यज्ञ - देवयज्ञ, पितृयज्ञ, भूतयज्ञ, मनुष्य यज्ञ, ब्रह्म यज्ञ ।

पंच मकार - मीन, मांस, मदिरा, मैथुन, मुद्रा ।

पंच कोश - अन्नमय, प्राणमय, विज्ञानमय, आनंदमय, मनोमय ।

पाँच - इंद्रियाँ – (कर्म) - हस्त, पाद, लिंग, गुदा, वाणी ।

पाँच - इंद्रियाँ (ज्ञान) - आँख, नाक, कान, त्वचा, जिव्हा ।

पाँच – इंद्रियाँ (विषय) - रूप, गंध, श्रवण, स्पर्श, रस ।

पाँच प्राण – प्राण, अपान, उदान, समान, व्याण ।

पाँच उप प्राण – नाग, कूर्म, कृकल (खांसी), धनन्जय (सर्वव्यापी), देवदत्त (जवाही/निद्रा) ।

छ बंदी – नशा बंदी, नसबंदी, खूंटाबंदी, मेड़बंदी, कुल्हाड़ी बंदी, नोट बंदी ।

पाँच यम – अहिंसा, सत्य, अस्तेय (चोरी न करना), ब्रह्मचर्य, अपरिग्रह ।

पाँच नियम – शौच, संतोष, तप, स्वाध्याय, ईश्वर विश्वास ।

पंच कर्म – वमन, विरेचन, बस्ति - अनुवासन, बस्ति - आस्थापन, नस्य - यह आयुर्वेद की उत्कृष्ट चिकित्सा विधि है ।

पंच - मकार - मत्स्य/मीन, मास, मदिरा, मुद्रा और मैथुन (मत्स्य की तरह निरपेक्ष, माह के अनुसार आहार न कि मांस, मास के अनुसार निषेध – अगहन - आवलां, पौष – धना/धनिया, माघ - मिश्री, फाल्गुन - चना, चैत्र – गुड़, वैशाख - तेल, ज्येष्ठ – महुआ, आषाढ़ - बेर, सावन - दूध, भादों - दही, क्वार - करेला और कार्तिक - मही), मद का नियंत्रण, मुद्रा - धन नहीं, व्यायाम की स्थितियाँ, मैथुन मिलना)।

अष्टाचक्रा नवद्वारा देवानाम पुरयोध्या । तस्याम हिरण्यय: कोश: स्वर्गो ज्योतिषावृत । ।

(अथर्ववेद -, कांड 10, सूक्त 2, मंत्र 31)

यह शरीर आठ चक्र और नव द्वारों वाली देवताओं की अयोध्यापुरी है । इसमें सोने का खजाना है, स्वर्ग है, जो ज्योति से जगमगा रहा है ।

मूलाधार, स्वाधिष्ठान, मणिपुर, अनाहत, विशुद्धि, आज्ञा, सहस्त्रसार और सुरतिकमल, ये आठ चक्र हैं । दो आँखें, दो कान, दो नाक, मुख, गुदा और उपस्थ, ये नौ द्वार हैं । मन - इंद्रियाँ देवता हैं । इससे सम्पन्न शरीर अयोध्यापुरी है । इसमें ज्ञानस्वरूप आत्मा स्वर्ण - कोश है, सोने का खजाना है । उसे जानकार जो उसमें स्थित हो जाता है उसके लिए इसी शरीर में ज्योतिर्मय स्वर्ग है ।

स्वस्ति पंथामनु चरेम सूर्याचंद्रमसाविव । पुनर्ददताध्नता जानता सं गमेमहि । ।

(ऋग्वेद, मण्डल 5, सूक्त 51, मंत्र 15)

जैसे सूर्य और चंद्रमा (आपस में न लड़ते हुए तथा) सबका कल्याण करते हुए चलते हैं, वैसे हम अपने और दूसरे के लिए कल्याणदायी रास्ते पर चलें। इतना ही नहीं, दूसरों को कुछ हितकारी वस्तु दें, किसी को कभी चोट न पहुंचावें और सत्य को जानते हुए संगठित होकर समता में चलें।

सहृदयं सांमनस्यमविद्वेषम कृणोमिवः । अन्यो अन्यमभि हर्यत वत्सम जातमिवाघ्न्या ।।

(अथर्वेद, कांड,3, सूक्त 30, मंत्र 1,)

हे मनुष्यो ! मैं तुम्हें उपदेश करता हूँ कि तुम सहृदय बनो, पवित्र मन वाले बनो और प्राणिमात्र से द्वेषरहित होकर रहो। एक दूसरे के साथ वैसा प्रेम का व्यवहार करो जैसा गाय अपने नवजात बछड़े के साथ करती है।

ब्रह्माण्ड की समाग्री (समिधा) 21 प्रकार –

1. - सूक्ष्म पदार्थ (प्रकृति, बुद्धि और जीव), 2 - श्रोत, 3 - त्वचा, 4 - नेत्र, 5- जिव्हा, 6 - नासिका, 7 - वाक, 8 - पग, 9 - हाथ, 10 - गुदा, 11 - उपस्कर (लिंग), 12 – शब्द, 13 - स्पर्श, 14 - रूप, 15 - रस, 16 - गंध, 17 - पृथिवी, 18 - जल, 19 - अग्नि, 20 - वायु, 21 - आकाश।

उपासना – (28) दस इंद्रिय, दस प्राण, मन, बुद्धि, चित्त और अहंकार, विद्या, स्वभाव, शरीर, और बल वृत्ति 5 प्रभाव, विपर्य्यय (मिथ्या ज्ञान), विकल्प, निंद्रा, स्मृति।

## ओउम - ओउम की ध्वनि का महत्व जानिये -

एक घड़ी , आधी घड़ी , आधी में पुनि आधि ---। , तुलसी चर्चा राम की , हरै कोटि अपराध ---।।

एक घड़ी = 24 मिनिट , 1/2 घड़ी = 12 मिनिट , 1/4 घड़ी = 6 मिनिट ,

क्या ऐसा हो सकता है कि 6 मिनिट में किसी साधन से करोड़ों विकार दूर हो सकते हैं।

उत्तर है, हाँ हो सकते है , वैज्ञानिक शोध से पता चला है कि –

1. सिर्फ 6 मिनिट ओउम का उच्चारण करने से सैकड़ों रोग ठीक हो जाते है जो दवा से भी इतनी जल्दी ठीक नहीं होते।

   1. - 6 मिनिट ओउम का उच्चारण करने से मस्तिष्क में कम्पन (वाइब्रेशन) होता है और ऑक्सीज़न का प्रवाह पर्याप्त होने लगता है।
   2. कई मस्तिष्क रोग दूर हो जाते है। याददास्त (मेमोरी) बढ़ती है।

3. लगातार सुबह और शाम 6 मिनिट ओउम के तीन माह तक उच्चारण से रक्त संचार संतुलित होता है और रक्त में ऑक्सीज़न लेबल बढ़ता है ।
4. रक्त चाप , हृदय रोग, कोलस्ट्रोल जैसे रोग ठीक हो जाते है ।
5. विशेष ऊर्जा का संचार होता है, मात्र दो सप्ताह दोनों समय ओउम के उच्चारण से ।
6. घबराहट, बैचेनी, भय, एंग्जाइटी जैसे रोग दूर होते है ।
7. कंठ में विशेष कंपन होता है मांसपेशियों को शक्ति मिलती है ।
8. थाइराइड, गले की सूजन दूर होती है, और स्वर दोष दूर होने लगते है ।
9. पेट में भी विशेष कंपन और दबाव होता है । एक माह तक दिन में तीन बार 6 मिनिट तक ओउम के उच्चारण से ।
10. पाचन तंत्र, लीवर, आंतों को शक्ति प्राप्त होती है, और पाचन सही होता है, सैकड़ों उदर रोग दूर होते है ।
11. उच्च स्तर का प्राणायाम होता है, और फेफड़ों में विशेष कंपन होता है ।
12. फेफड़े मजबूत होते है, श्वसन तंत्र की शक्ति बढ़ती है, 6 माह में अस्थमा, राजयक्ष्मा (टी.बी.) जैसे रोगों में लाभ होता है ।
13. आयु बढ़ती है ।
14. ये सारे शोध (रिसर्च) विश्व स्तर के वैज्ञानिक स्वीकार कर चुके है ।
15. जरूरत है 6 मिनिट रोज करने की, क्योंकि इसमे आपका कोई पैसा खर्च नहीं होता है ।
16. का उच्चारण लंबे स्वर में करे ।
17. आप सदा स्वस्थ और प्रसन्न रहे यही है मंगल कामना ।

# 35

# उपवास

## उपवास

1. - उपवास स्वास्थ्य के लिए भी लाभदायक है - उपवास यानी व्रत का केवल धार्मिक महत्व ही नहीं है, कई शोध उपवास के लाभों को वैज्ञानिक रूप से भी प्रमाणित कर चुके है ।
2. - उपवास लगभग सभी धर्मों का एक हिस्सा रहा है । नवरात्रि, एकादशी, कृष्ण जन्माष्टमी, महाशिव रात्रि अन्य धार्मिक पर्व, दिन वार व्रत, तिथि वार व्रत आदि पर लोग उपवास कर रहे है । किन्तु उपवास धर्म तक ही सीमित नहीं है, बल्कि मनुष्य के विकास क्रम का भी एक हिस्सा रहा है । अतः उपवास का आधार प्राकृतिक एवं वैज्ञानिक भी है ।
3. - पृथ्वी पर मानव इतिहास लगभग 50 लाख वर्षों का है। आदिकाल से बहुत बार जंगलों में रहते मनुष्य को कई - कई दिन तक खाना नहीं मिल पाता था । बीच - बीच में शिकार या अन्य तरह से पोषण जरूर मिला करता था । इसलिए पेट के बड़े एवं बिना हड्डी के हिस्सों में फैट नाम की कैलोरी बैंक का स्टोर प्रकृति द्वारा बनाया गया । यह मनुष्य को खाना न मिलने की स्थिति में फैट को बर्न (जला) कर कैलोरी देने का कार्य करता था ।
4. - पहले के मानव का यह कैलोरी बैंक इसलिए बहुत बड़ा होकर 'तोंद' का स्वरूप नही ले पाता था, क्योंकि शारीरिक श्रम एवं खाना न मिलने की वजह से एवं जैविक उपवास की वजह से फैट बर्न होने की प्रक्रिया बार -बार होती रहती थी । किन्तु, देखिए आज हर दूसरा मनुष्य एब्डोमिनल ओबेसिटी का शिकार है जो डायबिटीज़, बीपी, हार्ट अटैक, पीठ दर्द जैसी बीमारियों का एक प्रमुख कारण है ।
5. - बहुत से शोध भी उपवास के लाभों को वैज्ञानिक रूप से प्रमाणित कर चुके है, जो कि स्वाभाविक तौर पर उपवास के नैसर्गिक होने के तथ्य को ही सत्यापित करते है । उपवास

का विज्ञान की नजर में अर्थ है - कुछ दिनों तक आवश्यकता से काफी कम कैलोरी का लिया जाना । जैसे स्वास्थ्य के लिए सर्वश्रेष्ठ तरीका हफ्ते में 5 दिन सामान्य भोजन और दो दिन कुल कैलोरी का मात्र एक चौथाई लिया जाना माना जाता है । यद्यपि नवरात्रि जैसे पर्वों में उपवास लोग लंबे समय तक रखते है ।

6. - इंग्लैण्ड के राष्ट्रीय स्वास्थ्य सिस्टम ने उपवास की कुछ हानियों के प्रति भी सचेत किया है, जैसे खाने प्राप्त होने वाला पानी न मिलने से शरीर में पानी की कमी होना । एसिडिटी का होना । उपवास खत्म होने पर ओवर इटिंग (ज्यादा खा लेना) कर लेना । अनिंद्रा, थकावट और सिर दर्द होना । लेकिन सही ढंग से किए गए नियमित उपवास के लाभ कहीं अधिक है, संभावित हानियों के तुलना में । जरूरत है तो कुछ सावधानियों की । उपवास रहते समय ये अवश्य ध्यान रखे कि पानी बार - बार पीते रहें, फलों का सेवन करते रहे । शांत रहें, उद्वेलित नहीं हो ।
7. - उपवास खत्म करते समय क्या खाएं - यदि आपने उपवास काफी भूखा रहकर किया है, तो बेहतर होगा कि पहले हल्का भोजन ही लें जैसे फलों के जूस से आरम्भ कर सकते है । फिर दाल, चावल, सब्जी इत्यादि ले सकते है । किन्तु यदि आप उपवास के दौरान फलाहार समुचित मात्रा में लेते रहें तब तो आप जो भी मन हो, सामान्य भोजन से भी उपवास तोड़ सकते है ।

उपवास के लाभ –

1. - बॉडी फैट में 3 से 10 प्रतिशत तक कमी होती है । मोटापा घटता है ।
2. - खराब कोलेस्ट्राल यानी एलडीएल की मात्र नियंत्रित होती है ।
3. - रोग प्रतिरोधक क्षमता बढ़ती है ।
4. - इन्सुलिन का स्रोत कम होता है । जिससे टाइप 2 डायबिटेज होने की संभावना कम होती है ।
5. - फैट बर्न होने से फैट में उपस्थित टॉक्सिन निकाल जाते है ।
6. नियमित उपवास बुढ़ापा आने की प्रक्रिया को धीमा करता है ।
7. - किन्हें उपवास नही करना चाहिए – अठारह साल से कम उम्र के युवा, टाइप 1 डायबिटीज़ के मरीज, जच्चा और गर्भवती महिलाएं, माइग्रेन के मरीज, किडनी, लीवर हार्ट जैसी किसी भी क्रोनिक बीमारी के मरीज ।
8. - उपवास और फलाहार – (श्रावण मास, वर्षा ऋतु)
9. - हर वर्ष श्रावण माह में कई लोग उपवास रखते हैं । कुछ लोग मदिरा से दूर रहते हैं । कुछ पुरुष इस अवधि में शेव ( दाढ़ी) तक नहीं करते । शारीरिक और आध्यात्मिक शुद्धीकरण का यह महीना कुछ - कुछ वैसा ही है जैसा ईसाइयों के लिए लेंट और मुसलमानों के लिए रमजान होता है ।

10. - उपवास करने से शरीर से विषैले पदार्थ निकल जाते हैं, पाचन तंत्र को आराम मिलता है और वर्षा ऋतु में होने वाली बीमारियों के प्रति शरीर की प्रतिरक्षा क्षमता बढ़ती है । उपवास और अन्य धार्मिक रीति रिवाजों को ऐसे कारण देकर उन्हें तर्क संगत बनाने का सिलसिला 19 वीं शताब्दी में शुरू हुआ । इस काल से विज्ञान को इतना महत्व दिया जाने लगा कि विज्ञान की समझ के बाहर की सभी बातें तुच्छ मानी जाने लगीं । लेकिन रीति - रिवाज विश्वभर की संस्कृतियों में पहले से ही महत्वपूर्ण रहे हैं । रिवाजों से ऐसे विचार समझाए जा सकते हैं जो हमारी कल्पना शक्ति को आकार देते हैं और भावनाओं को प्रभावित करते हैं ।

11. - त्योहार और रीति - रिवाज भोजन के दृष्टिकोण से भी समझे जा सकते हैं। अन्नकूट और दिवाली जैसे त्योहारों पर ढेर सारे ब्यंजन बनाए जाते हैं । उन्हें चखने के लिए दावतें आयोजित की जाती हैं । देवताओं को प्रसन्न करने के लिए निर्धारित दिनों पर उनकी पसंद के व्यंजन पकाए जाते हैं । इसके विपरीत कई दूसरे त्योहारों में भोजन नहीं पकाया जाता और रसोईघर बंद रहता है । सभी लोग उपवास रखते हैं या केवल उस रिवाज के लिए निर्धारित विशेष खाना ही खाते हैं । इन त्योंहारों में लोग खाने से परहेज करते हैं । श्रावण, लेंट और रमजान ऐसे ही त्योहार हैं ।

12. - भगवान विष्णु गृहस्थ हैं । स्मार्त परंपरा में वे अक्सर भोग के त्योहारों के साथ जोड़े जाते हैं । कई मंदिरों में उन्हें भारी मात्रा में व्यंजन अर्पित किए जाते हैं । भगवान शिव सन्यासी हैं और अतिभोग व परहेज दोनों से परे हैं । इनसे अलग, देवी से जुड़े रिवाजों में बलि चढ़ाई जाती है । यह बलि जीवित पशु के रूप में हो सकती है या स्वयं के भोजन के रूप में भी । आत्मत्याग के रिवाज हमें प्रकृति की उदारता की याद दिलाते हैं और हम में उनके प्रति कृतज्ञता का भाव जगाते हैं ।

13. - भोजन और हिंसा के बीच गहरा सम्बन्ध है । हिंसा का मासाहारी भोजन के साथ तो सम्बन्ध सुस्पष्ट है, लेकिन शाकाहारी भोजन के साथ नहीं । खेत और बाग किसी जंगल और उसमें पोषित पेड़ - पौंधों व जीव - जंतुओं को नष्ट करके ही बनाए जाते हैं । एक जीवन को बनाने के लिए दूसरे जीवन का नाश जरूरी है । शेर की भूख मिटाने के लिए हिरण को मारना पड़ता है और हिरण की भूख घास के मरने से मिटती है । इस संदर्भ में उपवास रखना अहिंसात्मक है । खाने से परहेज से प्रकृति का पुनर्जीवन होता है । इसलिए मठवासी समाजों में उपवास रखना कुछ ज्यादा ही मायने रखता है ।

14. - गाय को पूजने का एक प्रमुख कारण यह है कि किसी दूसरे प्राणी को मारे बिना या जंगल को नष्ट किए बिना हमें उससे दूध मिलता है । लेकिन जब दूध का उत्पादन औद्योगिक स्तर पर होने लगा, तब यह बात भी बदल गई । बाइबिल में अब्राहम समझ गए कि कठोर रेगिस्तान में अगर उनके बच्चों का जीवन बचाना है तो उनकी बकरियों को मरना होगा । गॉड की उदारता से अब्राहम को ढेर सारी बकरियाँ प्राप्त हुई थीं जो उनके बच्चों को जीवित रखने हेतु बलि में चढ़ाई गई ।

15. - महाभारत में राजा शिबि द्वारा किसी कबूतर को बाज से बचाने का प्रसंग आता है। शिबि कबूतर को तो बचा लेते हैं, लेकिन इस पर बाज पूछता है – मैं बहुत भूखा हूँ, आप मेरा भोजन छीनकर मेरे प्राण क्यों लेना चाहते हैं ? तब शिबि उन्हें खुद अपना शरीर ऑफर/प्रस्तुत कर देते हैं। कबूतर को बचाने के लिए किसी और का मरना आवश्यक था। राजा शिबि इसके लिए आगे आए। ठीक उसी तरह राजा को बचाने के लिए किसी और को मरना होगा।

16. - सन्यासी जंगल में मिलने वाली जड़ें, शाखाएं और धरती पर अपने आप गिरे फल खाते हैं, अर्थात ऐसे खाद्य पदार्थ जिनका निर्माण किसी के बलिदान से नहीं हुआ हो, इसी लिए उपवास रखने वाले लोंगों से भी यही अपेक्षा की जाती है कि वे उन्हीं खाद्य पदार्थों का सेवन करें जो प्राकृतिक तौर पर मिलते हैं।

# 36

# भारतीय पर्व - नव वर्ष गुड़ी पड़वा

## भारतीय पर्व – नव वर्ष गुड़ी पड़वा

नव वर्ष गुड़ी पड़वा –

विक्रम संवत् या विक्रमीभारतीय उपमहाद्वीप में प्रचलित हिन्दूपंचांग है। भारत में यह अनेकों राज्यों में प्रचलित पारम्परिक पञ्चाङ्ग है। नेपाल के सरकारी संवत् के रुप मे विक्रम संवत् ही चला आ रहा है। इसमें चन्द्र मास एवं सौर नक्षत्र वर्ष (solar sidereal years) का उपयोग किया जाता है। प्रायः माना जाता है कि विक्रमी संवत् का आरम्भ 57 ई.पू. में हुआ था। (विक्रमी संवत् = ईस्वी सन् + 57) ।

भारत में चैत्र शुक्ल प्रतिपदा से माना जाता है। बारह महीने का एक वर्ष और सात दिन का एक सप्ताह रखने का प्रचलन विक्रम संवत् से ही शुरू हुआ। महीने का हिसाब सूर्य व चन्द्रमा की गति पर रखा जाता है। यह बारह राशियाँ बारह सौर मास हैं। पूर्णिमा के बाद अगले दिन (पहला दिन - प्रथमा), चन्द्रमा जिस नक्षत्र में होता है, उसी आधार पर महीनों का नामकरण हुआ है। चंद्र वर्ष, सौर वर्ष से 11 दिन 3 घटी 48 पल छोटा है, इसीलिए प्रत्येक 3 वर्ष में इसमें 1 महीना जोड़ दिया जाता है ।

जिस दिन नव संवत् का आरम्भ होता है, उस दिन के वार के अनुसार वर्ष के राजा का निर्धारण होता है।

आरम्भिक शिलालेखों में ये वर्ष 'कृत' के नाम से आये हैं। 8वीं एवं 9वीं शती से विक्रम संवत् का नाम विशिष्ट रूप से मिलता है। संस्कृत के ज्योतिष ग्रन्थों में शक संवत् से भिन्नता प्रदर्शित करने के लिए सामान्यतः केवल 'संवत्' नाम का प्रयोग किया गया है ('विक्रमी संवत्' नहीं)।

**महीनों के नाम**

**महीनों के नाम - प्रथमा, पूर्णिमा के दिन नक्षत्र जिसमें चन्द्रमा होता है**

चैत्र - चित्रा, स्वाति

बैशाख - विशाखा, अनुराधा

जेष्ठ - जेष्ठा, मूल

आषाढ - पूर्वाषाढ़ा, उत्तराषाढ़ा, सतभिषा

श्रावण - श्रावण, धनिष्ठा

भाद्रपद - पूर्वाभाद्रपद, उत्तरभाद्रपद

आश्विन - अश्विन, रेवती, भरणी

कार्तिक - कृत्तिका बदी, रोहणी

मार्गशीर्ष - मृगशिरा, उत्तरा

पौष - पुनर्वसु, पुष्य

माघ - मघा, अश्लेशा

फाल्गुन - पूर्वाफाल्गुनी, उत्तराफाल्गुनी, हस्त

प्रत्येक माह में दो पक्ष होते हैं, जिसे कृष्ण पक्ष व शुक्ल पक्ष कहते हैं।

विष्णु पुराण में दी गई एक अन्य वैकल्पिक पद्धति समय मापन पद्धति अनुभाग, विष्णु पुराण, भाग-1, अध्याय तृतीय निम्न है:

- 10 पलक झपकने का समय = 1 काष्ठा
- 35 काष्ठा= 1 कला
- 20 कला= 1 मुहूर्त
- 10 मुहूर्त= 1 दिवस (24 घंटे)
- 30 दिवस= 1 मास
- 60 मास= 1 अयन
- 2 अयन= 1 वर्ष, = 1 दिव्य दिवस

*छोटी वैदिक समय इकाइयाँ*

- एक **तृसरेणु** = 6 ब्रह्माण्डीय '.
- एक **त्रुटि** = 3 *तृसरेणु*, या सैकिण्ड का 1/1687.5 भाग
- एक **वेध** =100 *त्रुटि*.
- एक **लावा** = 3 *वेध*.
- एक **निमेष** = 3 *लावा*, या पलक झपकना
- एक **क्षण** = 3 *निमेष*.
- एक **काष्ठा** = 5 *क्षण*, = 8 सैकिण्ड
- एक **लघु** =15 *काष्ठा*, = 2 मिनट

- 15 लघु = एक *नाड़ी*, जिसे *दण्ड* भी कहते हैं। इसका मान उस समय के बराबर होता है, जिसमें कि छः पल भर के (चौदह आउन्स) के ताम्र पात्र से जल पूर्ण रूप से निकल जाये, जबकि उस पात्र में चार मासे की चार अंगुल लम्बी सूईं से छिद्र किया गया हो। ऐसा पात्र समय आकलन हेतु बनाया जाता है।
- 2 दण्ड = एक *मुहूर्त*.
- 6 या 7 मुहूर्त = एक *याम*, या एक चौथाई दिन या रत्रि ।
- 4याम या प्रहर = एक दिन या रात्रि।
- चाँद्र मापन -

- एक *तिथि* वह समय होता है, जिसमें सूर्य और चंद्र के बीच का देशांतरीय कोण बारह अंश बढ़ जाता है। तिथि सिद्धान्त का खण्डतिथि और अखण्डतिथि के हिसाब से दो भेद है। वेदांग ज्योतिष के अनुसार अखण्ड तिथि माना जाता है। जिस दिन चन्द्रकला क्षीण हो जाता है उस दिन को अमावास्या माना जाता है। दूसरे दिन सूर्योदय होते ही शुक्ल प्रतिपदा, तीसरे दिन सूर्योदय होते ही द्वितीया। इसी क्रम से 15 दिन में पूर्णिमा होती है। फिर दूसरे दिन सूर्योदय होते ही कृष्णप्रतिपदा। और फिर तीसरे दिन सूर्योदय होते ही द्वितीया,और इसी क्रम से तृतीया चतुर्थी आदि होते है। 14 वें दिन में ही चन्द्रकला क्षीण हो तो उसी दिन कृष्णचतुर्दशी टूटा हुआ मानकर दर्शश्राद्धादि कृत्य किया जाता है। ऐसा न होकर 15 वें दिन में ही चन्द्रकला क्षीण हो तो तिथियाँ टूटे बिना ही पक्ष समाप्त होता है | इस कारण कभी 29 दिन का और कभी 30 दिन का चन्द्रमास माना जाता है। वेदांगज्योतिष भिन्न सूर्य सिद्धान्तादि लौकिक ज्योतिष का आधार में खण्ड तिथि माना जाता है। उनके मत मे तिथियाँ दिन में किसी भी समय आरम्भ हो सकती हैं और इनकी अवधि उसी एक दिन से अधिक छब्बीस घंटे तक हो सकती है।

- एक *पक्ष* या पखवाड़ा = पंद्रह तिथियाँ

- चन्द्र मास दो प्रकार का होता है - एक अमान्त और पूर्णिमान्त। पहला शुक्ल प्रतिपदा से अमावास्या तक अर्थात् शुक्लादि कृष्णान्त मास वेदांग ज्योतिष मानता है। इसके अलावा सूर्य सिद्धान्तादि लौकिक ज्योतिष के पक्षधर दूसरा पक्ष मानते हैं पूर्णिमान्त। अर्थात् कृष्ण प्रतिपदा से आरम्भ कर पूर्णिमा तक एक मास।

- एक मास = 2 पक्ष (पूर्णिमा से अमावस्या तक कृष्ण पक्ष; और अमावस्या से पूर्णिमा तक शुक्ल पक्ष)

- एक *ऋतु* = 2 मास

- एक *अयन* = 3 ऋतुएं

- एक <u>*वर्ष*</u> = 2 **अयन** का होता है |
- वेदांग ज्योतिष के आधार पर पंचवर्षात्मक युग माना जाता है | प्रत्येक 60 वर्ष में 12 युग व्यतीत हो जाते हैं। 12 युगों के नाम आगे बताया जा चुके हैं। (शुक्लयजुर्वेदसंहिता के मन्त्रों २७|४५,३०|१५ ,२२|२८,२७|४५ ,२२|३१ मे पंचसंवत्सरात्मक युग का वर्णन है | ब्रह्माण्डपुराण १|२४|१३९-१४३ , लिंगपुराण १|६१|५०-५४, वायुपुराण १|५३|१११-११५ म.भारत.आश्वमेधिक पर्व४४|२,४४|१८ कौटलीय अर्थशास्त्र २|२० सुश्रुतसंहिता सूत्रस्थान-६|३-९ पूर्वोक्त ग्रन्थ वेदांग ज्योतिष के अनुगामी है |)

# 37

# भारतीय पर्व - नव संवत एवं नवरात्रि पर्व

नव संवत एवं नवरात्रि पर्व –

गुड़ी पड़वा – प्रत्येक वर्ष चैत्र मास की शुक्ल पक्ष की प्रथम तिथि को ही गुड़ी पड़वा कहते हैं | इस दिन से ही भारतीय विक्रम संवत के नव वर्ष की शुरुआत होती है | इसी तिथि को गुड़ी पड़वा और चैत्र मास की प्रथम तिथि से ही नवरात्रि पर्व शुरू होते हैं | इन नवरात्रि पर्व को चैत्र मास की नवरात्रि या वासंतिक नवरात्रि भी कहते हैं | वर्ष भर में 4 नवरात्रि पर्व मनाए जाते हैं | यथा –

1. चैत्र मास नवरात्रि पर्व – वासंतिक नवरात्रि, चैत्र मास के शुक्ल पक्ष की प्रथम तिथि से लेकर 9 वीं तिथि तक | इसी 9 वीं तिथि को राम जन्म भी मनाया जाता है, जिससे इस दिन को राम नवमी पर्व भी बोलते हैं |
2. आषाढ़ मास नवरात्रि पर्व – आषाढ़ मास में शुक्ल पक्ष की प्रथम तिथि से लेकर 9 वीं तिथि तक | इन्हें गुप्त नवरात्रि कहते हैं | इस समय गुप्त रूप से आराधना की जाती है |
3. आश्विन (क्वार) मास नवरात्रि पर्व – शारदीय नवरात्रि, आश्विन (क्वार) मास के शुक्ल पक्ष की प्रथम तिथि से 9 वीं तिथि तक | इस पर्व को नवदुर्गा पर्व भी कहते हैं | यह त्यौहार बड़ी धूमधाम से मनाया जाता है | इसके अगली तिथि 10 वी को दशहरा पर्व मनाया जाता है |
4. माघ मास नवरात्रि पर्व – माघ मास में शुक्ल पक्ष की प्रथम तिथि से लेकर 9 वीं तिथि तक | इन्हें गुप्त नवरात्रि कहते हैं | इस समय गुप्त रूप से आराधना की जाती है |

# 38

# रामनवमी, नव दुर्गा उत्सव

रामनवमी

संख्या नौ (9) – यह एक विषम संख्या है, इसकी विशेषता यह है कि इसके गुणनफल के अंकों का जोड़ भी 9 ही होगा | कोई संख्या कितनी ही बड़ी क्यों न हो, यदि उसके अंकों का जोड़ 9 आता है तो वह संख्या 9 अंक से भाजित होती है | यदि किसी को 9 का पहाड़ा याद करने में असुविधा होती है तो निम्न विधि अपनाएं – पहले 0 से 9 तक की संख्या लिखें, फिर उल्टे क्रम में पहली लिखी संख्या के आगे 9 से लेकर 0 तक लिखें, यही 9 का पहाड़ा है | और सभी पहाड़े की प्रत्येक संख्या का जोड़ भी 9 ही रहता है | यह प्रवृति ही समभाव, मर्यादित कहलाती है |

| बढ़ते क्रम में संख्या | घटते क्रम में संख्या | दोनों संख्या (जो 9 का पहाड़ा ही है) | दोनों संख्याओं के अंकों का जोड़ |
|---|---|---|---|
| 0 | 9 | 09 | 9 |
| 1 | 8 | 18 | 9 |
| 2 | 7 | 27 | 9 |
| 3 | 6 | 36 | 9 |
| 4 | 5 | 45 | 9 |
| 5 | 4 | 54 | 9 |
| 6 | 3 | 63 | 9 |
| 7 | 2 | 72 | 9 |
| 8 | 1 | 81 | 9 |
| 9 | 0 | 90 | 9 |

9 का पहाड़ा

जैसे –

9 का पहाडा 10 तक के लिए पहले 0 से लेकर 9 तक बढ़ते क्रम में ( 0, 1, 2, 3, 4, 5, 6, 7, 8, 9) उसके बाद 9 से लेकर 0 तक घटते क्रम में ( 9, 8, 7, 6, 5, 4, 3, 2, 1) अब इन दोनों को क्रमश: लिखने से पहला बढ़ते क्रम का दूसरा घटते क्रम का यथा (09, 18, 27, 36, 45, 54, 63, 72, 81, 90 ये 9 का पहाडा ही है | अब इनके प्रत्येक अंको का जोड़ 9 ही है जो एक समानता को दर्शाता है | सूर्य हमेशा एक सामान दिखता है |

नवमी तिथि (राम नवमी) - प्रत्येक माह में 2 नवमी तिथि कृष्ण और शुक्ल पक्ष अनुसार होती हैं | श्री राम का जन्म चैत्र मास की नवमी तिथि, अभिजित नक्षत्र, कर्क लग्न, शुक्ल पक्ष को दोपहर (दिन के 12 बजे) अयोध्या में राजा दशरथ के यहां कौसल्या से हुआ था | इसलिए उस दिन की 9 वीं तिथि रामनवमी कहलाती है | उनकी अन्य मा (दशरथ पत्नी – कैकयी, सुमित्रा) भी | लंका के रावण पर विजय प्राप्त होने पर लंका के राजा नहीं बने बल्कि रावण के भाई विभीषण को वहां का राजा बनाया और 14 वर्ष के वनवास के बाद अयोध्या के राजा बने | यह त्याग का ही द्योतक है | नवमी तिथि के दिन पैदा होना, 9 अंक के समभाव के कारण राम मर्यादित रहते हुए मर्यादा पुरुषोत्तम कहलाए तथा सूर्य के समय पैदा होने से सूर्यवंशी कहलाए | सूर्य की 12 कलाओं के कारण ही 12 कला के अवतार कहलाए | पुराने समय में एक रुपये के चांदी के सिक्के का वजन 12 रत्ती का होता था | सीता जी का जन्म वैशाख शुक्ल पक्ष नवमी को हुआ था, यह तिथि सीता नवमी कहलाती है | दोनों की शादी मार्गशीर्ष (अगहन) की पंचम तिथि है |

श्रीराम की जन्म कुण्डली निम्नानुसार है –

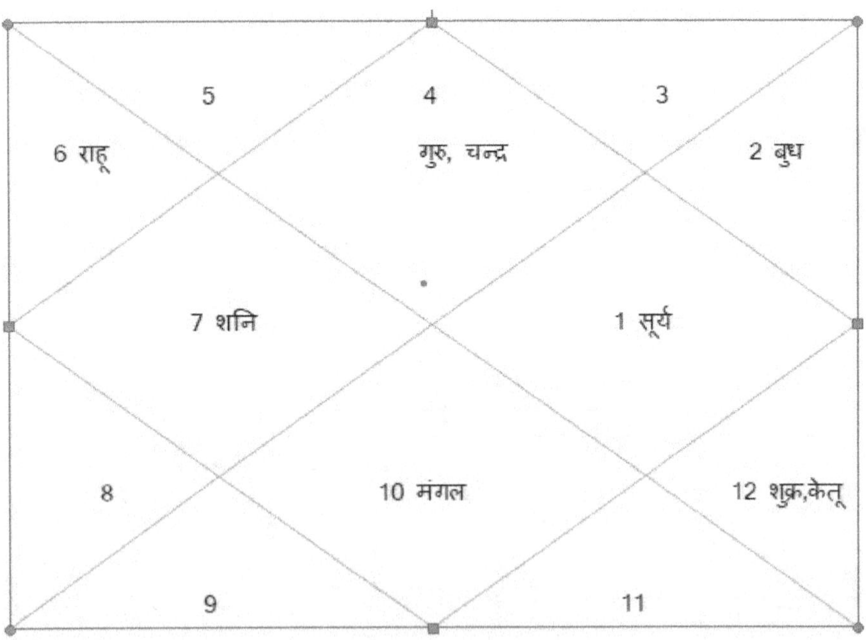

## श्री राम जन्म कुण्डली

श्री राम - जन्म कुंडली, जन्म चैत्र, शुक्ल पक्ष नवमी, दोपहर 12 बजे, अभिजीत नक्षत्र, कर्क लग्न, जन्म स्थान - अयोध्या उ. प्र.

विवेचना –

उपरोक्त कुंडली में सूर्य दशवें भाव/घर में होने से जन्म दोपहर 12 बजे की पुष्टि होती है।

सूर्य मेष राशि का होने से माह चैत्र की पुष्टि होती है। सूर्य (मेष राशि) 10 वां स्थान व चंद्र (कर्क राशि) लग्न स्थान नवमी तिथि की पुष्टि होती है। उच्च राशि के ग्रह सूर्य (मेष), मंगल (मकर), गुरु (कर्क), शुक्र (मीन), शनि (तुला) हैं। मंगल 7 वें भाव/घर में होने से मांगलिक कुंडली है।

लग्न राशि कर्क में चन्द्र और गुरु, कन्या राशि में राहू, तुला राशि में शनि, मकर राशि में मंगल, तथा मीन राशि में शुक्र केतु हैं |

केमद्रुम योग – चंद्र से दूसरे और 12 वें भाव में कोई ग्रह न हो उस पर किसी की ग्रह का दृष्टि सम्बन्ध न हो तो केमद्रुम योग कहलाता है।

दूसरे मानव शरीर के 9 छिद्र (2 आंख, 2 नाक, 2 कान, 1 मुख, 1 - मूत्र मार्ग (मूत्र द्वार), 1 - मल त्याग मार्ग (गुदा द्वार), ये ही 9 दुर्ग हैं, ये ही दुर्गति कराते हैं | इन पर विजय करना ही नौ दुर्ग विजय करना है, यही नव दुर्गा शक्ति हैं शरीर के | मृत्यु के समय प्राण इन्हीं मार्गों से निकलता है कुछ संत अपवाद छोड़कर (दसवां – द्वार- सहस्त्राधर) | तभी नव दुर्गों के समय एक गीत गाया जाता है – आठ पहर चौंसठ घड़ी, तेरा भुवन न खाली होय, देवी मैया के भुवन में इकलो ढोले लांगुरिया. इसका साधारण अर्थ यही है कि एक दिन रात में 8 प्रहर होते हैं, 64 घड़ी होती है | इसे इस तरह से लिखते हैं 86400 जिसका अर्थ यह है कि एक दिन रात में 86400 सेकेण्ड का समय होता है | हर समय शरीर में लांगुरिया (प्राण) भ्रमण (घूमता रहता) करता रहता है | यही जीवन है, जब प्राण शरीर छोड़ देता है वही मृत्यु है |

नव ग्रह (ज्योतिष) – सूर्य, चन्द, मंगल, बुध, गुरु (बृहस्पति), शुक्र, शनि, राहू, केतु |

नौ देवी – शैल पुत्री, ब्रह्मचारिणी, चन्द्र घंटा, कुष्मांडा, स्कंदमाता, कात्यायनी, कालरात्री, महागौरी, सिद्धि रात्री |

नव दुर्गा (व्रत आहार) - शैल पुत्री (कुट्टू), ब्रह्मचारिणी (दूध – दही), चन्द्र घंटा (चौलाई), कुष्मांडा (भूरा – कुम्हड़ा पेठा), स्कंदमाता (श्यामक/समा – चावल), कात्यायनी (हरीतरकारी), कालरात्री (काली मिर्च, तुलसी), महागौरी (साबूदाना), सिद्धि रात्री (आंवला) |

नव दुर्गा 9 नाम, औषधि तथा लाभ –

प्रथम दिन – नाम – शैल पुत्री, औषधि हरड (हरितिका), लाभ – पथ्य, कायस्थ, अमृत, हेमवती, चेतकी, स्रेयली |

द्वितीय दिन – नाम - ब्रह्मचारिणी, औषधि – ब्राह्मी, लाभ - मन, मस्तिष्क, गैस, रक्त विकार |

तृतीय दिन – नाम - चन्द्रघंटा, औषधि – चंदुसुर, लाभ - ह्रदय रोग में लाभकारी |

चतुर्थ दिन - नाम – कुष्मांडा, औषधि – कुम्हड़ा – पेठा, लाभ - पुष्टि कारक, वीर्य वर्धक, पित्त, गैस |

पंचम दिन – नाम - स्कन्दमाता, औषधि – अलसी, लाभ – वात, पित्त, कफ, रोग नाशक |

षष्टम दिन – नाम – कात्यायानी, औषधि – मोइया, लाभ – कफ, पित्त, कंठ |

सप्तम दिन – नाम – कालरात्रि , औषधि – नागदौन, लाभ – विषनाशक, मन, मस्तिष्क |

अष्टम दिन – नाम – महागौरी , औषधि – तुलसी, लाभ – रक्त साफ़, ह्रदय रोग |

नवम दिन – नाम – सिद्ध रात्रि, औषधि शतावरी, लाभ - बुद्धि बल, वीर्य, रक्त विकार |

नव रत्न – मुक्ता, हीरा, पीतामणि, वेदुर्य, गोमेद, विद्रुम, मरकत, माणिक्य, नीलम |

नौ रस – श्रृंगार, वीर, रौद्र, करुण, भयानक, हास्य, वीभत्स, अदभुत, शांत |

नौ निधि – पदम्, महापद्म, शंख, मकर, कच्छप, मुकुंद (विष्णु), कुन (कमल), नील, स्त्री |

नव रत्न 9 (ज्योतिष ग्रह अनुसार) – माणिक (सूर्य), मोती (चन्द्र), प्रवाल/विद्रुम (मंगल), मरकत (बुध), पुखराज/पदमराज/पुष्पराज (गुरु), वज्र (शुक्र), नीलम/इन्द्र नील (शनि), गोमेद (राहू), वैदूर्य (केतू) |

नवधा भक्ति (रामचरित मानस) – सत्संग, रामकथा, गुरु सेवा, प्रभु गुण गान, प्रभु जाप, इन्द्रिय निग्रह, समभाव, संतोष, कपट रहित |

नौ मानव छिद्र – 2 आंख, 2 नाक, 2 कान, 1 मुंह, 1 मूत्र मार्ग (लिंग, योनि द्वार), 1 मल मार्ग (गुदा द्वार) |

नौ समिधा (हवन लकड़ी) – सूर्य – आक (मदार), चन्द्र - छोला (ढाक – पलास), मंगल – खैर (कत्था), बुध - चिरचिटा (आपामार्ग), गुरु - पीपल, शुक्र – गूलर, शनि – शमी, राहू – दुर्वा, केतु – कुशा |

नौ नाथ – मत्स्येन्द्रनाथ, गोरक्षनाथ, जालंधरनाथ, चर्यतनाथ , मंगलनाथ, चम्बानाथ, घग्घुनाथ, प्राणनाथ, गोपीनाथ |

9 विघ्न – व्याधि, स्त्यान (सत्य कर्मों से अप्रीति), संशय, प्रमाद, आलस्य, अविरति (विषय सेवा में तृष्णा), भ्रान्तिदर्शन, अलब्ध - भूमिकत्व (समाधि की प्राप्ति न होना), अनवस्थितत्व (समाधि प्राप्त होने पर चित्त स्थिर न होना) |

# 39

# रक्षाबंधन

## रक्षाबंधन

रक्षाबंधन - रक्षा बंधन का शाब्दिक अर्थ रक्षा करने वाला बंधन मतलब धागा है। इस पर्व में बहनें अपने भाई के कलाई पर रक्षा सूत्र बांधती हैं और बदले में भाई जीवन भर उनकी रक्षा करने का वचन देते हैं। रक्षा बंधन को राखी या सावन के महीने में पड़ने के वजह से श्रावणी व सलोनी भी कहा जाता है। यह श्रावण माह के पूर्णिमा में पड़ने वाला हिंदू तथा जैन धर्म का प्रमुख त्योहार है।

**रक्षा बंधन** हिन्दुओं को प्रमुख त्योहार है, जिसे पूरे भारत समेत अन्य देशों में भी मनाया जाता है।

**रक्षा बंधन मनाने की परंपरागत विधि**

इस पर्व पर बहनें सुबह स्नान करके पूजा की थाल सजाती हैं, पूजा की थाल में कुमकुम, राखी, रोली, अक्षत, दीपक तथा मिठाई रखी जाती है। तत्पश्चात घर के पूर्व दिशा में भाई को बैठा कर उसकी आरती उतारी जाती है, सिर पर अक्षत डाला जाता है, माथे पर कुमकुम का तिलक किया जाता है फिर कलाई पर राखी बांधी जाती है। अंत में मीठा खिलाया जाता है। भाई के छोटे होने पर बहनें भाई को उपहार देती हैं अपितु भाई बहनों को उपहार देते हैं।

**राखी के महत्व से जुड़ी प्रसिद्ध पौराणिक कथा**

राखी का इतिहास बहुत पुराना है। राखी के प्रचलित कहानियों में द्वापर की यह कहानी सर्वाधिक प्रचलित है, एक बार श्री कृष्ण के उंगली कट जाने पर द्रौपदी ने अपनी साड़ी के एक कोने को फाड़ कर कृष्ण के हाथ पर बांध दिया। कथानुसार द्रौपदी के सबसे मुश्किल समय में श्री कृष्ण ने उस साड़ी के एक टुकड़े का कर्ज, द्रौपदी का चीर हरण होने से बचा कर निभाया। वह साड़ी का टुकड़ा कृष्ण ने राखी समझ कर स्वीकार किया था।

**रक्षा बंधन का इतिहास**

एक बार की बात है, देवताओं और असुरों में युद्ध आरंभ हुआ। युद्ध में हार के परिणाम स्वरूप, देवताओं ने अपना राज - पाठ सब युद्ध में गवा दिया। अपना राज - पाठ पुनः प्राप्त करने की इच्छा से देवराज इंद्र देवगुरु बृहस्पति से मदद की गुहार करने लगे। तत्पश्चात देव गुरु बृहस्पति ने श्रावण मास के पूर्णिमा के प्रातः काल में निम्न मंत्र से रक्षा विधान संपन्न किया।

"येन बद्धो बलिराजा दानवेन्द्रो महाबलः।

तेन त्वामभिवध्नामि रक्षे मा चल मा चलः।"

इस पूजा से प्राप्त सूत्र को इंद्राणी ने इंद्र के हाथ पर बांध दिया। जिससे युद्ध में इंद्र को विजय प्राप्त हुआ और उन्हें अपना हारा हुआ राज पाठ दुबारा मिल गया। तब से रक्षा बंधन का त्योहार मनाया जाने लगा।

भविष्य पुराण के अनुसार सालों से असुरों के राजा बलि के साथ इंद्र देव का युद्ध चल रहा था. इसका समाधान मांगने इंद्र की पत्नी सची विष्णु जी के पास गई, तब विष्णु जी ने उन्हें एक धागा अपने पति इंद्र की कलाई पर बांधने के लिए दिया. सची के ऐसा करते ही इंद्र देव सालों से चल रहे युद्ध को जीत गए .

**जैन धर्म में रक्षा बंधन क्यों और कैसे मनाते हैं?**

जैन धर्म मे रक्षा बंधन का दिन बहुत शुभ माना जाता है इस दिन एक मुनि ने 700 मुनियों के प्राण बचाए थे। इस वजह से जैन धर्म से संबंध रखने वाले लोग इस दिवस पर हाथ में सूत का डोर बांधते हैं।

# 40

# कृष्ण जन्माष्टमी

## कृष्ण जन्माष्टमी

**संख्या – आठ (8) – के तात्पर्य**

आठ अंक – आठ अंक एक सम संख्या है, परन्तु इसके गुणनफल के अंकों का जोड़ सम और विषम दोनों ही है, और घटता – बढ़ता भी है जैसे –

8 का गुणा 10 तक क्रमश: (8, 16, 24, 32, 40, 48, 56, 64, 72, 80) है जिसके अंको का जोड़ क्रमश: ( 8, 7, 6, 5, 4, 3, 2, 1, 9,आठ (8) जो चन्द्रमा के अनुसार संख्या के घटने – बढ़ने का संकेत है |

अष्टमी –

श्रीकृष्ण का जन्म भादों (भाद्रपद) मास की कृष्ण पक्ष की तिथि अष्टमी, रोहिणी नक्षत्र, वृषभ राशि में कारागार मथुरा में अर्धरात्रि को हुआ | माता – पिता जन्म के देवकी और वसुदेव तथा पालन पोषण के यशोदा और नन्द बाबा थे | मामा कंस के वध करने पर भी कभी मथुरा के शासक नहीं रहे यह उनके त्याग का ही द्योतक है | उन्होंने अपना शासन क्षेत्र द्वारका (गुजरात) बनाया और यही कारण है कि वे द्वारकाधीश कहलाते हैं | रात्रिकाल 12 बजे जन्म के कारण, चन्द्रमा की स्थिति (रात) के कारण ही चंद्रवंशी कहलाते हैं | और चन्द्रमा की 16 कलाओं के कारण ही 16 कला के अवतार कहलाते हैं | पुराने समय में एक रुपया का सिक्का भी 16 आना का होता था | तिथि घटने – बढ़ने का कारण चन्द्रमा से है अत: वे लीला पुरुषोत्तम कहलाए |

श्री कृष्ण जी की जन्म कुण्डली निम्नानुसार है –

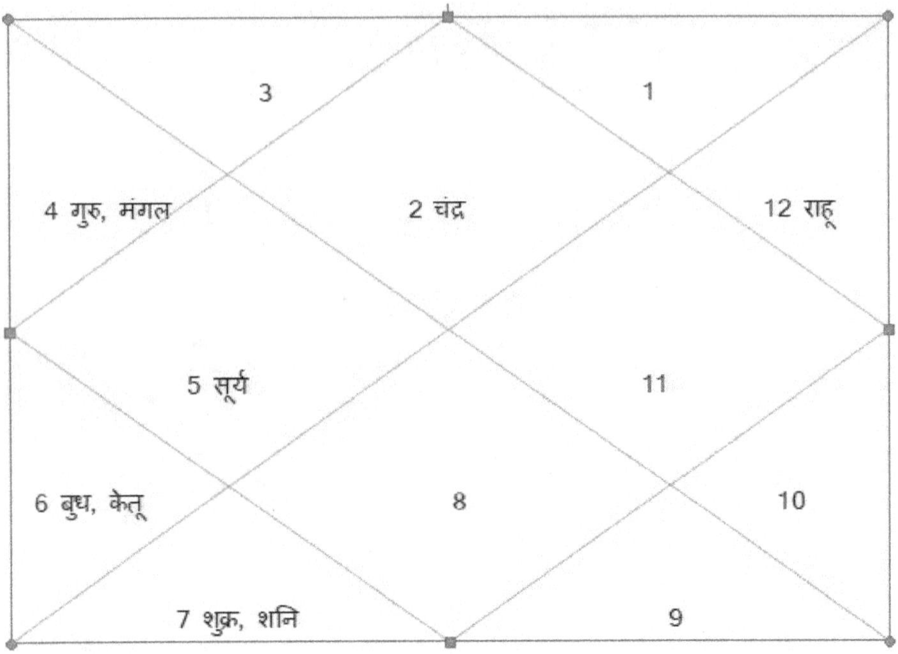


श्री कृष्ण जन्म कुण्डली

कुंडली –

श्री कृष्ण जन्म कुंडली - जन्म भाद्रपद कृष्ण पक्ष अष्टमी, दिन बुधवार, रात्रि 12 बजे, नक्षत्र - रोहिणी, वृषभ - लग्न, जन्म स्थान - मथुरा उ. प्र.

विवेचना –

उपरोक्त से सूर्य चतुर्थ स्थान में होने से जन्म रात्रि 12 बजे का है, सूर्य राशि सिंह में है अतः भाद्रपद आता है, तिथि सूर्य (4 स्थान) से चंद्र लग्न स्थान में होने से अष्टमी तिथि की पुष्टि की होती है । लग्न में वृषभ राशि का चन्द्रमा है | द्वितीय स्थान में कर्क राशि में गुरु और मंगल हैं | चतुर्थ स्थान सिंह राशि का सूर्य है | पंचम स्थान कन्या राशि में बुध और केतु हैं | षष्टम स्थान में तुला राशि में शुक्र और शनि हैं | ग्यारहवे स्थान में राहू हैं |

उच्च राशि के ग्रह चंद्र, बुध, गुरु और शनि हैं ।

# 41

# दशहरा

## दशहरा

राजा राम थे, तो रावण भी राजा था । परमवीर राम थे, तो रावण भी महाबली था ।

ज्ञानी राम थे, तो महाज्ञानी रावण भी था । सन्यासी राम बने, तो संयमी रावण भी रहा ।

पति धर्म राम ने पूरा किया, तो भ्राता धर्म रावण ने पूर्ण किया ।

पिता को दिया वचन राम ने निभाया, तो बहन को दिया वचन रावण ने भी निभाया ।

सत्य राम थे, तो झूठा रावण भी नहीं था ।

### *फिर युद्ध क्यों? राम की जीत और रावण की हार क्यों?*

### *यह युद्ध था –*

ज्ञान और महाज्ञान के सही – गलत उपयोग का ।

सत्य से ऊपर आते आत्म विशवास का । परिजन की सलाह नकारने का ।

मर्यादा राम और मतिभ्रम दशानन रावण का ।

राम नीति और रावण प्रवृति का । त्यागी राम और अहंकारी रावण का ।

अतः दशहरे पर ज्ञान और बल के सही – गलत उपयोग को जानें, सत्य और अहंकार के भेद को पहचानें ।

**दशहरा** हिन्दुओं का सबसे लोकप्रिय त्योहार है जिसे 10 दिनों तक मनाया जाता है। दशहरा रामायण के महाकाव्य में राक्षस रावण पर भगवान राम की जीत का प्रतीक है। संस्कृत में दशहरा शब्द का अर्थ है 10 बुराइयों से छुटकारा । यह हिंदू धर्म में बुराई पर अच्छाई की जीत का जश्न मनाने वाले त्योहारों में से एक है।

भगवान श्री राम द्वारा रावण के वध कथा के अलावा एक अन्य पौराणिक कथा है । इसके अनुसार असुर महिषासुर और उसकी सेना देवताओं को परेशान कर रहे थे । और इस युद्ध के दसवें दिन मां दुर्गा ने महिषासुर का वध कर विजय प्राप्त की थी । इसी वजह से इसे विजय दशमी भी कहा जाता है और इस दिन को धूमधाम से दशहरा के रूप में मनाया जाता है ।

विजयादशमी एक ऐसा पर्व है, जिसे लोगों के मन में नई ऊर्जा, बुराई पर अच्छाई की जीत और लोगों के मन में नई चाह और सात्विक ऊर्जा भी ले आता है। भगवान राम ने कैसे बुराई का अंत कर रावण पर विजय प्राप्त की। और माँ दुर्गा ने महिषासुर को मारकर बुराई का अंत किया। 9 दिन देवी माँ के पूजा अर्चना के बाद यह विजयादशमी आती है।

**रामलीला का आयोजन**

देश के कई बरसों में दशहरा को मनाने का रीति - रिवाज और परंपरा अलग - अलग है। कई जगहों पर पूरे दस दिन के लिए मनाया जाता है, मंदिर के पुजारियों द्वारा मंत्र और रामायण की कहानियां भक्तों की बड़ी भीड़ के सामने सुनाई जाती है, साथ ही कई जगहों पर रामलीला का आयोजन 7 दिन या मौसम तक किया जाता है। सारे शहर में रामलीला का आयोजन होता है। राम लीला पौराणिक महाकाव्य, रामायण का एक लोकप्रिय अधिनियम है। ऐसा माना जाता है कि महान संत तुलसीदास ने राम, राम की परंपरा शुरू की, जो भगवान राम की कहानी के अधिनियम था। उनके द्वारा लिखी गई रामचरितमानस आज तक रामलीला प्रदर्शन का आधार बनती हैं। रामनगर राम लीला (वाराणसी में) सबसे पारंपरिक शैली में अधिनियमित किया गया है।

**निष्कर्ष**

विजयदशमी मनाने के पीछे राम लीला का उत्सव पौराणिक कथाओं को इंगित करता है। ये सीता माता के अपहरण के पूरे इतिहास को बताता है, असुर राजा रावण, उसके पुत्र मेघनाथ और भाई कुम्भकर्ण की हार और अंत तथा राजा राम की जीत को दर्शाता है। वास्तविक लोग राम, लक्ष्मण और सीता तथा हनुमान का किरदार निभाते है वहीं रावण, मेघनाथ और कुम्भकर्ण का पुतला बनाया जाता है। अंत में बुराई पर अच्छाई की जीत को दिखाने के लिये रावण, मेघनाथ और कुम्भकर्ण के पुतले जला दिये जाते है और पटाखों के बीच इस उत्सव को और उत्साह के साथ मनाया जाता है।

भारतवर्ष और विदेशों में दशहरा पर्व उत्साह पूर्वक मनाया जाता है । फिर भी भारत में कुल्लू , मनाली (हिमाचल प्रदेश), कोटा (राजस्थान) और मैसूर (कर्नाटक) के दशहरा पर्व अपने विशेष स्थान रखते हैं ।

संख्या दस (10) –

दस इकाई अंक – (0, 1, 2, 3, 4, 5, 6, 7, 8, 9),

दस दिशा – पूरब, पश्चिम, उत्तर, दक्षिण, ईशान, वाणव्य, नैऋत्य, आग्नेय, ऊपर, नीचे ।,

दश उंगलियां दोनों हाथों की – अंगुष्ठ, तर्जनी, मध्यमा, अनामिका, कनिष्ठा ।,

दस इन्द्रियां – 5 ज्ञान इंद्रियां, 5 कर्म इंद्रियां ।,

दस महाविद्या – काली, तारा, छिन्नकाता, त्रिपुर सुन्दरी, भुवनेश्वरी, त्रिपुर भैरवी, धूमावती, बंगलामुखी, मातंगी, कमला ।,

10 रस – श्रृंगार, हास्य, करुण, रौद्र, वीर, भयानक, वीभत्स, अद्‌भुत, शांत, वात्सल्य, ।,

10 धर्म के लक्षण – धृति (धैर्य), क्षमा, दम, अस्तेय (चोरी), शौच, इन्द्रिय निग्रह, धी (बुद्‌धि), विद्‌या, सत्य, अक्रोध ,

# 42

# भारतीय पर्व - दीपावली, गोवर्धन पूजा और अन्नकूट, भाई दूज (यम दि्वतीया)

## भारतीय पर्व - दीपावली

1 - समुद्र मंथन के समय देव - दानव द्वारा कार्तिक अमावस्या के दिन देवी लक्ष्मी समुद्र से निकली। देवों ने धूप - दीप जलाकर उनका स्वागत किया।

2 - दैत्यों से पराजित देवताओं को वापस अपनी शक्तियाँ और सत्ता दैत्यराज महाप्रतापी राजा बलि से कार्तिक अमावस्या को दान में मिली।

3 - लंका पर विजय प्राप्त कर जब राम और लक्ष्मण वापस अयोध्या लौटे तो अयोध्या के निवासियों ने खुशी में नगर को सजाकर दीपों से प्रकाशित किया और पटाखे छुड़ाए, उस दिन कार्तिक अमावस्या थी।

4 – महिषासुर वध के लिए दुर्गा ने महाकाली का रूप धारण किया। असुर के वध के बाद भी दुर्गा का क्रोध शान्त न हुआ। अनिष्ट की आशंका से भयभीत शिव को दुर्गा के चरणों में लेटकर उन्हें मनाना पड़ा। इसी दुर्गा के शान्त रूप की पूजा कार्तिक अमावस्या को की गई।

5 – बाल्य अवस्था में श्री कृष्ण पहली बार कार्तिक अमावस्या वाले दिन ही गाय चराने जंगल गए। उनकी सकुशल घर वापसी पर सायंकाल दीप जलाकर नगर वासियों ने खुशियाँ मनाई। ऐसी भी मान्यता हे कि बड़े होने पर कृष्ण ने इसी दिन नरकासुर राक्षस को मारा तब भी खुशियाँ मनाई गई।

6 - इसी दिन भगवान महावीर ने निर्वाण प्राप्त किया।

7 – अंधकार (अज्ञान) को अमावस्या की रात्रि को उजाले प्रकाश (ज्ञान) द्वारा दूर करना।

8 - ऋतु परिवर्तन के कारण (वर्षा से शरद) अन्दर (घर) की सफाई (वर्षा के कारण सीलन आदि) करना। और प्रकाश करना।

दीपक जलाना – सम्पूर्ण मांगलिक कार्यों में दीपक जलाना चाहिए। प्रसूति गृह में व मरणासन्न व्यक्ति के निकट भी दीपक जलाने की विधि है (शत. ½ /116) (क्योंकि अग्नि सूक्ष्म राक्षसों का नाशक हैं) वर्षात बाद घरों में पानी के कारण सीलन आ जाती है और सूक्ष्म प्रकार के सीलन से संबन्धित कीटाणु, जाले आदि भी घरों में हो जाते हैं। इसके निराकरण के लिए घरों के अंदर की सफाई करते हैं तथा दीप जलाकर रात में प्रकाश करते हैं जिससे सूक्ष्म जीवाणु प्रकाश से स्वतः ही नष्ट हो जाते हैं।

देवी लक्ष्मी के अनेक रूप -

लक्ष्मी एकमात्र देवी हैं जिनकी पूजा बौद्ध, जैन और हिन्दू, तीनों धर्मों की जाती है। किसी श्लोक में लक्ष्मी का सबसे पहला उल्लेख ऋग्वेद के श्री सूक्त में हुआ है। श्री सूक्त में उन्हें 'श्री' संबोधित किया गया है। यजमान इन श्लोकों द्वारा उनका आह्वान करते हैं, ताकि उनके घर में धन, धान्य, संपत्ति और संतान आ सके। लक्ष्मी की पहली प्रतिमा बौद्ध स्तूप के निकट पायी गई, जहां पर उन्हें कलश और कमल के साथ दर्शाया गया है। जैन काव्यों के अनुसार इसी महान आत्मा के जन्म के पहले लक्ष्मी उस महापुरुष की माता के सपने में आती हैं। सभी परम्पराओं में लक्ष्मी को मांगल्य और शुभ कार्यों से जोड़ा गया है।

आध्यात्मिक देश होते हुए भी हम लक्ष्मी को महत्व देते आएँ हैं। इसका अर्थ है कि हम आध्यात्म को धन, धान्य और संपत्ति से अलग नहीं समझते थे। सनातन धर्म में अध्यात्म और व्यावहारिकता में अलगाव नहीं दिखाई देता। हम लक्ष्मी को देवी मानते हैं। इसलिए आज भी यदि किसी का पैर जाने - अनजाने पैसों को छू जाता है तो वह क्षमा मांगता है। हमें पैसों में और सोने में देवी दिखती है। इसलिए भारत में दिवाली, ओणम, विशू, और बैसाखी जैसे कई उत्सव हैं, जिनमें हम पैसों, गहनों और धन की सजावट और उनकी पूजा करते हैं।

कथाओं के माध्यम से हमें धन व लक्ष्मी के बारे एक बहुत ज्ञान मिलता है। लक्ष्मी को लेकर पुराणों में कई तरह की कथाएँ हैं। बौद्ध काव्यों के अनुसार लक्ष्मी का जन्म पाताल में हुआ था। उनके पिता का नाम पुलोमन था, इसलिए उन्हें 'पुलोमी' नाम दिया गया था। वह पाताल निवासिनी है, इस बात को हम रूपक भी मान सकते हैं। बीज धरती के नीचे उगते हैं, धातु और रत्न धरती की नीचे मिलते हैं, पशु धन के लिए चारा धरती के नीचे से आता है और जल भी धरती के नीचे जमता है। इस तरह सारा धन धरती के नीचे से ही आता है और इसलिए हम लक्ष्मी को पाताल निवासिनी कहते हैं।

पुराणों के अनुसार इन्द्र ने 'पुलोमी' से विवाह किया था। इन्द्र से विवाह करने पर भी उन्हें इन्द्र से कोई लगाव नहीं है। इन्द्र एक पदवी है, जो सबसे ज्यादा यज्ञ करने वाले राजा

को मिलती है । इस तरह इन्द्र बदलते रहते हैं लेकिन पुलोमी या इंद्राणी या शचि, जो लक्ष्मी के दूसरे नाम हैं एक ही रहती है । इसका अर्थ है कि धन किसी का प्रेमी नहीं हैं । धन, दीन या धनवान और पापी या पुण्यवान सभी को बराबर सुख देता है । इसका अर्थ है कि लक्ष्मी पक्षपात नहीं करती, वह सबसे एक समान प्रेम करती है ।

कुछ ग्रन्थों के अनुसार लक्ष्मी भृगु पुत्री हैं । भृगु असुरों के गुरु थे और उन्हे ज्योतिष शास्त्र और वास्तु शास्त्र का ज्ञान था । इसका अर्थ है कि ज्योतिष और वास्तु शास्त्र के ज्ञानी को पता होता है कि लक्ष्मी को कैसे आकर्षित करना है । उदाहरण के तौर पर यदि आपको स्टॉक मार्केट का भविष्य पता हो तो आप उसमें सफलता प्राप्त कर धन कमा सकते हो । शायद इसलिए लक्ष्मी को भृगु पुत्री कहा गया है ।

पुराणों में लक्ष्मी का जन्म क्षीरसागर से होता है, इसलिए उन्हें सागर पुत्री भी कहा गया है । हमें सागर से नमक मिलता है, मोती मिलते हैं और मछलियाँ मिलती हैं । धरती से धन निकालने के लिए हमें श्रम करके कुछ देना पड़ता है । लेकिन सागर हमसे कुछ नहीं मांगता, उसकी लहरें केवल देती रहती हैं । सागर अपने तट को कभी नहीं छोड़ता । इसलिए हमारे पौराणिक कथाओं में सागर को महादानी का दर्जा दिया गया है । कहते कि लक्ष्मी इसी महादानी की बेटी है ।

कथाओं में लक्ष्मी विष्णु की प्रिया है । इसका अर्थ यह हुआ कि चूंकि विष्णु धर्म स्थापना करते हैं इसलिए लक्ष्मी उनकी ओर जातीं हैं । लक्ष्मी उनसे बहुत प्रेम करती हैं, और इसलिए विष्णु का नाम 'लक्ष्मी वल्लभ' भी है । शायद हम इससे यह शिक्षा ले सकते हैं कि जो मत्स्य न्याय के विरुद्ध काम करते हैं, उनकी ओर लक्ष्मी आकर्षित होती है । चूंकि इन्द्र देव विलासी हैं, दानी नहीं । इसलिए लक्ष्मी को उनसे कोई लगाव नहीं है । इंद्र उन्हें बांध कर रखना चाहते हैं जबकि विष्णु उन्हें आकर्षित करते हैं । इसलिए इंद्र सदैव रणभूमि में रहते है और विष्णु रंगभूमि में ।

## गोवर्धन पूजा और अन्नकूट

दीपावली के अगले दिन गोवर्धन पूजा की जाती है। कुछ लोग इसे अन्नकूट के नाम से भी जानते हैं। इस त्यौहार का भारतीय लोकजीवन में काफी महत्व है। इस पर्व में प्रकृति के साथ मानव का सीधा सम्बन्ध दिखाई देता है। इस पर्व की अपनी मान्यता और लोककथा है। गोवर्धन पूजा में गोधन अर्थात गायों की पूजा की जाती है। शास्त्रों में बताया गया है कि गाय उसी प्रकार पवित्र होती है जैसे नदियों में गंगा। गाय को देवी लक्ष्मी का स्वरूप भी कहा गया है। देवी लक्ष्मी जिस प्रकार सुख समृद्धि प्रदान करती हैं उसी प्रकार गौ माता भी अपने दूध से स्वास्थ्य रूपी धन प्रदान करती हैं। इनका बछड़ा खेतों में अनाज उगाता है। इस तरह गौ सम्पूर्ण मानव जाति के लिए पूज्यनीय और आदरणीय है। गौ के प्रति श्रद्धा प्रकट करने के लिए ही कार्तिक शुक्ल पक्ष प्रतिपदा के दिन गोर्वधन की पूजा की जाती है और इसके प्रतीक

के रूप में गाय की।

जब कृष्ण ने ब्रजवासियों को मूसलधार वर्षा से बचने के लिए सात दिन तक गोवर्धन पर्वत को अपनी सबसे छोटी उँगली पर उठाकर रखा और गोप - गोपिकाएँ उसकी छाया में सुखपूर्वक रहे। सातवें दिन भगवान ने गोवर्धन को नीचे रखा और हर वर्ष गोवर्धन पूजा करके अन्नकूट उत्सव मनाने की आज्ञा दी। तभी से यह उत्सव अन्नकूट के नाम से मनाया जाने लगा।

कबीर साहेब जी अपनी वाणी में कहते है:

कबीर, गोवर्धन कृष्ण जी उठाया, द्रोणागिरि हनुमंत। शेष नाग सब सृष्टी उठाई, इनमें को भगवंत।।

गोवर्धन पूजा के सम्बन्ध में एक लोकगाथा प्रचलित है। कथा यह है कि देवराज इन्द्र को अभिमान हो गया था। इन्द्र का अभिमान चूर करने हेतु भगवान श्री कृष्ण जो स्वयं लीलाधारी श्री हरि विष्णु के अवतार हैं, ने एक लीला रची। प्रभु की इस लीला में यह हुआ कि एक दिन उन्होंने देखा के सभी बृजवासी उत्तम पकवान बना रहे हैं और किसी पूजा की तैयारी में जुटे। श्री कृष्ण ने बड़े भोलेपन से मईया यशोदा से प्रश्न किया " मईया ये आप लोग किसकी पूजा की तैयारी कर रहे हैं" कृष्ण की बातें सुनकर मैया बोली लल्ला हम देवराज इन्द्र की पूजा के लिए अन्नकूट की तैयारी कर रहे हैं। मैया के ऐसा कहने पर श्री कृष्ण बोले मैया हम इन्द्र की पूजा क्यों करते हैं? मैया ने कहा वह वर्षा करते हैं जिससे अन्न की पैदावार होती है उनसे हमारी गायों को चारा मिलता है। भगवान श्री कृष्ण बोले हमें तो गोर्वधन पर्वत की पूजा करनी चाहिए क्योंकि हमारी गाये वहीं चरती हैं, इस दृष्टि से गोर्वधन पर्वत ही पूज्यनीय है और इन्द्र तो कभी दर्शन भी नहीं देते व पूजा न करने पर क्रोधित भी होते हैं अत: ऐसे अहंकारी की पूजा नहीं करनी चाहिए।

लीलाधारी की लीला और माया से सभी ने इन्द्र के बदले गोवर्घन पर्वत की पूजा की। देवराज इन्द्र ने इसे अपना अपमान समझा और मूसलाधार वर्षा शुरू कर दी। प्रलय के समान वर्षा देखकर सभी बृजवासी भगवान कृष्ण को कोसने लगे कि, सब इनका कहा मानने से हुआ है। तब मुरलीधर ने मुरली कमर में डाली और अपनी कनिष्ठा उंगली पर पूरा गोवर्धन पर्वत उठा लिया और सभी बृजवारियों को उरागें आगने गाय और बछड़े समेत शरण लेने के लिए बुलाया। इन्द्र कृष्ण की यह लीला देखकर और क्रोधित हुए फलत: वर्षा और तेज हो गयी। इन्द्र का मान मर्दन के लिए तब श्री कृष्ण ने सुदर्शन चक्र से कहा कि आप पर्वत के ऊपर रहकर वर्षा की गति को नियत्रित करें और शेषनाग से कहा आप मेड़ बनाकर पानी को पर्वत की ओर आने से रोकें।

इन्द्र लगातार सात दिन तक मूसलाधार वर्षा करते रहे तब उन्हे एहसास हुआ कि उनका मुकाबला करने वाला कोई आम मनुष्य नहीं हो सकता अत: वे ब्रहमा जी के पास पहुंचे और सब वृतान्त कह सुनाया। ब्रहमा जी ने इन्द्र से कहा कि आप जिस कृष्ण की बात कर रहे हैं वह भगवान विष्णु के साक्षात अंश हैं और पूर्ण पुरूषोत्तम नारायण हैं। ब्रहमा जी के मुंख से

यह सुनकर इन्द्र अत्यंत लज्जित हुए और श्री कृष्ण से कहा कि प्रभु मैं आपको पहचान न सका इसलिए अहंकारवश भूल कर बैठा। आप दयालु हैं और कृपालु भी इसलिए मेरी भूल क्षमा करें। इसके पश्चात देवराज इन्द्र ने मुरलीधर की पूजा कर उन्हें भोग लगाया।

इस पौराणिक घटना के बाद से ही गोवर्धन पूजा की जाने लगी। बृजवासी इस दिन गोवर्धन पर्वत की पूजा करते हैं। गाय बैल को इस दिन स्नान कराकर उन्हें रंग लगाया जाता है व उनके गले में नई रस्सी डाली जाती है। गाय और बैलों को गुड़ और चावल मिलाकर खिलाया जाता है।

## *गोवर्धन पूजा की विधि*

इस दिन सुबह जल्दी उठकर पूजन सामग्री के साथ में आप पूजा स्थल पर बैठते हैं और अपने कुल देव का, कुल देवी का ध्यान करते हैं । पूजा के लिए गाय के गोबर से गोवर्धन पर्वत पूरी श्रद्धा भाव से तैयार करते। इसे लेटे हुये पुरुष की आकृति में बनाया जाता है । यदि आप से ठीक तरीके से नहीं बने तो आप चाहे जैसा बना लीजिए । प्रतीक रूप से गोवर्धन रूप में आप इसे तैयार कर लीजिए फूल, पत्ती, टहनियो एवं गाय की आकृतियों से या फिर आप अपनी सुविधा के अनुसार इसे किसी भी आकृति से सजा लीजिए ।

इस दिन प्रातः काल शरीर पर तेल की मालिश करने के बाद में स्नान करने का प्राचीन परंपरा है ।

गोवर्धन की आकृति तैयार कर उनके मध्य में भगवान श्री कृष्ण की मूर्ति रखी जाती है । नाभि के स्थान पर एक कटोरी जितना गड्ढा बना लिया जाता है और वहां एक कटोरी या मिट्टी का दीपक रखा जाता है । फिर इसमें दूध, दही, गंगाजल, शहद और बतासे इत्यादि डालकर पूजा की जाती है और बाद में इसे प्रसाद के रूप में बांटा जाता है ।

गोवर्धन पूजा के दौरान एक मंत्र का जाप करना चाहिए ।

कुछ स्थानों पर गोवर्धन पूजा के साथ ही गायों को स्नान कराने की उन्हें सिंदूर इत्यादि पुष्प मालाओं से सजाए जाने की परंपरा भी है । इस दिन गाय का पूजन भी किया जाता है तो यदि आप गाय को स्नान करा कर उसे सजा सकते हैं या उसका श्रृंगार कर सकते हैं तो कोशिश करिए कि गाय का श्रृंगार करें और उसके सींग पर घी लगाए गुड खिलाएं । गाय की पूजा के बाद में एक मंत्र का उच्चारण किया जाता है जिससे लक्ष्मी जी प्रसन्न होती हैं और आपके घर में कभी धन की कमी नहीं रहती है ।

फल मिठाई इत्यादि आप पूजा के दौरान गोवर्धन में अर्पित करिए गन्ना चढ़ाईये और एक कटोरी दही नाभि स्थान में डाल कर झरनी में से छिड़कते हैं । गोवर्धन जो बनाया जाता है गोबर का उसमें दही डालकर उसको झरनी से छानिये और फिर गोवर्धन के गीत गाते हुए गोवर्धन की सात बार परिक्रमा की जाती है । परिक्रमा के समय एक व्यक्ति हाथ में जल का लोटा व दूसरा व्यक्ति अन्न यानि कि जौ लेकर चलते हैं और जल वाला व्यक्ति जल की

धारा को धरती पर गिराते हुआ चलता है और दूसरा अन्न यानि कि जौ बोते हुए परिक्रमा पूरी करते हैं।

भाई दूज (यम द्वितीया)

भाई दूज कार्तिक मास के शुक्ल पक्ष की द्वितीया तिथि को मनाया जाने वाला हिन्दू धर्म का पर्व है जिसे यम द्वितीया भी कहते हैं। यह दीपावली के दो दिन बाद आने वाला ऐसा पर्व है, जो भाई के प्रति बहन के स्नेह को अभिव्यक्त करता है एवं बहनें अपने भाई की खुशहाली के लिए कामना करती हैं।

पौराणिक मान्यता

कार्तिक शुक्ल द्वितीया को पूर्व काल में यमुना ने यमराज को अपने घर पर सत्कारपूर्वक भोजन कराया था। उस दिन नारकीय जीवों को यातना से छुटकारा मिला और उन्हें तृप्त किया गया। वे पाप - मुक्त होकर सब बंधनों से छुटकारा पा गये और सब के सब यहां अपनी इच्छा के अनुसार सन्तोषपूर्वक रहे। उन सब ने मिलकर एक महान् उत्सव मनाया जो यमलोक के राज्य को सुख पहुंचाने वाला था। इसीलिए यह तिथि तीनों लोकों में यम द्वितीया के नाम से विख्यात हुई।

जिस तिथि को यमुना ने यम को अपने घर भोजन कराया था, उस तिथि के दिन जो मनुष्य अपनी बहन के हाथ का उत्तम भोजन करता है उसे उत्तम भोजन समेत धन की प्राप्ति भी होती रहती है।

विधि एवं निर्देश –

समझदार लोगों को इस तिथि को अपने घर मुख्य भोजन नहीं करना चाहिए। उन्हें अपनी बहन के घर जाकर उन्हीं के हाथ से बने हुए पुष्टिवर्धक भोजन को स्नेह पूर्वक ग्रहण करना चाहिए तथा जितनी बहनें हों उन सबको पूजा और सत्कार के साथ विधिपूर्वक वस्त्र, आभूषण आदि देना चाहिए। बहन के हाथ का भोजन उत्तम माना गया है। सगी बहन के अभाव में अन्य बहनें के हाथ का भोजन करना चाहिए जैसे अपने चाचा, मामा, मौसी की पुत्री को, या अच्छे मित्र की बहन को भी बहन मानकर ऐसा करना चाहिए। बहन को चाहिए कि वह भाई को शुभ आसन पर बिठाकर उसके हाथ - पैर धुलाये, स्वयं स्पर्श नहीं करे। गंधादि से उसका सम्मान करे और दाल - भात, फुलके, कढ़ी, सीरा, पूरी, चूरमा अथवा लड्डू, जलेबी, घेवर, पायसम (दूध की खीर) या जो भी उपलब्ध हो यथा सामर्थ्य उत्तम पदार्थों का भोजन कराये। भाई बहन को अन्न, वस्त्र आदि देकर उसके चरण स्पर्श कर शुभाशीष प्राप्त करे।

## *चित्रगुप्त जयन्ती*

इसके अलावा कायस्थ समाज में इसी दिन अपने आराध्य देव चित्रगुप्त की पूजा की जाती है। कायस्थ लोग स्वर्ग में श्री धर्मराज का लेखा - जोखा रखने वाले श्री चित्रगुप्त जी का पूजन सामूहिक रूप से तस्वीरों अथवा मूर्तियों के माध्यम से करते हैं। वे इस दिन कारोबारी

बहीखातों की पूजा भी करते हैं।

आध्यात्मिक - मानव के अंतःकरण की चार प्रक्रिया (मन, बुद्धि, चित्त, और अहंकार) है। कर्म इन्द्रियां, ज्ञान इन्द्रियां, विषय इन्द्रियां, इन 15 के बाद अंतःकरण की अवस्था मन, बुद्धि के बाद चित्त का नंबर आता है। मन के मनन, बुद्धि के निश्चय के बाद, चित्त अनुसन्धान करता है। मानव शरीर के चित्त के द्वारा किया गया गुप्त अनुसन्धान ही चित्रगुप्त है।

# 43

# मकर संक्रान्ति - पर्व

## मकर संक्रान्ति – पर्व

मकर संक्रान्ति में मकर और संक्रान्ति दो शब्द आते है। इन शब्दों पर चर्चा करते हैं।

मकर -

"मकर" के हिंदी में कई अर्थ हैं, जिनमें मुख्य रूप से मगरमच्छ/घड़ियाल (एक जल-जंतु), ज्योतिष में 10 वीं राशि, मकर राशि (Capricorn), (जो एक समुद्री जीव जैसी दिखती है), और एक महीना (जनवरी के मध्य) (मकर संक्रांति से जुड़ा) शामिल हैं, जो संस्कृत मूल से आया है और कामदेव का वाहन भी माना जाता है।

मुख्य अर्थः

1. **जल-जंतु (Aquatic Animal):** संस्कृत में 'मकर' का अर्थ मगर या घड़ियाल होता है, जो एक पौराणिक जलीय जीव है और गंगा व वरुण देव का वाहन भी है।
2. **राशि (Zodiac Sign):** ज्योतिष में मकर (Capricorn कैप्रिकोर्न) 12 राशियों में से 10वीं राशि है, जिसका प्रतीक एक समुद्री जीव (ज्यादातर मगरमच्छ) जैसा माना जाता है।
3. **महीना (Month):** यह भारतीय सौर कैलेंडर का एक माघ महीना है जो लगभग 14 जनवरी (मकर संक्रांति) से शुरू होता है और फरवरी के मध्य तक रहता है।

**अन्य अर्थ (Other Meanings):**

- **त्योहार (Festival):** मकर संक्रांति (Makar Sankranti) एक प्रमुख त्योहार है जो सूर्य के मकर राशि में प्रवेश करने पर मनाया जाता है।

- **अस्त्र-शस्त्र मंत्र (Mantra):** यह अस्त्र-शस्त्रों को निष्फल करने के लिए पढ़ा जाने वाला एक मंत्र भी है।
- **सैनिक व्यूह (Military Formation):** सैनिकों को मकर के आकार में व्यवस्थित करने की एक युद्ध-रचना भी मकर कहलाती है।

संक्षेप में, "मकर" एक बहुआयामी शब्द है जो एक जीव, एक राशि, और एक महीने/त्योहार को दर्शाता है, जिसका संबंध जल और ज्योतिष से है।

**संक्रान्ति -**

संक्रांति का अर्थ है सूर्य का एक राशि से दूसरी राशि में प्रवेश या संक्रमण करना; यह एक खगोलीय घटना है जो हर महीने होती है, जिससे साल में 12 संक्रांतियां बनती हैं, जिनमें **मकर संक्रांति** (सूर्य का मकर राशि में प्रवेश) और **कर्क संक्रांति** (सूर्य का कर्क राशि में प्रवेश) सबसे महत्वपूर्ण हैं, और ये भारत में एक त्योहार के रूप में मनाई जाती हैं जो दिन-रात के चक्र और फसलों के मौसम में बदलाव का प्रतीक है।

**मुख्य बिंदु:**

- **शब्द का अर्थ:** 'संक्रांति' (संस्कृत: संक्रान्ति) का मतलब है 'संक्रमण' या 'एक राशि से दूसरी राशि में जाना'।
- **खगोलीय घटना:** सूर्य जब एक राशि (जैसे धनु) से निकलकर दूसरी राशि (जैसे मकर) में जाता है, तो इस घटना को संक्रांति कहते हैं।
- **साल में 12:** सूर्य हर महीने राशि बदलता है, इसलिए साल में 12 संक्रांतियां होती हैं।
- **प्रमुख संक्रांतियां:**
    - **मकर संक्रांति:** जब सूर्य मकर राशि में प्रवेश करता है, दिन लंबे होने लगते हैं और ठंड कम होती है (उत्तरायण की शुरुआत)।
    - **कर्क संक्रांति:** जब सूर्य कर्क राशि में प्रवेश करता है, जो दक्षिणी गोलार्ध की शुरुआत होती है (दक्षिणायन)।

- **महत्व:** यह खगोल विज्ञान के साथ-साथ कृषि और संस्कृति से भी जुड़ा है; रबी फसलों की कटाई का समय होता है, और भारत के कई हिस्सों में त्योहार के रूप में मनाया जाता है।
- जब सूर्य एक राशि से दूसरी राशि में परिवर्तन करता है तब सूर्य और चन्द्र एक राशि में होते है और वह स्थिति प्रत्येक माह की अमावस्या (मावस) के दिन होती है। इस तरह से एक वर्ष में 12 संक्रान्ति आती हैं । परन्तु अंग्रेजी कैलेन्डर (गारगेरियन कैलेन्डर) अनुसार यह प्रत्येक माह की 15 तारीख से माना गया है । यही कारण है कि मकर संक्रान्ति14/15 जनवरी को मनाई जाती है, गारगेरियन कैलेन्डर अनुसार, जबकि

भारतीयता अनुसार यह तिथि माघ माह की अमावस्या (मावस) होती है। यह मत भिन्नता है।

- **मकर संक्रान्ति – पर्व**

हमारे पवित्र पुराणों के अनुसार मकर संक्रान्ति का पर्व ब्रह्मा, विष्णु, महेश, गणेश, आद्यशक्ति और सूर्य की आराधना एवं उपासना का पावन व्रत है, जो तन - मन - आत्मा को शक्ति प्रदान करता है । संत - महर्षियों के अनुसार इसके प्रभाव से प्राणी की आत्मा शुद्ध होती है, संकल्प शक्ति बढ़ती है, ज्ञान तन्तु विकसित होते है, मकर संक्रान्ति इसी चेतना को विकसित करने वाला पर्व है । यह सम्पूर्ण भारत वर्ष में किसी न किसी रूप में आयोजित ही होता है ।

पुराणों के अनुसार मकर संक्रान्ति के दिन सूर्य अपने पुत्र शनि के घर एक महीने के लिए जाते है, क्योंकि मकर राशि का स्वामी शनि है । हालांकि ज्योतिषीय दृष्टि से सूर्य और शनि का तालमेल संभव नहीं, लेकिन इस दिन सूर्य खुद अपने पुत्र के घर जाते है । इसलिए पुराणों में यह दिन पिता - पुत्र के सम्बन्धों में निकटता की शुरुआत के रूप में देखा जाता है ।

इस दिन भगवान विष्णु ने असुरों का अंत करके युद्ध समाप्ती की घोषणा की थी, उन्होने सभी असुरों के सिरों को मंदार पर्वत में दबा दिया था । इसलिए यह दिन बुराईयों और नकारात्मकता को खत्म करने का दिन भी माना जाता है ।

एक अन्य पुराण के अनुसार गंगा को धरती पर लाने वाले महाराजा भागीरथ ने अपने पूर्वजों के लिए इस दिन तर्पण किया था । उनका तर्पण स्वीकार करने के बाद इस दिन गंगा समुद्र में जाकर मिल गई थी, इसलिए मकर संक्रान्ति पर गंगा सागर मेला लगता है ।

विष्णु धर्म सूत्र में कहा गया है कि पितरों की आत्मा की शांति के लिए एवं स्व स्वास्थ्यवर्द्धन तथा सर्व कल्याण के लिए तिल के छः प्रयोग पुण्य दायक एवं फलदायक होते है । (1) - तिल जल से स्नान करना, (2) - तिल दान करना, (3) - तिल से बना भोजन करना, (4) - जल में तिल अर्पण करना, (5) - तिल से आहुती देना, (6) - तिल का उबटन लगाना ।

सूर्य के उत्तरायण होने के बाद से देवों की ब्रह्म मुहूर्त उपासना का पुण्य काल प्रारम्भ हो जाता है, इस काल को ही परा - अपरा की विद्या की प्राप्ति का काल कहा जाता है, इसे साधना का सिद्धि काल भी कहा गया है । इस काल में देव प्रतिष्ठा, गृह निर्माण, यज्ञ कर्म आदि पुनीत कर्म किए जाते जातें है, मकर संक्रान्ति के एक दिन पूर्व से ही व्रत उपवास में रहकर योग्य को दान देना चाहिए ।

रामायण काल से भारतीय संस्कृति में दैनिक सूर्य पूजा का प्रचलन चला आ रहा है । राम कथा में मर्यादा पुरुषोत्तम श्रीराम द्वारा नित्य सूर्य पूजा का उल्लेख मिलता है । रामचरित मानस में ही भगवान श्री राम द्वारा पतंग उड़ाए जाने का भी उल्लेख मिलता है । मकर संक्रान्ति का जिक्र वाल्मिकि रचित रामायण में भी मिलता है ।

राजा भागीरथ सूर्यवंशी थे, जिन्होने भागीरथ तप साधना के परिणाम स्वरूप पापनाशिनी गंगा को पृथ्वी पर लाकर अपने पूर्वजों का गंगाजल, अक्षत, तिल से श्राद्ध तर्पण किया था, तब से माघ मकर संक्रान्ति स्नान और मकर संक्रान्ति श्राद्ध तर्पण की प्रथा आज तक प्रचलित है ।

कपिल मुनि के आश्रम पर जिस दिन माँ गंगे का पदार्पण हुआ था, वह मकर संक्रान्ति का दिन था, पावन गंगा जल के स्पर्श मात्र से राजा भागीरथ के पूर्वजों को स्वर्ग की प्राप्ति हुई थी । कपिल मुनि ने वरदान देते हुए कहा था – " मातु गंगे त्रिकाल तक जन - जन का पापहरण करेंगी और भक्तजनों की सात पीढ़ियों को मुक्ति एवं मोक्ष प्रदान करेंगी, गंगा जल का स्पर्श, पान, स्नान और दर्शन सभी पुण्यदायक फल प्रदान करेगा । "

महाभारत में पितामह भीष्म ने सूर्य के उत्तरायण होने पर ही स्वेच्छा से शरीर का परित्याग किया था, उनका श्राद्ध संस्कार भी सूर्य की उत्तरायण गति में हुआ था । फलतः आज तक पितरों की प्रसन्नता के लिए तिल अर्ध्य एवं जल तर्पण की प्रथा मकर संक्रान्ति के अवसर पर प्रचलित है । सूर्य की सातवीं किरण भारतवर्ष में आध्यात्मिक उन्नति की प्रेरणा देने वाली है, सातवीं किरण का प्रभाव भारत वर्ष में गंगा - जमुना के मध्य अधिक समय तक रहता है । इस भौगोलिक स्थिति के कारण ही हरिद्वार और प्रयाग में माघ मेला अर्थात मकर संक्रान्ति या पूर्ण कुम्भ तथा अर्ध कुम्भ के विशेष उत्सव का आयोजन होता है ।

- मकर संक्रांति कब मनाते हैं?
- समय मापन
- वर्ष -
- भू-चक्र में भ्रमण करता हुआ सूर्य जब एक चक्र पूरा कर लेता है,तब उसे वर्ष की संज्ञा दी जाती है। वर्ष को दो भागों में विभाजित किया गया है, एक - सौर वर्ष, दूसरा - चन्द्र वर्ष।
- **सौर वर्ष** -
- पृथ्वी को सूर्य की एक परिक्रमा पूर्ण करने के लिए 365 दिन 5 घंटे 48 मिनट, 46 सेकेंड का जो समय लगता है, उसे सौर वर्ष कहते हैं। ग्रेगोरियन कैलेंडर इसी पर आधारित है।
- **चन्द्र वर्ष** -
- चंद्रमा को पृथ्वी की परिक्रमा करने के लिए 354 दिन, 8 घंटे, 48 मिनट, 34 सेकेंड का जो समय लगता है चन्द्र वर्ष कहते हैं।
- विक्रम संवत और शक संवत चन्द्र वर्ष और सौर वर्ष पर आधारित हैं।
- विक्रम संवत, ईसवी संवत से 57 वर्ष पुराना है। शक संवत 78 ईसवी से शुरू होता है। इस तरह विक्रम संवत, शक संवत से 135 (57+78=135) वर्ष पहले का है।
- शक संवत को भारत द्वारा एक आधिकारिक नागरिक कैलेंडर के रूप में अपनाया गया है। शक संवत चैत्र मास के कृष्ण पक्ष की प्रथम तिथि से प्रारंभ होता है। जबकि विक्रम संवत चैत्र मास में शुक्ल पक्ष की प्रथम तिथि से प्रारम्भ होता है।

- चन्द्र वर्ष, सौर वर्ष से सामान्यतः 11 दिन कम होता है।
- अयन -
- पृथ्वी एक साल में सूर्य का चक्कर/परिक्रमा लगाती है। परन्तु छः माह उत्तरायण और छः माह दक्षिणायन रहता है। उत्तरायण का समय जब सूर्य मकर राशि से मिथुन राशि तक (मकर, कुंभ,मीन, मेष, वृषभ, मिथुन) 6 राशि में होता है इसे सौम्यायन भी कहते हैं। तथा जब सूर्य कर्क से धनु राशि (कर्क, सिंह, कन्या, तुला, वृश्चिक, धनु) में होता है, उसे दक्षिणायन कहते हैं।

## कलावा

हाथों में बंधा कलावा - रक्तचाप और हृदय रोगों से बचाव करता है ।

हिन्दू धर्म में धार्मिक अनुष्ठान, पूजा - पाठ या कोई मांगलिक कार्य हो तो हाथ की कलाई पर कलावा बांधने की परंपरा है । कलावा को दूसरे शब्दों में मौली भी कहा जाता है ।

किसी भी शुभ कार्य की शुरुआत करते समय या नई वस्तु खरीदने पर हम उसे कलावा बांधते हे । कलावा/मौली कच्चे सूत के धागों से बनाई जाती है । यह लाल पीले दो रंगों या पाँच रंगों की होती है । शास्त्रों के अनुसार कलावा यानी मौली बांधने की परंपरा की शुरुआत देवी लक्ष्मी और राजा बलि ने की थी । कलावा को रक्षा सूत्र भी कहा जाता है, माना जाता है कि कलाई पर इसे बांधने से जीवन पर आने वाले संकट से रक्षा होती है । इसका कारण यह है कि कलावा बांधने से ब्रह्मा, विष्णु और महेश त्रिदेव की कृपा प्राप्त होती है । धार्मिक महत्व रखने के साथ - साथ कलावा बांधना वैज्ञानिक तौर पर भी काफी लाभप्रद है ।

नहीं बढ़ती है बीमारी –

वैज्ञानिक दृष्टि से अगर मौली के लाभ के बारे में देखा जाए तो यह काफी फायदेमंद है । मौली बांधना लोगों को उत्तम स्वास्थ्य प्रदान करता है । शरीर विज्ञान के अनुसार शरीर के कई प्रमुख अंगों तक पहुचने वाली नसें कलाई से होकर गुजरती है । कलाई पर कलावा बांधने से इन नसों की क्रिया नियंत्रित रहती है । इससे त्रिदोष यानी वात, पित्त और कफ का सामंजस्य बना रहता है । माना जाता है कि कलावा बांधने से रक्तचाप, हृदय रोग, मधुमेह और लकवा जैसे गंभीर रोगों से काफी हद तक बचाव होता है ।

सूर्य देव को तांबे के लोटे से अर्घ्य देना चाहिए –

भविष्य पुराण के अनुसार सूर्य देव की उपासना का विशेष दिन है रविवार । कुंडली में सूर्य की शुभ - अशुभ स्थिति का अच्छा या बुरा असर हमारी बुद्धि पर भी होता है । सूर्य को सभी ग्रहों का राजा माना गया है, इसकी शुभ स्थिति समाज में मान - सम्मान भी दिलवाती है । अगर आपकी कुंडली में भी कोई दोष है या आप सूर्य से शुभ फल पाना चाहते हैं तो रविवार सूर्य पूजा आपको शुभ फल दिला सकती है । रविवार को स्नान के बाद भगवान सूर्य को जल अर्पित करें । इसके लिए तांबे के लोटे में जल भरें, इसमे चावल, फूल डालकर सूर्य को अर्घ्य दें

। जल चढ़ाने के बाद सूर्य मंत्र स्तुति का पाठ करें । इस पाठ के साथ शक्ति, बुद्धि, स्वास्थ्य और सम्मान की कामना करें ।

नमक, मिर्च और तेल से नहीं बनाना चाहिए प्रसाद – हिन्दू धर्म में होने वाले लगभग हर एक पूजा पाठ में प्रसाद का इस्तेमाल किया जाता है । प्रसाद को भगवान का आशीर्वाद माना जाता है । ऐसा कहा जाता है कि प्रसाद का संबंध पृथ्वी तत्व से है । ऐसे में भगवान के प्रसाद या भोग में भूलकर भी नमक, मिर्च और तेल का इस्तेमाल नहीं करना चाहिए । भगवान को चढाए जाने वाले प्रसाद में मीठी चीजों के प्रयोग को ही शुभ माना गया है । ऐसा भी कहा गया है कि प्रसाद में तुलसी के पत्ते का इस्तेमाल जरूर करना चाहिए । मान्यता है कि भगवान को भोग लगाने के तुरंत बाद ही उसे हटा नहीं लेना चाहिए, बल्कि भोग को कुछ समय के लिए भगवान के पास छोड़ देना चाहिए । भोग को भगवान के सामने से तुरंत हटा लेना उनका अपमान माना जाता है ।

नए घर में प्रवेश करते समय किन बातों का ध्यान रखना चाहिए –

हिन्दू धर्म में हर काम शुभ मुहूर्त देखकर किया जाता है । गृह प्रवेश करते समय भी इन बातों का विशेष ध्यान रखा जाता है । गृह प्रवेश के मुहूर्त में नक्षत्र, तिथि वार, और लग्न का विशेष रूप से विचार किया जाता है । इन चार बातों का ध्यान रख, आप भी गृह प्रवेश के मुहूर्त बहुत आसानी से निकाल सकते है । इसके अलावा रिक्ता तिथि (चतुर्थी, नवमी और चतुर्दशी) और शनिवार को गृह प्रवेश नहीं करना चाहिए । गृह प्रवेश करने से पहले वास्तु पूजन जरूर करवानी चाहिए । नए घर में तुलसी का पौधा लगाना अच्छा होता है । इससे शुभ फल मिलते हैं । घर के मुख्य दरवाजे के आस - पास शुभ चिह्न जैसे - , स्वास्तिक भी बनवाना चाहिए । शुभ मुहूर्त में सपरिवार व परिजनों के साथ मंगलगान करते हुए शंख बजाते हुए गृह प्रवेश करना चाहिए ।

# 44

# महाशिवरात्रि

## महाशिवरात्रि

शिवजी से जुड़ी ऐसी कहानियाँ, जिनसे हम अपने जीवन में बहुत सी चीजें सीख सकते हैं।

हम यहाँ शिव के अलग - अलग नामों उनके मतलब और उनके पीछे छिपी कहानियों से जानेगे कि इनसे व्यवसाय करने वाले लोग अपने जीवन में मैनेजमेंट के कोन से गुण सीख सकते हैं -

1. रुद्र – कौन होता है - जो हर बाधा से डरे बिना अपने लक्ष्य को हासिल करे, उसे रुद्र कहते हैं।

क्या सीख सकते हैं - अगर आप स्टार्ट अप या नया बिजनेस शुरू करते है तो सबसे बड़ी जरूरत दिल से डर को भगाने की होती है। अगर आपके दिल में थोड़ा सा भी डर है तो आप अपने लक्ष्य को हासिल नही कर सकते है। सफलता के लिए जरूरी है कि हर बाधा को पार करते हुए लक्ष्य को हासिल किया जाए। शिव के रुद्र रूप से जरूर यह सीखा जा सकता है।

2. महायोगी – कौन होता है – भूख प्यास समेत सभी सुख - सुविधाएं छोड़कर सिर्फ लक्ष्य की ओर ध्यान लगाने वाला,।

क्या सीख सकते हैं – भगवान शिव घर, परिवार, भक्तों और विश्व कल्याण के साथ सबसे बड़े योगी भी हैं। कोई भी बिजनेस इसी तरह का समर्पण मांगता है। खासकर तब जब वह शुरुआती स्तर पर हो। आपको जीवन की अन्य जिम्मेदारियों को निभाते हुए अपने लक्ष्य पर डटे रहना होता है। नए बिजनेस के समय शिव का यह रूप आपकी सफलता को सीख दे सकता है।

3. नीलकंठ – कौन होता है – जिसमें दूसरों की मदद का भाव हो।

क्या सीख सकते हैं - शिव सबके देव थे । समुद्र मंथन के बाद जब विष निकला तो तो वह विष भगवान शिव पी गए । भगवान शिव का यह एप्रोच दिखाता है कि अगर आप बॉस है तो आपको बढ़कर ज़िम्मेदारी लेनी पड़ेगी । भले ही यह ज़िम्मेदारी विष पीने जैसी कड़वी ही क्यों न हो । तभी जाकर आप सहकर्मियों की नजर में सम्मान हासिल कर सकते हैं ।

4. हरिहर अवतार – कौन होता है - जीवन में सृजन के साथ विनाश भी जरूरी होता है ।

क्या सीख सकते है आप – दरसल त्रिदेवों में जहां भगवान शिव जग के पालनहार हैं, वहीं शिव विनाश के देवता हैं । मतलब कुछ नया करने के लिए पुराने को डिलीट करना जरूरी होता है । अगर पुराने आइडिया को डिलीट नहीं करेंगें तो नए आइडिया का स्कोप नहीं बनेगा ।

5. अर्धनारीश्वर – कौन होता है - जो व्यक्ति एक दूसरे को का सम्मान करे और जीवन भर साथ नहीं छोड़े ।

क्या सीख सकते हैं – जैसे भगवान शिव ने अपने इस रूप के जरिए माता पार्वती को बराबरी का दर्जा दिया, इसी तरह बिजनेस करने वाला बॉस अपने कर्मचारियों के साथ बराबरी का वर्ताव करें तो कंपनी का माहौल बेहतर बना रहता है ।

शिव शब्द में से मात्रा हटाने पर शिव का शव हो जाता है । इकारांत अर्थात स्त्री के साथ संयुक्त रहने से ही जीवन है, अन्यथा की स्थिति तो शव के सामान है । मिल झुलकर रहना ही जीवन है ।

भगवान शिव को बेलपत्र हमेशा उल्टा अर्पित करें –

भगवान शिव को बेलपत्र बहुत पसंद है । शिवरात्रि की पूजा में बेलपत्रों का बड़ा महत्व भी है । पूजा में बेलपत्रों का उपयोग करके शिव जी को आसानी से प्रसन्न किया जा सकता है । लेकिन शिव जी को चढ़ाए जाने वाले बेलपत्रों को तोड़ते और इस्तेमाल करते हुए कुछ बातों का ध्यान रखना बहुत जरूरी होता है । बेलपत्रों को एक साफ बर्तन में रखें । महादेव को बेलपत्र हमेशा उल्टा अर्पित करना चाहिए, यानी पत्ते का चिकना भाग शिवलिंग के ऊपर रहना चाहिए ।

क्यों करते हैं शिवलिंग की आधी परिक्रमा –

शिवलिंग परिक्रमा भी शिव पूजा विधि का एक अंग है । शिवपुराण के अनुसार शिवलिंग की केवल आधी - परिक्रमा की जानी चाहिए । ऐसा इसलिए है क्योंकि शिव अनादि और अनंत हैं । उनके पास अत्यधिक ऊर्जा है और ऊर्जा या शक्ति सदैव निर्मलता (दूध और पानी के रूप में) से बहती रहती है । ऐसा कहा जाता है कि शिव की शक्ति इतनी भयंकर है कि कोई भी इस मार्ग में हस्तक्षेप नहीं कर सकता । जो भी ऐसा करता है उसे भगवान शिव के क्रोध का सामना करना पड़ता है । शिवलिंग की परिक्रमा हमेशा बाईं ओर से शुरू करनी चाहिए ।

जलाधरी के आगे निकलते हुए भाग यानी स्त्रोत (जहां से भगवान शिव को चढ़ाया जल बाहर निकलता है) तक जाकर फिर विपरीत दिशा में लोटें और दूसरे सिरे तक आकर परिक्रमा पूरी करें। इसे शिवलिंग की आधी परिक्रमा कहा जाता है।

शिव की पूजा में ना करें शंख का प्रयोग –

भगवान शिव की साधना के लिए महाशिवरात्रि का दिन बहुत उत्तम माना जाता है। इस दिन भक्त शिवजी को खुश करने के लिए शिवलिंग पर कई चीजें अर्पित करते हैं, लेकिन भूलवश ऐसी चीजें चढ़ाने लगते है, जिसे शास्त्रों में सही नहीं माना गया है। शिव उपासना में शंख का इस्तेमाल वर्जित माना जाता है। दरअसल भगवान शिव ने शंखचूड़ नाम के असुर का वध किया था, जो भगवान विष्णु का भक्त था। शंख को उसी असुर का प्रतीक माना आता है, इसलिए शिवजी की पूजा में कभी भी शंख नहीं बजाना चाहिए।

शिवजी का अभिषेक क्यों ?

समुद्र मंथन के समय विश्व की रक्षा हेतु शिवजी ने विषपान किया था। उस विष को उन्होने अपने कंठ से नीचे नहीं उतरने दिया। जहर के प्रभाव से उनका कंठ नीला हो गया, इसलिए उनका नाम नीलकंठ हुआ। विष की जलन को शांत करने हेतु ही भक्त शिव का दूध, जल आदि ठंडे पदार्थों से अभिषेक करते हैं।

कालभैरव-

कालाष्टमी का त्योहार हर माह की कृष्ण पक्ष की अष्टमी तिथि को मनाया जाता है। इस दिन काल भैरव की पूजा की जाती है, जिन्हें शिवजी का एक अवतार माना जाता है। इसे काल अष्टमी, भैरव अष्टमी आदि नामों से जाना जाता है। इस दिन मां दुर्गा की पूजा का भी विधान है।

कुत्ते को भोजन करवाना शुभ –

नारद पुराण के अनुसार कालाष्टमी के दिन कालभैरव और मां दुर्गा की पूजा करनी चाहिए। इस रात देवी काली की उपासना करने वालों को अर्ध रात्रि के बाद मां की उसी प्रकार पूजा करनी चाहिए, जिस प्रकार दुर्गा पूजा में सप्तमी तिथि को देवी कालरात्रि की पूजा का विधान है। इस दिन शक्ति अनुसार रात को माता पार्वती और भगवान शिव की कथा सुनकर जागरण का आयोजन करना चाहिए। इस दिन व्रती को फलाहार ही करना चाहिए। इस दिन कुत्ते को भोजन करवाना शुभ माना जाता है।

मिट जाते हैं कष्ट –

मान्यता है कि एक दिन भगवान ब्रह्मा और विष्णु के बीच श्रेष्ठ होने का विवाद उत्पन्न हुआ। विवाद के समाधान के लिए सभी देवता और मुनि भगवान शिवजी के पास पहुंचे। सभी ने सहमति से शिवजी को श्रेष्ठ माना। परंतु ब्रह्मा जी इससे सहमत नहीं हुए, ब्रह्माजी, शिवजी का अपमान करने लगे। अपमानजनक बातें सुनकर शिवजी को क्रोध आ गया जिससे कालभैरव का जन्म हुआ। उसी दिन से कालाष्टमी का पर्व शिव के रुद्र अवतार कालभैरव के जन्मदिन के रूप में मनाया जाने लगा।

# 45

# होलाष्टक, होली, रंगपंचमी, शीतला माता पूजन (बसोड़ा)

## होलाष्टक

ज्योतिष दृष्टि से होलाष्टक का महत्व –

ज्योतिषाचार्य के अनुसार शुक्ल पक्ष अष्टमी को चन्द्रमा, नवमी को सूर्य, दसवीं को शनि, एकादशी को शुक्र, द्वादशी को गुरु (बृहस्पति), त्रयोदशी को बुध, चतुर्दशी को मंगल और पूर्णिमा को राहू उग्र रूप में रहते हैं, इसलिए इन आठ दिनों में मनुष्य का मस्तिष्क अनेक सुखद व दुखद आकांक्षाओं से ग्रसित हो जाता है । अतः इन दिनों शुभ कार्य व शुभ निर्णय नहीं लेते हैं ।

होलाष्टक के दिनों में नहीं करें कोई भी शुभ कार्य –

मान्यता यह है कि भक्त प्रहलाद की नारायण भक्ति से क्रोधित होकर हिरण्यकश्यप ने होली से पहले आठ दिनों में उन्हें कई तरह के कष्ट दिए थे । तभी से इन आठ दिनों को हमारे हिन्दू धर्म में अशुभ माना गया है । इन आठ दिनों में ग्रह अपना स्थान बदलते हैं । ग्रहों के बदलाव की वजह से होलाष्टक के दौरान कोई शुभ कार्य नहीं किया जाता है ।

शास्त्रों के अनुसार होलाष्टक के दिनों में जो व्रत किए जाते हैं उनसे भगवान प्रसन्न होते हैं । अगर व्रत नहीं कर सकते तो इस समय में दान देना चाहिए ।

शुभ कार्य करने की मनाही होते है । इस समय में विवाह, गृह प्रवेश, निर्माण, नामकरण आदि शुभ कार्य वर्जित होते हैं । नए काम भी शुरू नहीं किए जाते ।

ज्योतिष शास्त्र के अनुसार इन दिनों में जो कार्य किए जाते हैं उनसे जीवन कष्ट और पीड़ा आती है । इन दिनों में यदि विवाह आदि किए जाते हैं तो भविष्य में संबंध विच्छेद, कलह का शिकार होते है ।

**होली का नाता - शिवजी, विष्णु, कृष्ण, किसान, और हम से।**

**होली** - जैसा अधिकतर हिन्दू उत्सवों में होता है, होली के भी कई पहलू हैं।

एक पहलू शिव से जुड़ा है, दूसरा विष्णु से तो तीसरा पहलू कृष्ण से। होली शिवरात्रि के ठीक पंद्रह दिन बाद मनाई जाती है। हालांकि शिवजी वैरागी थे और वे विवाह करना नहीं चाहते थे। तब कामदेव ने कैलाश पर्वत पर जाकर काम वासना जागृत करने की कोशिश की थी। इससे क्रोधित हो शिवजी ने अपनी तीसरी आँख से कामदेव को भस्म कर दिया था। होली की पूर्व रात्रि को जो अग्नि जलाई जाती है, उसका एक संबंध कामदेव के इस तरह भस्म होने की घटना से भी माना जाता है।

अपना क्रोध खत्म होने के बाद शिवजी ने देवी से विवाह कर लिया। उन्होनें अपने वैरागी जीवन को त्याग कर गृहस्थ जीवन को अपना लिया। तत्पश्चात उन्होनें प्रकृति में कामदेव को जाना। देवी और कामदेव की पत्नि रति की बात मानकर शिव ने कामदेव और रति को नया जीवन दिया। कामदेव के इस पुनर्जन्म की घटना का प्रतीक होली में रंगों के खेल को माना जा सकता है।

कहते हैं कि कामदेव और रति का पुनर्जन्म श्रीकृष्ण और राधा के रूप में हुआ। श्रीकृष्ण के साथ प्रेम भावना जुड़ी हुई है। इसलिए कामदेव की काम वासना श्री कृष्ण की प्रेम भावना में बदल गई। कृष्ण-राधा के इस प्रेम को होली खेल कर मनाया जाता है। होली पानी से खेली जाती है शरीर की गर्मी को ठंडक पहुंचाने के लिए, ताकि काम वासनाएँ कम होकर प्रेम भावनाएँ जागृत हो सकें।

होली शब्द 'हिंडोला' या 'डोला' शब्द से आया है, जिसका अर्थ है झूला। श्रीकृष्ण झूले पर बैठकर राधा और गोपिकाओं के साथ मिलकर रासलीला करते थे और रंगों के साथ खेलते थे। झूले पर बैठकर वे अप्सराओं और गन्धर्वों के साथ नाचते-गाते थे और शिवजी की आराधना कर प्रेम का उत्सव मनाते थे। कहते हैं कि डॉल पूर्णिमा की रात ही कामदेव और रति का कृष्ण-राधा के रूप में पुनर्जन्म हुआ।

अब विष्णु से जुड़े हुए पहलू को देखते हैं। इसके अनुसार जिन लोगों ने विष्णु के अनन्य भक्त प्रह्लाद को परेशान करने की कोशिश की, भगवान विष्णु ने उनका नाश कर दिया। हिरण्यकश्यप की बहन होलिका नाम की राक्षसी में भी आग में भी सुरक्षित रहने की शक्ति थी। प्रह्लाद का वध करने के उद्देश्य से होलिका ने उसे अपने हाथों में पकड़कर अग्नि में छलांग मार दी। लेकिन विष्णु की महिमा से प्रह्लाद सुरक्षित रह गया और होलिका आग में जलकर भस्म हो गई। इस प्रकार, यह आग होलिका के रूप में बुराई के नाश का प्रतीक है। कश्यप ऋषि और दिति से हिरण्यकश्यप और हिरण्याक्ष तथा बहिन होलिका हुए। हिरण्यकश्यप और उनकी पत्नि कयाधु से चार पुत्र (अनुहल्लाद, हल्लाद, प्रह्लाद,

संहल्लाद) हुए थे। हिरण्यकश्यप का वध नरसिंह अवतार के रूप में किया था। भक्त प्रहलाद एवं उनकी पत्नि से पुत्र विरोचन हुए। विरोचन का विवाह बिशालाक्षी से हुआ था। जिससे महाबली और महादानी राजा बलि उत्पन्न हुए। इन्ही राजा बलि से तीन पग भूमि दान में वामन अवतार में माँगी गयी थी। आजकल भी ब्रज क्षेत्र में गाते हैं - "कौन के द्वार मढी रे होरी (होली), राजा बलि के द्वार मढी रे होरी (होली)" आदि।

ईलोजी होलिका का प्रेमी, होलिका की मृत्यु के कारण आजीवन कुआरे रहे, इस तरह की मान्यता राजस्थान और हिमाचल-प्रदेश में होने के कारण भी होली मनाई जाती है। देखा जाए तो शिवजी के साथ श्वेत या भभूत का रंग जुड़ा हुआ है। पंद्रह दिन बाद यही रंग कई रंगों में खिल जाता है। यदि हम हेमंत और शिशिर ऋतु को शिवजी और वैरागी जीवन से जोड़ते हैं, तो बसंत ऋतु को कृष्ण और गृहस्थ जीवन से जोड़ सकते हैं। इस प्रकार ऋतुओं के साथ कई आध्यात्मिक बातें जुड़ी हुई हैं और शिव व कृष्ण की कहानी के द्वारा हम भारतीय -परंपरा का अनुभव कर सकते हैं उत्सवों के माध्यम से।

**किसान और स्वच्छता** – प्रायः फाल्गुन मास के अंत में ठंडी हवा से गरम हवाओं के चलने का समय शुरू हो जाता है तथा बसंत ऋतु में पतझड़ होने लगता हैं और किसानों की फसलों की कटाई का कार्य भी शुरू हो जाता है। इस कारण से बाहर फैला कचरा (कूड़ा-करकट) एकत्र कर जलाने की व्यवस्था की जाती है जिससे आगे किसी प्रकार की आगजनी की घटनाओं से बचा जा सके और किसानों के फसलों का कार्य कुशलता पूर्वक हो सके। यह भी होली पर्व मनाने का एक मुख्य कारण है।

**हम और रंगपंचमी** – होली की बाद चैत्र मास में कृष्ण पक्ष की पंचमी तिथि को रंगपंचमी का पर्व मनाया जाता है। पौराणिक मान्यता के अनुसार इस दिन आसमान में रंग उड़ाने से रज और तम के प्रभाव कम होकर उत्सव का सात्विक स्वरूप निखरता है। देवी-देवता भी प्रसन्न होते हैं। सात देवता, सात रंगों, और मानव देह में विद्यमान सात इंद्रिय चक्रों का महापर्व है रंगपंचमी। ब्रह्मांड में विद्यमान गणपति, श्रीराम, हनुमान, शिव, दुर्गा, दत्त भगवान एवं कृष्ण ये सात देवता सात रंगों से संबन्धित हैं। उसी प्रकार मानव के देह में विद्यमान कुंडली के सात चक्र सात रंगों एवं सात देवताओं से सम्बन्धित हैं। रंगपंचमी मनाने का अर्थ है कि रंगों द्वारा सातों देवताओं को जागृत कर उन्हें आकृष्ट करना। इस प्रकार सभी देवताओं के तत्व मानव के देह में परिपूर्ण होने से आध्यात्मिक दृष्टि से साधना पूर्ण होती है। इन रंगों द्वारा देवता तत्व के स्पर्श की अनुभूति लेना, यही रंगपंचमी का एकमात्र उद्देश्य है। इसकी पूर्ति के लिए रंगों का उपयोग दो प्रकार से किया जाता है। पहला है, हवा में रंग उड़ाना एवं दूसरा है, पानी से एक-दूसरे पर रंग डालना। रंगपंचमी पर एक-दूसरे को स्पर्श कर रंग लगाकर नहीं अपितु वायुमंडल में रंगों को सहर्ष उड़ाकर मनाना चाहिए। ऐसा करके रंगों के माध्यम से देवता का आहवान किया जाता है। इस समयमन में यह भाव रखना चाहिए कि हम अवतरित होने वाले देवताओं का स्वागत करने के लिए रंगकणों की दरी बिछा रहे हैं। हवा में रंग उड़ाने का परिणाम – इस दिन पृथ्वी की चारों ओर विद्यमान

नकारात्मक तत्वो पर दैवीय और चैतन्य शक्ति का असर ज्यादा होता है। इसके चलते वायु के साथ आनंद का प्रवाह पृथ्वी की ओर होता है। रंगपंचमी पर उड़ाए गए इंद्रीय रंगों से इकट्ठा हुए शक्ति के कण अनिष्ट शक्ति से युद्ध करते हैं। जिस तरह रंगपंचमी के रंग हवा में उड़कर पृथ्वी को दैवीय शक्तियों से परिपूर्ण करते है, उसी तरह मनुष्य का आभामंडल भी इन रंगों के माध्यम से शुद्ध और प्रबल होता है।

रंग और दिन का सही तालमेल दिलाता है सफलता – हिन्दू मान्यताओं के आधार पर सप्ताह के हर दिन एक विशेष देवी/देवता की पूजा करने से मनोकामनाओं की पूर्ति होती है। देवी-देवता प्रसन्न होते हैं और मन मुताबिक वरदान देते हैं। सभी का तालमेल ही मिलकर होली खेलना है।

हम ही नहीं प्रकृति भी मनाती है होली।

सभी का तालमेल ही मिलकर होली खेलना है। एक दूसरे का प्रेम से सम्मान करें। प्रकृति भी सभी वनस्पतियों को नव जीवन देती है, तभी ढाक/छोला/पलास/टेसू के फूल जिनके रंग से पहले होली खेलते थे।

श्री कृष्ण ने शिव की आराधना में कहा है: -

***शिवाकांत*शम्भो शशाङ्करधामौले महेषां शूलिन् जटाजूटधारिन् ।**

**त्वमेको जगतव्यापको विश्वरूप प्रसीद प्रसीद प्रभो पूर्णरूप ॥**

और शिव तो कृष्ण के जन्म के समय यशोदा माता से उनके (कृष्ण) दर्शन करने गोकुल आते हैं, माता यशोदा से अनुनय-विनय के उपरान्त दर्शन करते हैं।

श्री राम ने तो रामेश्वरम में शिव की स्थापना कराई और दोनों का सामंजस्य देखिये कि स्थापना शिव की, और स्थापना का नाम राम के नाम पर रामेश्वरम, कितना अद्भुत तालमेल है दोनों का। श्रीराम ने तो यहां तक कहा है:- शिव द्रोही मम दास कहावा।

होली के बाद बाहरी कूढ़े-करकट को जलाकर आगजनी से किसान फसलों को खेत खलिहान में बचाना, जिससे पुरुष और प्रकृति के सहयोग से उत्पन्न अन्न से मानव जीवन सुचारू-रूप से चलता रहे, इसलिए होली मनाते हैं।

आपसी सद्भावना के पर्व को मनाएं, परन्तु प्रकृति के हरे भरे पेड़ों को न काटें, आपसी गन-गुटाव को दूर रखते हुए होली खेलें, न कि मादक पदार्थों के उपयोग के साथ।

होली का नाता - शिवजी, विष्णु, कृष्ण, किसान, और हम से है।

**रंग और दिन का सही तालमेल दिलाता है सफलता –**

हिन्दू मान्यताओं के आधार पर सप्ताह के हर दिन एक विशेष देवी/देवता की पूजा करने से मनोकामनाओं की पूर्ति होती है । देवी - देवता प्रसन्न होते हैं और मन मुताबिक वरदान देते हैं । हम आपको यह बता रहे हैं कि किस दिन किस रंग के कपड़े पहनना चाहिए-

**सोमवार** – हिन्दू मान्यताओं के अनुसार सोमवार का दिन चंद्र देव का दिन होता है । और उन्हें सफ़ेद रंग सबसे प्रिय है, इसलिए इस दिन सफ़ेद रंग का वस्त्र धारण करें, आपके लिए शुभ सिद्ध होगा ।

**मंगलवार** – यह दिन पवन पुत्र, चिरंजीवी, अंजनी पुत्र हनुमानजी को समर्पित होता है । हनुमान जी को लाल रंग पसंद है तो इस दिन लाल रंग के वस्त्र धारण करें तो सब कुछ मंगलमय होगा ।

**बुधवार** - यह दिन गणेश जी का माना गया है । भगवान गणेश को दूर्वा बहुत प्रिय है । दूर्वा का रंग हरा है तो ऐसे में यदि हरे रंग के वस्त्र धारण किए जाएँ तो सकारात्मक ऊर्जा का प्रवेश होता है ।

**गुरुवार** – गुरुवार यानी बृहस्पति का दिन भगवान विष्णु का दिन है । वैसे इसे भगवान बृहस्पति का दिन भी माना जाता है, लेकिन यदि श्रीहरि की बात करें तो उन्हें पीताम्बर रंग पसंद है, इसलिए इस दिन पीले रंग के वस्त्र धारण करें।

**शुक्रवार** – यह दिन आदि शक्ति को समर्पित होता है । आदि शक्ति को गहरे लाल रंग या गुलाबी रंग के वस्त्रों में ही सजा हुआ पाते हैं । इसलिए इस दिन गुलाबी रंग के कपड़े पहनना चाहिए ।

**शनिवार** - यह दिन शनि भगवान का होता है । मान्यताओं के अनुसार भगवान शनि देव को नीला और काला रंग बहुत प्रिय है, इसलिए इस दिन नीले और काले रंग के कपड़े पहनना बेहतर होता है ।

**रविवार** – इस दिन सूर्य देव की उपासना की जाती है । भगवान सूर्य को नारंगी वस्त्र प्रिय है, इसलिए इस दिन नारंगी रंग के कपड़े धारण करें, इससे आप पर सूर्य देव की कृपा बनी रहेगी ।

चंद्र देव –

चाँद और चंद्र ग्रह की कहानियाँ हमेशा प्रेम से जुड़ी होती हैं । प्रेमी और प्रेमिका चाँदनी रात में मिलते हैं और शरद पूर्णिमा की रात राधा और कृष्ण रासलीला रचाते है । चंद्रमा को प्रेम के साथ जोड़ने का एक लम्बा इतिहास है । पौराणिक ग्रन्थों में चंद्र सोम के साथ भी जुड़ गए हैं । हम चंद्र को सोम भी कहते हैं, इसलिए सोमवार होता है और चंद्र के देवता शिवजी के मंदिर को हम सोमनाथ कहते हैं ।

लेकिन जब हम ऋग्वेद पढ़ते हैं, तो उसमें चंद्र सोम से नहीं जुड़े हैं । सोम एक पदार्थ है, एक ऐसा रस जो देवताओं के लिए प्रस्तुत किया जाता था । इसे सोमरस कहते थे । यज्ञ के समय इन्द्र का आह्वान करके इन्हें सोमरस दिया जाता था और उससे प्रसन्न होकर इन्द्र यजमान को वरदान देते थे । इस तरह वैदिक ग्रन्थों में सोम और चंद्र का कोई संबंध नहीं था ।

पौराणिक ग्रन्थों के अनुसार दक्ष प्रजापति ने अपनी 27 बेटियों (27 नक्षत्र, 28वां अभिजित पुलिंग को छोड़कर, शेष नक्षत्रों के नाम स्त्रीलिंग हैं) का विवाह चंद्रमा से कर दिया । ये 27 बेटियाँ 27 स्त्री नक्षत्र हैं और अभिजीत नामक पुरुष नक्षत्र भी है । लेकिन चन्द्र केवल रोहिणी से प्यार करते थे । ऐसे में बाकी स्त्री नक्षत्रों ने अपने पिता से शिकायत की कि चंद्र उनके साथ पति का कर्तव्य नहीं निभाते । दक्ष प्रजापति के डांटने के बाद भी चंद्र ने रोहिणी

का साथ नहीं छोड़ा और बाकी पत्नियों की अवहेलना करते गए । तब चंद्र पर क्रोधित होकर दक्ष प्रजापति ने उन्हें क्षय रोग का शाप दिया । क्षय रोग के कारण सोम या चंद्रमा का तेज धीरे - धीरे कम होता गया । कृष्ण पक्ष की शुरुआत यहीं से हुई ।

कहते हैं कि क्षय रोग से चंद्र का अंत निकट आ गया । वे ब्रह्मा के पास गए और उनसे मदद मांगी । तब ब्रह्मा और इंद्र ने चंद्र से शिवजी की आराधना करने को कहा । शिवजी की आराधना करने के बाद शिवजी ने चंद्र को अपनी जटाओं में जगह दी । ऐसा करने से चंद्र का तेज फिर से लौटने लगा । इससे शुक्ल पक्ष का निर्माण हुआ । चूंकि दक्ष 'प्रजापति' थे । चंद्र उनके शाप से पूरी तरह से मुक्त नहीं हो सकते थे । शाप में केवल बदलाव आ सकता था । इसलिए चंद्र को बारी - बारी से कृष्ण पक्ष और शुक्ल पक्ष में जाना पड़ता है । दक्ष ने कृष्ण पक्ष का निर्माण किया और शिवजी ने शुक्ल पक्ष का ।

चंद्र को लेकर पुराणों में एक और कथा है । इसमे चंद्र नक्षत्रों से नहीं । बल्कि तारों से जुड़े हुए हैं । कहते हैं कि देवताओं के गुरु बृहस्पति ऋषि की बहुत सुंदर पत्नी थी, जिनका नाम था तारा । चूंकि बृहस्पति ऋषि बूढ़े थे और पूजा पाठ में विलीन रहते थे, इसलिए तारा उनसे प्रेम नहीं करती थीं । उनको चंद्रमा से प्रेम हो गया और एक दिन वे दोनों एक साथ भाग गए । यह जानकार बृहस्पति ऋषि को बहुत क्रोध आया । उन्होने इंद्र का यज्ञ करने से मना कर दिया और कहा कि वे चाहते हैं कि उनकी पत्नी लौट आए । तब इन्द्र और चंद्र का स्वर्ग में एक महायुद्ध हुआ । इसके पश्चात चंद्र तारा को उनके घर लौटाने पर विवश हो गए ।

लेकिन जब तारा घर आयी, तब वह गर्भवती थी और सबने पूछा कि गर्भ में किसका बच्चा है । क्या वह बृहस्पति का बच्चा है या चंद्र का ? तारा ने उत्तर नहीं दिया । लेकिन गर्भ के अंदर बैठे हुए बेटे ने कहा कि उसका जन्म चंद्र के बीज से हुआ है । यह सुनकर बृहस्पति बहुत क्रोधित हुए और उन्होनें बच्चे को शाप दिया कि वह नपुंसक के रूप में जन्म लेगा । यह नपुंसक ग्रह बुध (मरकरी) ग्रह से जुड़ गया, जो पुरुष और स्त्री दोनों का रूप लेता है ।

ऐसे हम देखते हैं कि चंद्रमा प्रेम से जुड़े हुए हैं । उनका प्रेम जीवन बहुत ही रोमांचक और हमेशा तनावपूर्ण है । उसमें लड़ाई झगड़ा और रूठना - मनाना होता रहता है । यदि हम देखें तो प्रेमियों के बीच में भी ऐसा ही होता है – शिव - शक्ति की कहानियों में लड़ाई होना और मनाना हमेशा चलते रहता है, ठीक चंद्रमा के कृष्ण पक्ष और शुक्ल पक्ष जैसे ।

**पुराणों के राक्षस और असुर क्या एक ही हैं ?**

पुराणों के अनुसार राक्षस और असुर एक नहीं हैं । इनके अनुसार राक्षसों से बेहतर हैं असुर ।

कई लोग राक्षस और असुर को एक ही प्रकार का प्राणी मानते हैं, लेकिन पुराणों में ऐसा नहीं है । राक्षस और असुरों में बड़ा अंतर है । राक्षस दो ऋषियों के वंशज हैं – वैश्रव और पुलत्स्य ऋषि । असुर कश्यप ऋषि के वंशज हैं । कश्यप ऋषि के पिता मरीचि थे और इनके पिता ब्रह्मा थे । इस प्रकार असुर कश्यप के माध्यम से ब्रह्मा से जुड़े हैं । उनकी दो माताएँ हैं – दीति और दानु । इसलिए असुरों को दैत्य और दानव भी कहते हैं । इस प्रकार राक्षस और

असुरों के पिता अलग हैं । यह पहला अंतर है । असुर भूमि के नीचे पाताल लोक में रहते हैं और उनके नगर का नाम हिरण्यपुरा है । राक्षस, जैसे रामायण में हम देखते हैं जंगलों में, भू - लोक में रहते हैं । यह दूसरा अंतर है ।

राक्षस, यक्ष और ऋषियों के साथ युद्ध लड़ते हैं । यक्षों के पास धन होता है इसलिए यक्षों का धन पाने के लिए वे उनके साथ लड़ते हैं । उदाहरणार्थ रावण और कुबेर के बीच की लड़ाई । यक्षों ने लंका का निर्माण किया था और इसलिए उसे सोने की लंका कहते थे । यक्षों के राजा कुबेर और राक्षसों के राजा रावण सौतेले भाई थे । उनमें लड़ाई हुई और रावण ने कुबेर को लंका से बलपूर्वक बाहर निकाल दिया और उस पर राज करने लगा । इसलिए कुबेर उत्तर भारत गए और वहाँ शिवजी के पास शरण मिली । वहाँ पर उन्होने नए शहर का निर्माण किया जिसका नाम था अलंका, जिसे आज अलकापुरी कहते हैं । राक्षस और ऋषियों के बीच में भी युद्ध होते हैं, जैसे विश्वामित्र और ताड़का के बीच युद्ध होता है । राक्षसों के युद्ध भू - लोक में ही होते हैं । राक्षस दक्षिण दिशा से जुड़े हुए हैं और यक्ष उत्तर दिशा से ।

लेकिन जब हम असुरों की बात करते हैं, तब उनके युद्ध स्वर्ग में रहने वाले देवताओं के साथ होते हैं । कई पुराणों में लक्ष्मी को असुर पुत्री कहा गया है । चूंकि लक्ष्मी के पिता पुलोमन नामक असुर थे, इसलिए उन्हें 'पुलोमी' भी कहते हैं । इन्द्र से विवाह करने के कारण वह देव पत्नि भी हैं । इन सब बातों को जानते हुए लोग देवताओं और असुरों के बीच हुए युद्ध से उलझ जाते हैं । उनके बीच युद्ध इसलिए होता है कि असुर अपनी बेटी वापस चाहते हैं और देवता अपनी रानी को छोड़ना नहीं चाहते । लक्ष्मी को पाने के लिए ही देवों और असुरों ने क्षीरसागर में अमृत मंथन में भाग लिया था, जबकि राक्षस इससे दूर रहे । असुरों की हम पूजा भी करते हैं, उदाहरणार्थ राहू और केतू की, जो नवग्रह में पाए जाते हैं । असुरों के गुरु शुक्राचार्य एक नवग्रह हैं और देवताओं के गुरु बृहस्पति भी नवग्रह हैं । लेकिन राक्षसों के गुरु के बारे में हम नहीं सुनते ।

बोलचाल की भाषा में महाभारत के हिडिंब और बका को हम असुर कहते हैं लेकिन हम उनका व्यवहार देखें तो वह राक्षसों जैसा है । वे मत्स्य न्याय को मानते हैं और बलपूर्वक दूसरों को डराकर उनसे धन छीन लेते हैं । लेकिन जब हम असुरों के बारे में सुनते हैं, तब वे सदा तपस्या कर ब्रह्मा और शिवजी जैसे देवताओं से वर मांगते हैं । इससे उनकी शक्ति स्वर्ग पर आक्रमण करने जितनी बढ़ जाती है और स्वर्ग के राजा बन जाते हैं ।

असुरों में हम महिषासुर के बारे में सुनते हैं तो जिसे सती ने पराजित किया, अंधकासुर को शिवजी ने पराजित किया, ताड़कासुर को शिवजी के पुत्र कार्तिकेय ने पराजित किया और हिरण्याक्ष, हिरण्यकश्यपु और बलि राजा को क्रमश: विष्णु भगवान के वराह, नरसिंह और वामन अवतार ने पराजित किया ।

इस तरह राक्षस और असुर अलग - अलग ऋषियों के वंशज हैं । उनके शत्रु भी अलग हैं । राक्षस, यक्ष और ऋषियों के साथ युद्ध करते हैं, जबकि असुर देवताओं के साथ ।

साधारण भाषा अनुसार राक्षस का उल्टा बिना मात्रा बदले साक्षर हो जाता है। साक्षर पढ़ा लिखा है , राक्षस भी पढ़ने लिखने के बाद नियमों का पालन न करते हुए , अहंकार से कार्य करता है। इसलिए रावण राक्षस है , साक्षर होते हुए भी।

**शीतला माता पूजन – बदलते मौसम में रोगों का संक्रमण रोकने में मदद करता है।**

शीतला अष्टमी और माँ शीतला की महत्ता का उल्लेख स्कन्द पुराण में बताया गया है। यह दिन देवी शीतला को समर्पित है। कुछ लोग इसे सप्तमी के दिन मनाते है और कुछ प्रान्तों में यह पर्व अष्टमी के दिन मनाया जाता है। दोनों ही दिन माता शीतला को समर्पित हैं। महत्वपूर्ण यह है कि माता शीतला का पूजन किया जाए।

स्कन्द पुराण में माता शीतला की उत्पत्ति भगवान ब्रह्मा ने की थी। देवलोक से माता शीतला धरती पर अपने साथ भोलेनाथ के पसीने से बने ज्वरासुर को अपना साथी मानकर लाई थीं। तब माता के हाथ में झाड़ू थी। इस कारण राजा विराट ने उन्हें अपने राज्य में स्थान नहीं दिया। इससे माता शीतला क्रोधित हो गई और उनके प्रकोप से प्रजा के शरीर में लाल - लाल दाने निकल आए। इसके बाद राजा ने माता से क्षमा मांगी। तब माता का क्रोध शांत करने के लिए ठंडा दूध, लस्सी, बासी भोजन का प्रसाद लगाया। मान्यता है कि शीतला अष्टमी पर व्रत रखने से छोटी माता का प्रकोप, फोड़ा, फुंसी, नैत्र रोग सहित अन्य बीमारियाँ नहीं होती हैं। परंपरा के अनुसार गर्मियों में अधिक साफ - सफाई रखना चाहिए। शीतला माता का पूजन खान - पान को मौसम के अनुकूल करने की परंपरा का पालन करने वाला भी माना जाता हैं।

प्रचलित मान्यता के अनुसार शीतला माता का स्वरूप अत्यंत शीतल है और रोगों को हरने वाला है। इनका वाहन गधा है, तथा इनके हाथों में कलश, सूप, झाड़ू और नीम के पत्ते रहते हैं। मुख्य रूप से इनकी उपासना गर्मी के मौसम में की जाती है। इनकी उपासना का मुख्य पर्व 'शीतला अष्टमी' है। हिन्दू पंचांग के अनुसार, चैत्र मास के कृष्ण पक्ष की अष्टमी तिथि को बसोड़ा पूजन किया जाता है।

**बसोड़ा की परम्पराएँ** – बसोड़ा की परमपराओं के अनुसार, इस दिन का भोजन पकाने के लिए अग्नि नहीं जलाई जाती। इसलिए अधिकतर महिलाएं शीतला अष्टमी के एक दिन पहले भोजन पका लेती हैं और बसोड़ा वाले दिन घर के सभी सदस्य इसी बासी भोजन का सेवन करते हैं। माना जाता है शीतला माता चेचक रोग, खसरा, आदि बीमारियों से बचाती है। मान्यता है कि शीतला माता का पूजन करने से चेचक, खसरा, बड़ी माता, जैसी बीमारियाँ नहीं होती और अगर हो भी तो उससे जल्द छुटकारा मिलता है।

**पूजन विधि** – इस दिन महिलाएँ ठंडे पानी से नहाती हैं उसके बाद पूजा की सामग्री के साथ रात में बनाए गए भोजन को लेकर पूजा करती हैं। इस दिन व्रत किया जाता है तथा माता की कथा का श्रवण होता है। इसके बाद शीतला अष्टक को पढ़ा जाता है। शीतला माता की वंदना उपरांत उनके मंत्र का उच्चारण किया जाता है जो बहुत अधिक प्रभावशाली मंत्र है। पूजा को विधि विधान के साथ पूर्ण करने पर सभी भक्तों के बीच माँ के प्रसाद बसोड़ा

को बांटा जाता है । इस प्रकार पूजन समाप्त होने पर भक्त माता से सुख - शांति की कामना करता है ।

**वैज्ञानिक आधार** – माँ शीतला के हाथों में कलश, सूप, झाड़ू, और नीम के पत्ते रहते है । इनकी उपासना ग्रीष्म में होती है, जब रोगों के संक्रमण की सर्वाधिक संभावनाएं होती हैं । ऐसे में रोगों से बचने के लिए साफ - सफाई, शीतल जल, और एंटी बायोटिक गुणों से युक्त नीम का प्रयोग करना चाहिए । मान्यता है कि इस दिन आखिरी बार आप बासी भोजन खा सकते हैं इसके बाद से बासी भोजन का प्रयोग बिलकुल बंद कर देना चाहिए । वैज्ञानिक तौर पर देखे तो गर्मी बढ़ने के कारण बासी भोजन के खराब होने की आशंका बढ़ जाती है, अतः इनका प्रयोग नहीं करना चाहिए ।

बसंत ऋतु में इस समय फाल्गुन और चैत्र मास का संगम होता है । इसमे शीत ऋतु का प्रकोप कम होता है और ग्रीष्म ऋतु का आगमन शुरू हो जाता है । इस ऋतु में कफ का प्रकोप बढ़ता है । इससे क्रमशः शरीर में दुर्बलता आती है । इस ऋतु में गरिष्ठ भोजन (देर से पचने वाले), अधिक घी, तेल से निर्मित भोजन और मीठे पदार्थों का सेवन वर्जित रहता है और यह भोजन कफ बढ़ाने वाला होता है । इस ऋतु में सूर्य का तापमान बढ़ने से कफ प्रकोपित होकर जठराग्नि को मंद कर देता है । इसलिए इससे कई रोग पैदा होते हैं । इस ऋतु में भारी भोजन बंद कर सुपाच्य भोजन करने की परंपरा है । बसंत ऋतु में पंचकर्म में वमन कराया जाता है, जिससे कफ का समूल नाश होता है ।

# 46

# कुम्भ पर्व

## कुम्भ पर्व

### *कुम्भः प्रकृति से जुड़ा एक प्राचीन उत्सव –*

कहते हैं कि अमृत की कुछ बूंदें धरती पर गिरी थीं और जहां वे गिरीं, वहाँ पर हर साल कुम्भ मेला आयोजित किया जाता है। कुछ लोग कहते है कि ब्रह्मा के कमंडल से यह अमृत गिरा था, कुछ लोग कहते है कि गरुड़ जब इंद्र लोक से नाग लोक तक अमृत का कुंड लेकर जा रहे थे, तब चार बूंदें गिरीं थी। कुछ के अनुसार ये चार बूंदें विष्णु भगवान ही धरती पर लाए थे। कुछ का मानना है कि शिवजी ये बूंदें धरती पर लाए थे। तो ऐसी कथाएँ तो अनंत है। अपने - अपने विश्वास की बात है।

साधारणत: हम हिन्दू धर्म को मूर्ति पूजा और मंदिरों से जोड़ते है। लेकिन मेले में रोचक बात यह है कि यहाँ न मंदिर है, न पूजा घर है, न ब्राह्मण है, न यज्ञ है और न पूजा है। यहाँ केवल प्रकृति है। यह प्रकृति के बीच, प्रकृति से जुड़ा हुआ एक बहुत ही प्राचीन उत्सव है।

कहते है कि कुम्भ मेले में स्थान और काल का मिलन होता है। जब बृहस्पति, सूर्य और चंद्रमा कुम्भ या सिंह राशि जैसी किसी राशि में प्रवेश करते है, तब जहां नदी में संगम होता है, वहाँ पर लोग नहाने और पानी में डुबकी लगाने जाते है। यह इस विश्वास से कि उस शुभ मुहूर्त पर, उस स्थान और काल को लेकर, उस पानी में अमृत की उत्पत्ति होती है। यह मान्यता है कि उस समय जल में एक रासायनिक बदलाव आता है, जिससे हमारे सारे पाप धूल जाते है। इसलिए लाखों करोड़ों की संख्या में भारतवर्ष के लोग कुम्भ मेले में जाते है। सबसे बड़ा कुंभा मेला प्रयाग में होता है जहां गंगा और यमुना का मिलन होता है। दूसरे कुम्भ हरिद्वार, नासिक और उज्जैन में होते है।

इतिहासकारों का मानना है कि शुरू में यह कुम्भ मेले मुख्य रूप से ऋषि – मुनियों के लिए थे । वे उनमें हर बार आते थे । चूंकि ऋषि - मुनि साधारणतः किसी जगह रुकते नहीं थे, कुम्भ मेले के समय एक मिलन का वातावरण होता था, जहां पर आध्यात्मिक विषयों पर संवाद होता था । कुछ लोगों का मानना है कि पहले कुम्भ का आयोजन शायद राजा जनक ने ही किया होगा, जहां पर उपनिषद की बातें हुई होंगी और याज्ञवल्क्य बैठे हुए होंगे । लेकिन इसका कोई प्रमाण नहीं है । कुम्भ मेले में जिन अखाड़ों के बीच मतभेद होते है, वहीं अखाड़े एक - दूसरे से बातचीत कर मतभेदों का समाधान भी करते है । चूंकि सन्यासी हर तीन साल अलग - अलग कुम्भ मेलों में मिलते है, इससे उन्हें पता चलता है कि सन्यासियों और अखाड़ों में क्या बदला है, कोन सा महंत समाधि ले चुका है, कितने नए शिष्यों को दीक्षा दी गई है और किस अखाड़े के महामंडलेश्वर आचार्य बन गए है । इससे एक प्रकार की चक्रीय पद्धति बन जाती है, जो भारतवर्ष को स्थान और काल से जोड़ती है ।

एक रोचक बात यह भी है कि सभी कुम्भ मेले उत्तर भारत में होते है, दक्षिण भारत में नहीं । लेकिन कुंबकोणम जैसी जगहों में कुम्भ जैसे मेले आयोजित किए जाते है । ऐसे मेले नदियों से नहीं, बल्कि कुंड से जुड़े हुए होते है । शायद जो ब्राह्मण अगस्त्य मुनि के साथ उत्तर से दक्षिण भारत गए थे, उन्होनें इन मेलों को स्थापित किया होगा । आख्यानों के अनुसार अगस्त्य मुनि हिमालय पर्वत से गंगा जल लेकर दक्षिण भारत गए थे ।

अमृत के संबंध में विद्वान मानते है कि अमृत तो ज्ञान है । लेकिन साधारण मनुष्य आत्मज्ञान नहीं ढूँढता । वह केवल अपने पाप से मुक्ति चाहता है और कुम्भ मेले में एक प्रक्रिया के माध्यम से अपना पाप धुलवाकर मोक्ष की प्राप्ति करता है । इस प्रकार यहाँ भक्ति और क्रिया का मेल देखने को मिलता है । अधिकतर ऋषि - मुनि जो यहाँ आते है, वे अपने अखाड़ों का ऐश्वर्य दिखाते है । आजकल यहाँ ज्ञान की बातें होती है कि नहीं, यह नहीं पता । जो विश्वास करता है, उसे लोगों की श्रद्धा देखकर ज्ञान मिल जाता है । लेकिन इन दिनों कुम्भ मेलों पर राजनीति के प्रभाव से शायद ज्ञान का अनुभव कम और शक्ति का अनुभव ज्यादा हो रहा है ।

अखाड़ों के आचार्य महामंडलेश्वर, मंडलेश्वर, श्रीमहंत, महंत होते है ।

अखाड़े महानिर्वाणी, निरंजनी, जूना, निर्मोही, गुरु हनुमान, दत्त अग्नि, अटल, अवहन और आनंद मुख्य है ।

कुम्भ मेला हिन्दू धर्म का एक महत्वपूर्ण पर्व है, जिसमें करोड़ों श्रद्धालु कुम्भ पर्व स्थल प्रयाग, हरिद्वार, उज्जैन और नासिक में एकत्र होते हैं और नदी में स्नान करते हैं। इनमें से प्रत्येक स्थान पर प्रति 12वें वर्ष तथा प्रयाग में दो कुम्भ पर्वों के बीच छह वर्ष के अन्तराल में अर्धकुम्भ भी होता है।

खगोल गणनाओं के अनुसार यह मेला मकर संक्रान्ति के दिन प्रारम्भ होता है, जब सूर्य और चन्द्रमा, वृश्चिक राशि में और वृहस्पति, मेष राशि में प्रवेश करते हैं। मकर संक्रान्ति के होने वाले इस योग को "कुम्भ स्नान-योग" कहते हैं और इस दिन को विशेष मंगलकारी

माना जाता है, क्योंकि ऐसा माना जाता है कि इस दिन पृथ्वी से उच्च लोकों के द्वार इस दिन खुलते हैं और इस प्रकार इस दिन स्नान करने से आत्मा को उच्च लोकों की प्राप्ति सहजता से हो जाती है। यहाँ स्नान करना साक्षात् स्वर्ग दर्शन माना जाता है। इसका हिन्दू धर्म मे बहुत अधिक महत्व है।

'कुम्भ' का शाब्दिक अर्थ "घड़ा, सुराही, बर्तन" है। यह वैदिक ग्रन्थों में पाया जाता है। इसका अर्थ, अक्सर पानी के विषय में या पौराणिक कथाओं में अमरता (अमृत) के बारे में बताया जाता है। मेला शब्द का अर्थ है, किसी एक स्थान पर मिलना, एक साथ चलना, सभा में या फिर विशेष रूप से सामुदायिक उत्सव में उपस्थित होना। यह शब्द ऋग्वेद और अन्य प्राचीन हिन्दू ग्रन्थों में भी पाया जाता है। इस प्रकार, कुम्भ मेले का अर्थ है "अमरत्व का मेला" है।

***आध्यात्मिक विचार से यह भी निष्कर्ष कहा गया है कि मानव शरीर के संगम स्थल ही कुम्भ स्थान है - यथा मुख (भोजन द्वार) को हरिद्वार कहा गया है, नासिका (स्वांस जप) को नासिक कहा गया है, हृदय (उज्जवल) को उज्जैन कहा गया है, तथा जिव्हा (मिलना/संगम/प्रेम) को प्रयाग कहा गया है ।***

# 47

# मासिक आहार षेध - निषेध

**हिन्दू माह बताते हैं मौसम में बदलाव**

उल्लेखनीय है कि हिन्दू माह ही मौसम के बदलाव को प्रदर्शित करते हैं अंग्रेजी माह नहीं। अक्सर हम आप जब रात में दही की मांग घर में करते है तो माताएं देने से मना कर देती है। न मानने पर डांट का भी सामना करना पड़ता है। इसीलिए रात को दही नहीं खाना चाहिए। वहीं देखते है अज्ञान आदमी भी दूध के साथ नमक नहीं खाता है। क्योंकि उसको भी मालुम है कि दूध के साथ नमक नहीं शक्कर मिलाकर खाना चाहिए।

**ऐसे समझे किस माह में क्या न खाएं**

- **चैत्र माहः** - चैत्र माह में गुड़ खाना मना है। चना खा सकते हैं।
- **वैशाखः** - तेल व तली - भुनी चीजों से परहेज करना चाहिए। बेल खा सकते हैं।
- **ज्येष्ठः** - इस माह भी बेल खाना मना है। इन महीनों में गर्मी का प्रकोप रहता है अतः ज्यादा घूमना - फिरना स्वास्थ्य के लिए हानिकारक है। अधिक से अधिक शयन करना चाहिए।
- **आषाढ़ः** - आषाढ़ में पका बेल न खाना मना है। इस माह में हरी सब्जियों के सेवन से भी बचें। लेकिन इस माह में खूब खेल खेलना चाहिए। कसरत करना चाहिए।
- **श्रावणः** - सावन माह में साग खाना मना है। साग अर्थात हरी पत्तेदार सब्जियां और दूध व दूध से बनी चीजों को भी खाने से मना किया गया है। इस माह में हर्रे खाना चाहिए जिसे हरिद्रा या हरडा कहते हैं।
- **भाद्रपदः** - भादो माह में दही खाना मना है। इन दो महीनों में छाछ, दही और इससे बनी चीजें नहीं खाना चाहिए। भादो में तिल का उपयोग करना चाहिए।
- **आश्विनः** - क्वार माह में करेला खाना मना है। इस माह में नित्य गुड़ खाना चाहिए।
- **कार्तिकः** - कार्तिक माह में बैंगन, दही और जीरा बिल्कुल भी नहीं खाना मना है। इस माह में मूली खाना चाहिए।

- **मार्गशीर्ष:** - अगहन में भोजन में जीरे का उपयोग नहीं करना चाहिए। तेल का उपयोग कर सकते हैं।

- **पौष:** - पूस मास में दूध पी सकते हैं लेकिन धनिया नहीं खाना चाहिए क्योंकि धनिए की प्रवृति ठंडी मानी गई है और सामान्यत: इस मौसम में बहुत ठंड होती है। इस मौसम में दूध पीना चाहिए।

- माघ: - माघ माह में मूली और धनिया खाना मना है। मिश्री नहीं खाना चाहिए। इस माह में घी - खिचड़ी खाना चाहिए।

- फाल्गुन: - फागुन माह में सुबह जल्दी उठना चाहिए। इस माह में में चना खाना मना।

## किस माह में क्या न खाएं -

चौते गुड़, वैशाखे तेल, जेठ के पंथ, अषाढ़े बेल।
सावन साग, भादो मही, कुवांर करेला, कार्तिक दही।।
अगहन जीरा, पूसै धना, माघै मिश्री, फाल्गुन चना।
जो कोई इतने परिहरै, ता घर बैद पैर नहिं धरै।।

## *किस माह में क्या खाएं -*

चैत चना, बैसाखे बेल, जैठे शयन, आषाढ़े खेल, सावन हर्रे, भादो तिल।
कुवार मास गुड़ सेवै नित, कार्तिक मूल, अगहन तेल, पूस करे दूध से मेल।
माघ मास घी - खिचड़ी खाय, फागुन उठ नित प्रात नहाय।।

## *घर से निकलते समय दही और शक्कर के सेवन से मिलती है सकारात्मक ऊर्जा –*

हिन्दू धर्म में एक परंपरा ये भी है कि किसी भी शुभ काम पर जाने से पहले दही और शक्कर खाई जाती है । ज्योतिषियों के मुताबिक सफ़ेद रंग को चंद्रमा का कारक माना जाता है । कहा जाता है कि जब सफ़ेद चीज खाकर घर से बाहर निकला जाता है तो मन की एकाग्रता बढ़ती है । इस परमपरा के पीछे वैज्ञानिक तथ्य भी हैं । जानते हैं उनके बारे में

1. घर से निकलने से पहले दही खाने से नकारात्मक ऊर्जा खत्म होती है और मन में किसी तरह के नकारात्मक विचार नहीं आते । मन में सकारात्मक ऊर्जा का संचार भी होता है ।
2. जब कोई व्यक्ति किसी विशेष काम के लिए घर से निकलता है तो उसे ऊर्जा की जरूरत पढ़ती है । एक कटोरी दही - शक्कर खाने से उसका ऊर्जा लेवल बना रहता है ।

3. दही में प्रचुर मात्रा में प्रोटीन होता है। यह एक स्वास्थ्यप्रद पोषक आहार है। प्रोटीन के अलावा इसमें कैलिशयम और विटामिन जैसे पोषक तत्व भी होते हैं।
4. दही के साथ शक्कर खाने से शरीर को ग्लूकोज मिलता है। घर से निकलने से पहले थोड़ी सी शक्कर खाने से डिहाइड्रेशन की समस्या नहीं होती।

## *पैरों की मालिश सोते समय*

किसी भी तेल, सरसों या जैतून, आदि को पैरों के तलवों और पूरे पैर पर लगायें, विशेषकर तलवों पर तीन मिनट के लिए और दाहिने पैर के तलवे पर तीन मिनट के लिए। रात को सोते समय पैरों के तलवों की मालिश करना कभी न भूलें, और बच्चों की मालिश भी इसी तरह करें। इसे अपने जीवन के बाकी हिस्सों के लिए एक दिनचर्या बना लें। फिर प्रकृति की पूर्णता को देखें। आप अपने पूरे जीवन में कंघी करते हैं। क्यों न पैरों के तलवों पर तेल लगाया जाए।

## त्रिफला –

त्रिफला – हरड़ (एक भाग), बहेड़ा (2 भाग), आंवला (4 भाग) के मिश्रण से बनाता है। वात पित्त कफ नाशक – त्रिदोष नाशक व रसायन है।

सेवन विधि - प्रातःकाल खाली पेट ( एक घंटा तक कुछ न लेवें ) जितनी उम्र उतनी रत्ती (दो ग्रेन), 32 वर्ष में 32 रत्ती, 64 ग्रेन, अर्थात 4 ग्राम (16 रत्ती = 1 ग्राम)

## *निर्माण विधि –*

दो तोला हरड़ बड़ी मंगावें, तासु दुगुन बहेड़ा लावे।
और चतुर्गुण मेरे मीता, लाभ लाभ आंवला परम पुनीता॥
कूट छान या विधि से खाय, ताके रोग सर्व कट जाय॥
सेवन विधि – भिन्न – भिन्न ऋतुओं में –
शहदे चैत वैशाख बताया, जेठ अषाढ़ गुड़ सु खाया।
सावन भादों सेंधा नमक, कार्तिक क्वार खांड सू फांक।
अगहन पूस सौंठ के साथ, पीपल माघ फागुन विख्यात।

### *लाभ –*

प्रथम वर्ष तन सुस्ती जाय, द्वितीय रोग सर्व मिट जाये ।
तृतीय नैन बहु ज्योति समावे, चौथे सुन्दरताई लावे ।
पंचम वर्ष बुद्धि अधिकाई, षष्ठम महावली हो जाई ।
केश श्वेत श्याम होय सप्तम, वृद्ध तन तरुण होहि पुनि अष्टम ।
दिन में तारे दीखे सही, नवां वर्ष फल अस्तुत कहीं ।
दशम शारदा कंठ विराजे, अंधकार हिरदे का भाजे ।
जो एकादश द्वादश, ताको वचन सिद्ध हो जाये ॥

### स्वास्थ्य दिशा बोध लाभ –

जो पूरब में सिर कर सोता है, बुद्धिवत्ता ज्ञानी होता है ।
जो दक्षिण में सिर का सोता है, तन का बल दीर्घायु सँजोता है ।
मस्तिक पश्चिम दिशा में सोता है, चिंताओं में पड़कर सोता है ।
जो उत्तर में सिर कर सोता है, लाभ और जीवन को खोता है ।
पूर्वमुखी जो खाना खाता है, वह लंबा जीवन पाता है ।
जो दक्षिण में मुख होकर खाता, भारी नाम बढ़ाई पाता ।
शौच और लघु शंका जाओ, उत्तर – दक्षिण मुख को जाओ ।
पूर्व मुखी हो सदा नहाओ, मंजन पश्चिम मुख हो जाओ ।
पूर्वोत्तर मुख जाप सम्हालो, श्वेत वस्त्र उत्तर धारो ।
पढ़ने उत्तर मुख हो जाओ, भोजन दक्षिण मुख न पकाओ ।
कम खाओ और गम खाओ, हकीम हाकिम को दूर भगाओ ।
खेलो कूदो थको मत, खाओ पीओ झिको मत ।

# कुण्डली - विक्रमादित्य, पशुराम जी.

जन्म कुण्डली विक्रमादित्य

**जन्म कुण्डली विक्रमादित्य**

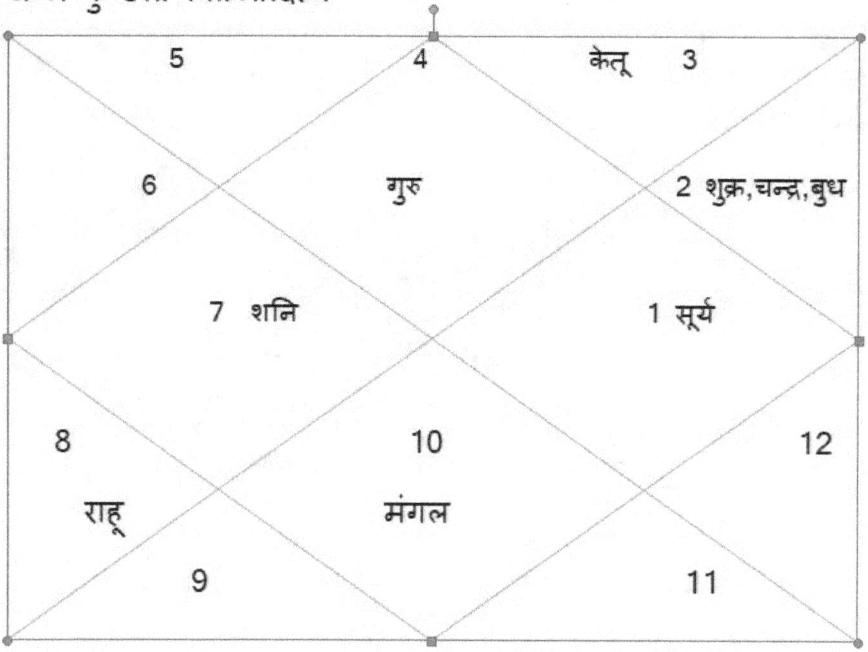


जन्म कुण्डली विक्रमादित्य

जन्म कुण्डली – पशुराम जी (वैशाख शुक्ल पक्ष तृतीया)

जन्म कुण्डली - पशुराम जी (वैशाख शुक्ल पक्ष तृतीया)

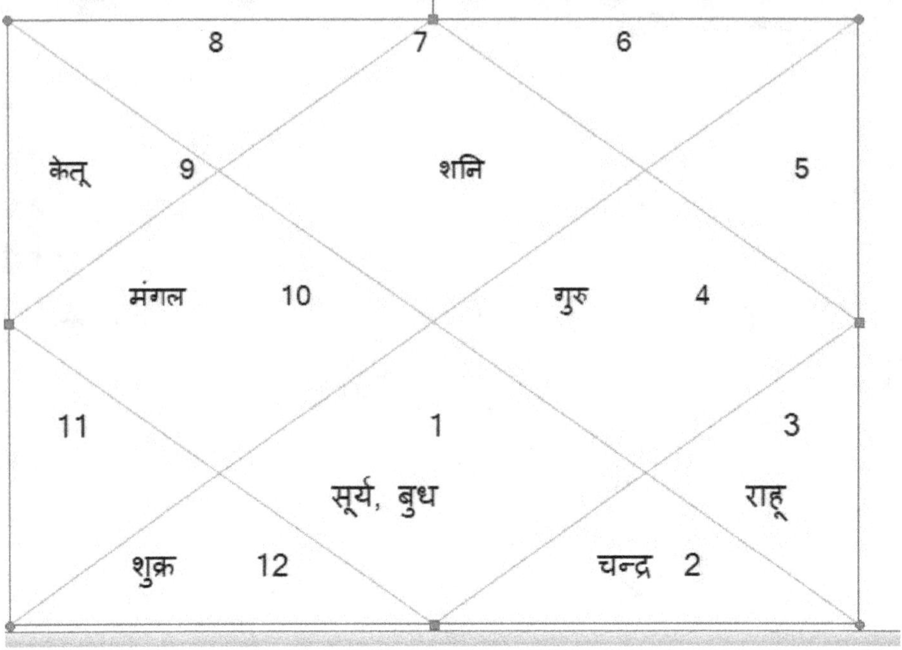


जन्म कुण्डली – पशुराम जी (वैशाख शुक्ल पक्ष तृतीया)

# कुण्डली - स्वतंत्रता दिवस, 26 जनवरी 1950.

जन्म कुण्डली – भारत स्वतंत्रता दिवस (15 अगस्त 1947, रात्रि 12 बजे)

जन्म कुण्डली - भारत स्वतंत्रता दिवस (15 अगस्त 1947, रात्रि 12 बजे)

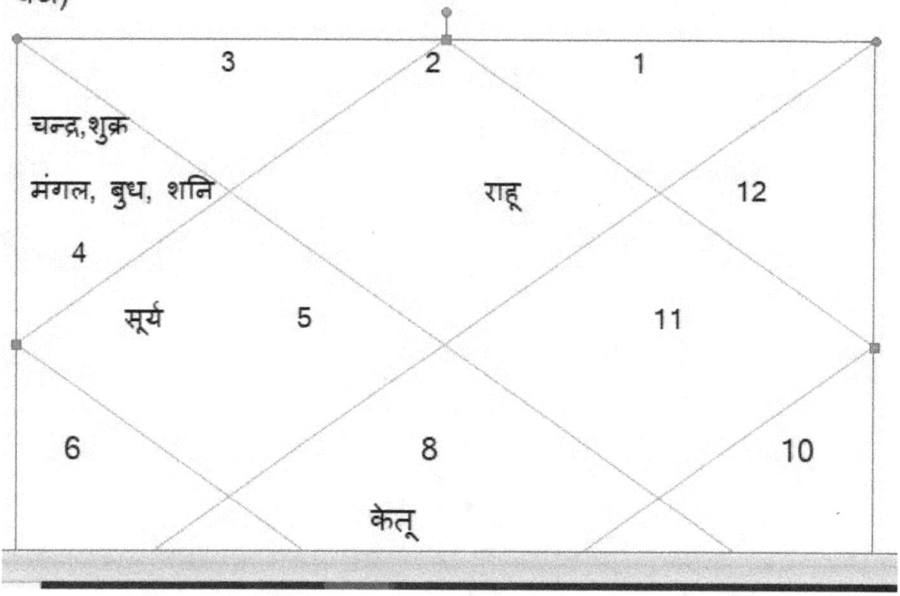


जन्म कुण्डली – भारत स्वतंत्रता दिवस (15 अगस्त 1947, रात्रि 12 बजे)

जन्म कुण्डली – 26 जनवरी 1950,

कुण्डली - स्वतंत्रता दिवस, 26 जनवरी 1950.

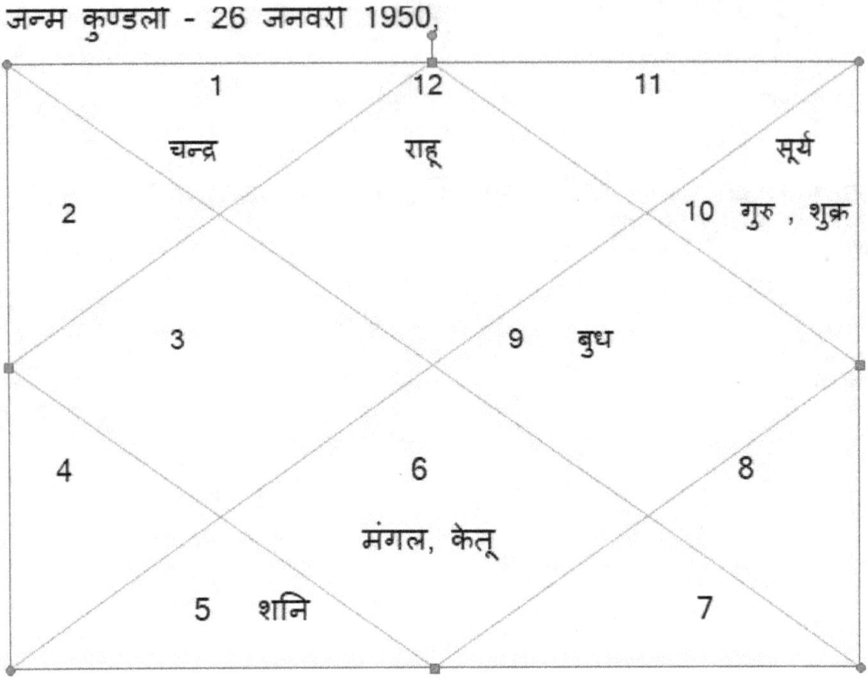


जन्म कुण्डली – 26 जनवरी 1950,

# कुण्डली - गौतम बुद्ध (सिद्धार्थ),परमहंस रामकृष्ण.

जन्म कुण्डली – गौतम बुद्ध (सिद्धार्थ) जन्म वैशाख पूर्णिमा

**जन्म कुण्डली - गौतम बुद्ध (सिद्धार्थ) जन्म वैशाख पूर्णिमा**

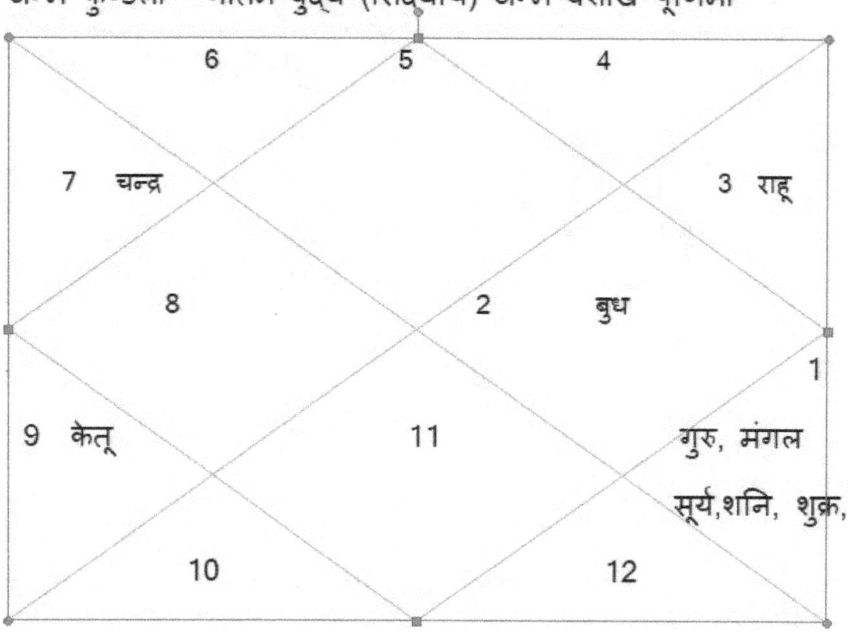


जन्म कुण्डली – गौतम बुद्ध (सिद्धार्थ) जन्म वैशाख पूर्णिमा

जन्म कुण्डली – परमहंस रामकृष्ण (18 फरवरी 1836)

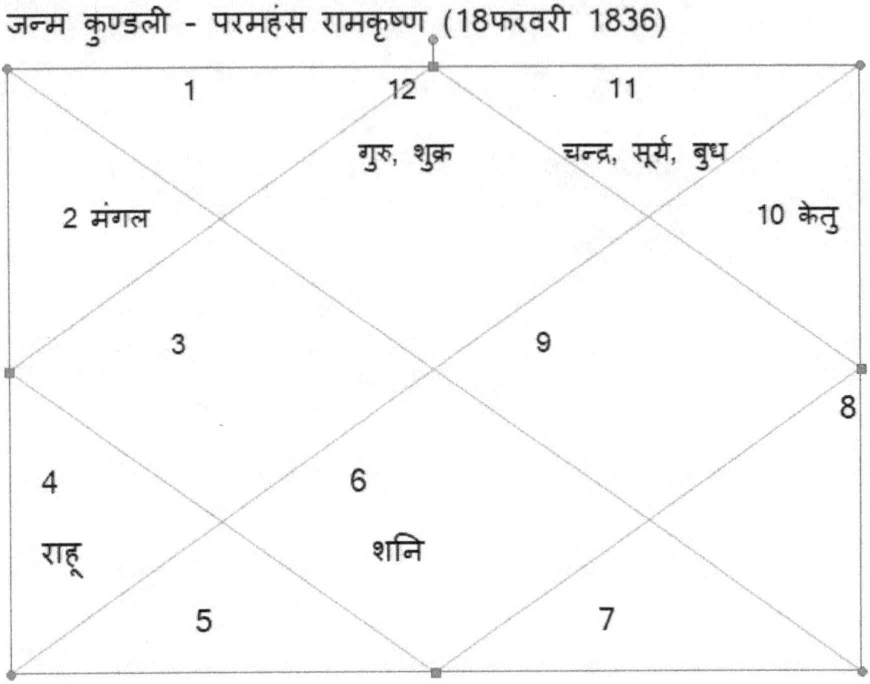


जन्म कुण्डली – परमहंस रामकृष्ण (18फरवरी 1836)

# कुण्डली - बाल गंगाधर तिलक, महात्मा गांधी.

जन्म कुण्डली – बाल गंगाधर तिलक (23 जुलाई 1856)

जन्म कुण्डली - बाल गंगाधर तिलक (23 जुलाई 1856)

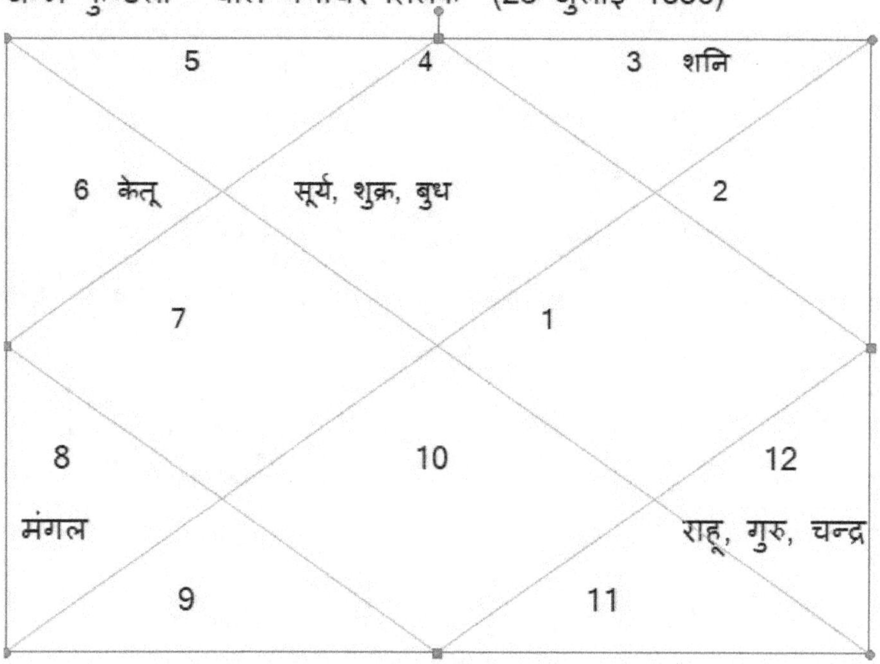


जन्म कुण्डली – बाल गंगाधर तिलक (23 जुलाई 1856)

जन्म कुण्डली – महात्मा गांधी (मोहन दास करमचंद गांधी) (2 अक्टूबर जुलाई 1869)

**जन्म कुण्डली - महात्मा गांधी (मोहन दास करमचद गांधी) (2 अक्टूबर जुलाई 1869)**

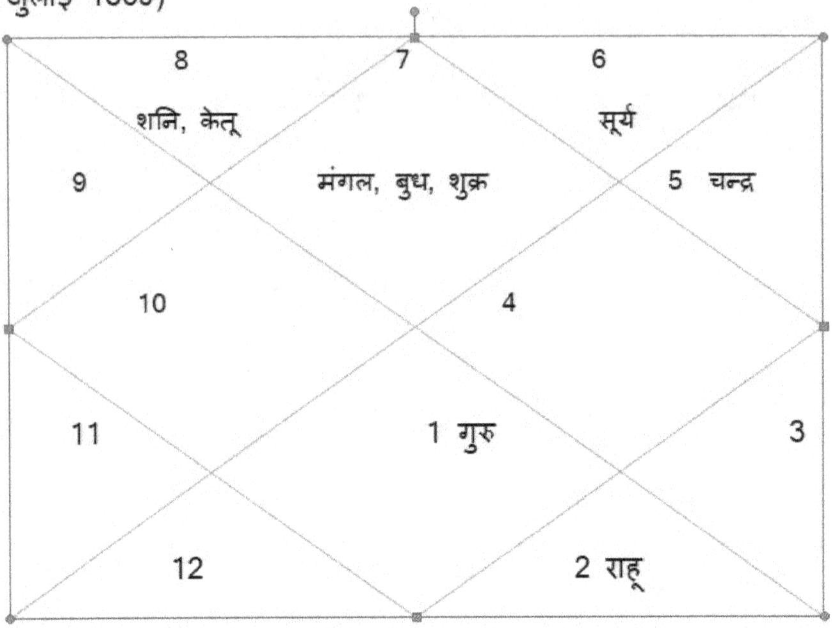


जन्म कुण्डली – महात्मा गांधी (मोहन दास करमचंद गांधी) (2 अक्टूबर जुलाई 1869)

# ब्रह्माण्ड, सूर्य और चन्द्र ग्रहण

## ब्रह्माण्ड

ब्रह्माण्ड

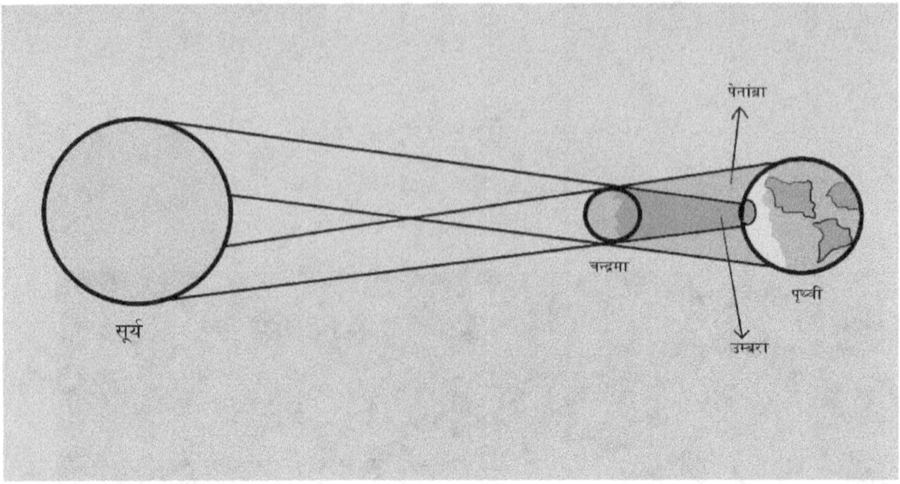


सूर्य ग्रहण

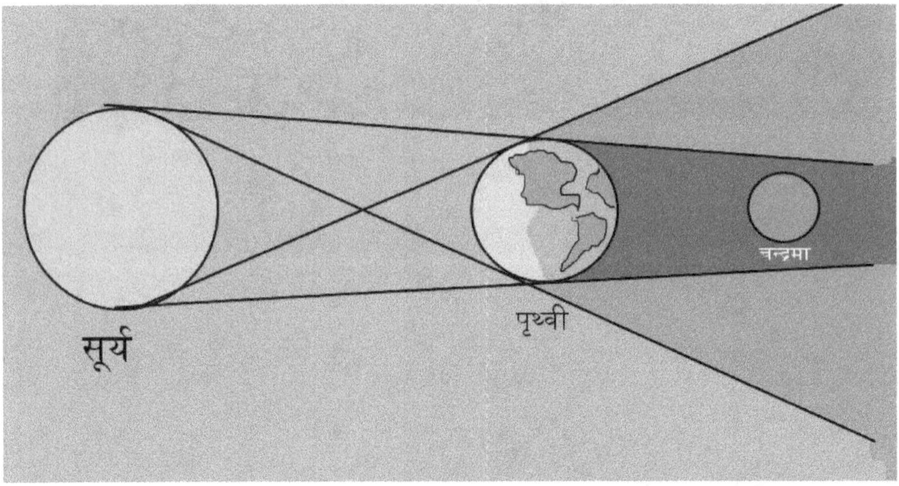


चन्द्र ग्रहण

# लेखक

## लेखक

लेखक - रनवीर सिंह (तोमर) आत्मज स्व. श्री दिलीप सिंह

रनवीर सिंह (तोमर) आत्मज स्व. श्री दिलीप सिंह

बी.ई.(इलेक्ट्रिकल), एफ. आई. ई., चार्टर्ड इंजीनियर.

जन्म – 02 जुलाई 1955

जन्म स्थान - गांव - नगला भूपसिंह, डाकघर - पिसावा, जिला अलीगढ़, उत्तर प्रदेश 202155.

शिक्षा – बी. एस सी. इंजीनियरिंग (इलेक्ट्रिकल) अलीगढ़ मुस्लिम यूनिवर्सिटी अलीगढ़ उ.प्र. (1978).

सेवा – मध्य प्रदेश विद्युत मंडल (1979 से 2015), 36 वर्ष, सेवानिवृत्त - अति. मुख्य अभियन्ता.

वर्तमान – फेकल्टी मेंम्बर पावर डिस्ट्रीब्यूशन ट्रेनिंग सेंटर भोपाल .

वर्तमान निवास – मकान न. डुप्लेक्स - 11, कुटुम्ब अपार्टमेंट बलवन्त नगर, यूनिवर्सिटी रोड ठाठीपुर, ग्वालियर म.प्र. 474002.

अभिरुचि – पुस्तक अध्ययन, इलेक्ट्रिकल विषयों पर लेक्चर देना, सामाजिक गतिविधियाँ, वृक्षारोपण कार्य आदि.

अणु डाक – er.rsingh55@gmail.com , चलित दूरभाष +91 9425137463 .

प्रकाशित पुस्तकें - सामान्य - चौरासी का चक्कर , ज्योतिष और भारतीय पर्व, जीवन की प्रेरणादायक कहानियां .

विद्युत - ऊर्जा संरक्षण एवं अक्षय उर्जा, विद्युत सुरक्षा एवं उपचार, विद्युत वितरण संचालन और संधारण, विद्युत ऊर्जा मीटर, अर्थिंग (भू- संयोजन), विद्युत वितरण ट्रांसफ़ॉर्मर, विद्युत् लाइन , विद्युत उपकेन्द्र, पावर कैपेसिटर, सूर्य घर योजना , स्काडा इलेक्ट्रिकल, विद्युत समग्र तकनीकी एवं वाणिज्यिक हानियां.

जातीय एवं अन्य पुस्तक - जाट संत, जाट कवि, जाट बिलदानी, जटवारा चम्बल सिंध, तोमर (तंवर-तनवर), जाट मुख्यमंत्री, जाट राज्यपाल, जाट महिला खिलाड़ी, जाट प्लेयर्स (कॉमन वेल्वेथ गेम्स वर्मिन्घम - 2022), Tomar Dynasty (तोमर डायनेस्टी), जाट प्रधानमंत्री , एक व्यक्तित्व राजा महेंद्र प्रताप , जाट रियासतें, हरियाणा के राम, हरियाणा के लाल, जीवन की प्रेरणादायक कहानियां, चौरासी का चक्कर, ज्योतिष और भारतीय पर्व .

(प्रकाशक – नोशन प्रेस/Notion Press, वितरक – नोशन प्रेस, अमेज़न, फिल्पकार्ट,किन्डले).

www.ingramcontent.com/pod-product-compliance
Lightning Source LLC
LaVergne TN
LVHW010927051026
849532LV00003B/881
* 9 7 9 8 8 8 6 6 7 7 0 6 5 *